LA RÉFORME HYPOTHÉCAIRE

SPÉCIALEMENT

AU POINT DE VUE DE LA PUBLICITÉ

PAR

PIERRE SIVAN

DOCTEUR EN DROIT

MARSEILLE

TYPOGRAPHIE ET LITHOGRAPHIE BARLATIER

Rue Venture, 19

1900

Je ne dirai rien non plus, de la publicité des transferts dans le droit Franc. Au lieu d'être fondée sur l'idée de protection des tiers, que nous verrons apparaître pour la première fois chez nous dans les pays de nantissement, elle n'avait qu'un seul but : indiquer bien nettement l'état de dépendance du vassal par rapport à son suzerain foncier.

Cette idée de protection des tiers, ne pouvait se faire jour au milieu de ces guerres et de ces luttes presque continuelles. Il lui fallait, pour qu'elle se développât normalement, plus de tranquillité, un état de civilisation plus complet, et des relations commerciales plus étroites exigeant dans les transactions une sécurité aussi grande que possible.

Aussi est-ce dans les centres commerciaux ou maritimes du Nord de la France, dans les Flandres, le Brabant et les Pays Bas, que nous voyons apparaître le système de publicité connu sous le nom de *nantissement* ou *devoirs de loi*, qui, tout en conservant la forme de *l'ensaisinement* féodal, était destiné, non plus à manifester *erga omnes* comme ce dernier la suprématie terrienne du suzerain sur son vassal, mais à garantir les tiers.

I. Le Nantissement. — Le nantissement était en usage dans les Provinces du Nord de la France ainsi que dans les pays limitrophes, les Flandres, le Hainaut, le Brabant et les Pays Bas.

« C'était dit M. Besson, un acte de juridiction gracieuse, consistant en une mise en possession judiciaire opérée dans l'auditoire même du tribunal foncier par les officiers de la justice Seigneuriale (1) ».

(1) Besson *Les livres fonciers et la Réforme hypothécaire* p. 57.

Les coutumes Françaises qui employaient le nantissement étaient celles du *Ponthieu*, de *Picardie*, du *Vermandois*, du *Cambrésis*, du *Valois*, du *Boulonnais*, de *Reims*, *Péronne*, *Chauny* et *Amiens*.

Le vendeur et l'acheteur comparaissaient en personne ou par fondé de pouvoirs, devant le tribunal compétent suivant la nature et la situation du bien.

Là, le vendeur produisait son titre d'acquisition, il indiquait également la nature, les limites, la situation, la contenance de l'immeuble vendu. Il faisait ensuite remise de son droit au président du tribunal, entre les mains duquel il déposait un symbole de l'immeuble, bâton, bûchette, fétu de paille. Celui-ci le plaçait à son tour entre les mains de l'acquéreur.

C'était là, la première partie de la cérémonie que les textes appellent : *devest et vest, deshéritance* et *adhéritance*.

La juridiction compétente pour y procéder variait avec les coutumes. Elle différait aussi suivant qu'il s'agissait d'un *bien noble* ou d'*un bien de roture* ou *main ferme*. Dans le *Cambrésis* par exemple, le *devest et le vest* d'un *fief* s'accomplissaient devant le *bailli* et *quatre hommes du fief*. S'il *s'agissait* d'une *main ferme*, on comparaissait devant le *majeur* et les *échevins*.

Il est à remarquer que pour les *Francs Alleus* la publicité ne fut jamais aussi sérieuse que pour les *fiefs*. Les *francs Alleotiers* devant lesquels se faisait le *vest et devest*, ne tenaient pas registre de ceux qui étaient opérés devant eux. Ils se servaient de feuilles volantes. Mais dans certaines villes comme *Bruges* et *Gand*, les transferts des alleus étaient, eux aussi, sérieusement réglementés.

Voici donc le transfert accompli. Restait maintenant le *nantissement*. Il consistait dans l'inscription de l'acte au greffe de la Cour. Plusieurs édits, dont un de *Philippe II*, en ordonnaient l'inscription à peine de nullité. En tous cas le greffier était responsable des omissions.

Il ne faudrait pas croire que ce dernier reproduisait dans son intégralité le titre du vendeur. Il se bornait à dresser une sorte de rapport, de procès-verbal, constatant que les prescriptions légales « *les devoirs de loi* » avaient été accomplis, en y indiquant toutefois d'une manière exacte et claire la chose vendue ou hypothéquée.

Les registres étaient publics, et les greffiers pouvaient les communiquer ou en délivrer des extraits « *à qui jurerait en avoir besoin,* » comme disait l'article 1er, chapitre 94 de la coutume du Hainaut.

Telles étaient les formes du nantissement. Il y a lieu d'indiquer maintenant les actes qui lui étaient soumis. C'étaient les transferts immobiliers et les constitutions de droits réels.

En ce qui concerne les actes entre vifs, les coutumes soumettaient d'une manière générale aux devoirs de loi, les ventes et les donations ordinaires. L'accord cessait pour les donations par contrat de mariage. Alors que les *Chartes Générales du Hainaut* (1) ordonnaient l'accomplissement des devoirs de loi pour tous les biens faisant partie de la disposition, quelle qu'en fût la nature, les coutumes de *Bruxelles*, de *Gand*, de *Bruges*, n'y soumettaient que les seules dispositions matrimoniales concernant les fiefs. Enfin la coutume de *Reims* (2) les dispensait de cette formalité.

La plupart des coutumes n'exigeaient pas le nantissement des transmissions *mortis causa*. Cette remarque a

(1) *Chartes de Hainaut*, Chapitre XXIX, art. 23.
(2) *Coutume de Reims*, art 162.

son importance. Si de nos jours, en effet, la transcription ne s'étend pas aux mutations à cause de mort, elle le doit en partie du moins, à cette disposition de nos anciennes coutumes dont elle procède à n'en pas douter.

La coutume de *Valenciennes* admettait toutefois une solution différente en ce qui concerne les successions en ligne collatérale.

L'article 5, chapitre 2, de la coutume de *Douai* exigeait le nantissement des testaments, pour que les legs concernant des immeubles, situés dans le ressort de la ville, puissent sortir leur plein et entier effet.

Le nantissement n'était pas exigé pour les partages (1). Toutefois, ici encore, la coutume de *Valenciennes* faisait exception à la règle et ordonnait l'accomplissement des œuvres de loi à leur égard (2).

En ce qui concerne les charges de la propriété et spécialement les hypothèques, les coutumes étaient unanimes à en exiger le nantissement. Il devait s'opérer en présence de témoins « *aux maires et échevins des lieux où sont les héritages* » (3).

Parfois les formalités étaient simplifiées. A *Lille*, notamment, on apposait le sceau du baillage sur l'acte d'emprunt, qui n'en devait pas moins être inscrit sur le registre à ce destiné.

Il fallait spécialiser l'hypothèque dans l'inscription (4) sinon elle était de nulle valeur (5).

L'hypothèque judiciaire, dont j'aurai plus loin à indi-

---

(1) *Coutume de Lille*, art. 59, T. II.
(2) *Coutume de Valenciennes*, art. 110.
(3) *Coutume de Reims*, art. 174.
(4) *Coutume d'Amiens*, art. 137.
(5) *Coutume de Cambrai*, art. 11, Titre v.

quer l'origine, n'existait pas dans les coutumes de nantissement sauf dans celles de *Picardie* et de *Vermandois* (1).

Quant à ce que nous appelons l'hypothèque légale, elle n'existait qu'en faveur du prince (2), mais elle n'était admise ni en faveur des mineurs ni pour garantir la dot des femmes mariées.

La publicité établie par le nantissement permettait aux particuliers de se renseigner d'une manière exacte sur les immeubles qu'ils désiraient acquérir ou sur lesquels ils voulaient prêter par hypothèque. Ils n'avaient qu'à consulter les registres du greffe de la justice du lieu où l'immeuble était situé : de la sorte, ils pouvaient pleinement s'éclairer.

De deux acquéreurs du même immeuble le premier nanti était le vrai propriétaire. L'autre n'avait qu'une action personnelle contre son vendeur. Le second acheteur pouvait donc être préféré au premier s'il accomplissait plus vite que celui-ci les formalités des *devoirs de loi*. Mais il fallait qu'il fût *de bonne foi,* c'est-à-dire, n'eut pas connaissance lors de son contrat de l'aliénation consentie au premier acheteur (3).

Nous verrons cette disposition reproduite par la loi belge du 16 décembre 1851.

Ce que je viens de dire de la vente s'applique également à l'hypothèque. Le premier créancier nanti est préféré aux autres (4).

Ces quelques indications permettront de se rendre compte de ce qu'étaient les coutumes de nantissement.

(1) *Coutume de Vermandois,* art. 125.
(2) *Coutume de Lille,* art. 3, Titre xxii.
(3) Besson, op. cit. p. 60 et note 3.
(4) *Coutume de Chauny,* art. 10, Titre ii.

Les acquéreurs pouvaient grâce à elles, se renseigner sur l'état juridique de l'immeuble qu'ils voulaient acquérir. Quant aux prêteurs, ils pouvaient aussi connaître facilement les charges qui grevaient la propriété, puisque l'accomplissement des devoirs de loi les rendait publiques.

Toutefois, et nous n'avons pas trop à le lui reprocher, puisque notre régime foncier aboutit au même résultat, le nantissement ne consolidait pas le titre de propriété de l'acquéreur.

Mais, avec les coutumes de nantissement naissait l'idée de protection des tiers.La publicité ainsi donnée aux ventes et aux contrats hypothécaires était établie, non plus dans l'intérêt du seul seigneur suzerain, mais bien dans l'intérêt des tiers pour empêcher les fraudes et les stellionnats.

Il y a lieu du reste de remarquer, comme je l'indiquais plus haut, que les effets de l'adhéritance étaient incomplets. Ils se réduisaient à la possession. Le titre de l'acquéreur n'était pas consolidé, l'éviction restait possible, car la cour de justice n'opérait l'ensaisinement que sous la réserve des droits d'autrui.

Néanmoins cette publicité des transferts de nos anciennes provinces du Nord, a pour nous un intérêt particulier. C'est d'elle que se sont presque exclusivement inspirés, les rédacteurs de la loi du 11 brumaire an VII, et du Code civil. .

II. L'appropriance. — Si le nantissement est le précurseur incontesté de notre législation foncière actuelle, il n'en est pas de même de l'*appropriance Bretonne*.

Bien que cette institution n'ait pour nous qu'un intérêt purement historique, je crois cependant utile de lui consacrer quelques développements à cause de son originalité même.

L'appropriance était en usage dans le ressort du parlement de Bretagne.

M. Planiol, dans l'intéressante étude qu'il lui a consacrée (1), la définit ainsi : « Sous l'empire de la coutume de Bretagne, on entendait par là, différents procédés qui, variables dans leurs formes, arrivaient tous à ce résultat commun, de donner à une acquisition immobilière une force inébranlable, en la protégeant à jamais contre les nombreuses causes d'éviction, de résolution ou de retrait, dont elle était menacée ».

L'*appropriance* s'obtenait par deux modes différents : la *longue tenue* et les *bannies*.

L'*appropriance* par *longue tenue*, résultait de la prescription de 15 ans. Ce n'était pas là un mode d'acquisition de la propriété spécial à la coutume de Bretagne. Dans les pays de nantissement, par exemple, certaines coutumes suppléaient aux devoirs de loi, par une possession de 10 ans. Il en était ainsi dans les coutumes de *Reims* (2), *Chauny* (3), *Péronne* (4) et de *Vermandois* (5).

Mais la forme la plus importante, est celle de l'*appropriance* par *bannie* que je vais maintenant étudier.

C'est là une institution originale, datant probablement du commencement du XIIIᵉ siècle.

Le premier acte la mentionnant porte la date de l'année 1236. Il provient du trésor des Chartes de Nantes. Il se termine par ces mots : « *...hœc autem venditio fuit... legitimis bannitionibus et submonitionibus factis* (6). »

---

(1) Voir *Nouvelle Revue historique de droit français*, année 1890, т. xiv, p. 433.

(2) *Coutume de Reims*, art. 168.

(3) *Coutume de Chauny*, art. 35.

(4) *Coutume de Péronne*, art. 265.

(5) *Coutume de Vermandois*, art. 130.

(6) Planiol, op. cit. p. 438.

Deux actes subséquents qui les mentionnent également portent les dates de 1261 et 1269.

Les seuls biens susceptibles d'appropriance furent d'abord « *Les héritages* », c'est-à-dire les fonds de terre et les maisons. On l'étendit dans la suite aux choses réputées immeubles, soit les dîmes inféodées et les péages.

Primitivement, la vente seule donna lieu à l'appropriance par bannie.

Pour l'échange et la donation, l'appropriance résultait de la possession annale. C'est du moins ce que dit d'Argentré : « *Tale fuit jus antiquum* » (1). Mais dans la suite l'appropriement par bannie fut également possible pour ces contrats.

Les conditions nécessaires pour que l'appropriance pût réaliser étaient les suivantes : L'aliénateur devait avoir la possession annale de l'immeuble vendu. Peu importent les vices de cette possession notamment l'absence de titre. Il fallait nécessairement avoir acheté « *du vestu et du saisi* » (2). Le nouvel acquéreur devait de plus avoir été mis en possession réelle de l'immeuble par son auteur en vertu du contrat.

Ces préliminaires accomplis, il était ensuite procédé aux *bannies* qui étaient au nombre de trois. Elles étaient faites généralement à huit jours l'une de l'autre par le *sergent bannier*, d'ordinaire le dimanche dans la paroisse où se trouvait le bien vendu. La bannie se faisait à la porte

---

(1) La coutume de Bretagne a été rédigée à trois reprises différentes . il y a la *très ancienne coutume, l'ancienne coutume datant de 1539, et la coutume reformée ou nouvelle coutume rédigée en 1580*. Les textes se trouvent dans *Bourdot de Richebourg. Coutumier Général*. T. ix.

(2) Planiol, op cit., p. 442

de l'église à la sortie de la Grand'Messe « *avant que les giens se départent et qu'ils puissent oïr les bans* » (1).

D'autres fois aussi, on procédait aux bannies les jours de marché. Cependant la première forme était préférée car, nous dit d'Argentré « *cum non omnes ad mercatum conveniant, ad sacra omnes omnino præsumptum sit convenire* ».

Le *sergent bannier* indiquait également devant quelle cour de justice l'acquéreur voulait « *s'approprier* ».

. La bannie d'abord sérieuse et effective, se transforma peu à peu pour se réduire à une simple affiche.

M. Planiol a le premier mis en lumière une seconde partie de la procédure de l'appropriance, *les requêtes*. Il résulte d'un texte du XIVᵉ siècle contenu dans les archives de l'abbaye de Saint-Mélaine, que le sergent bannier, une fois les bannies terminées, venait, accompagné de témoins, notifier la vente aux parents du vendeur qui auraient eu le droit d'exercer le retrait de l'immeuble vendu (2) Mais cette partie de la procédure, dont l'avantage devait être certain, disparut avec le XIVᶜ siècle.

Une fois ces formalités accomplies, avait lieu « la *certification des bannies* ». le sergent bannier faisait un rapport à la cour de justice tant des bannies que des requêtes, en indiquant les noms de ceux qu'il avait requis. Suivant les cas, mention en était faite sur l'acte de l'acheteur ; parfois on se bornait à y indiquer simplement que

(1) Planiol, op cit., p 443
(2) Les requêtes, conséquence du droit de retrait familial, n'étaient pas exclusives à la *Bretagne* Elles étaient également usitées à cette époque dans l'*Anjou*, la *Normandie*, le *Beauvoisis*, la *Picardie*, la *Flandre*, l'*Alsace* l'*Orléanais* ainsi qu'à *Bayonne* et *Villefranche*.

les formalités avaient été remplies ; dans d'autres cas un écrit spécial était dressé à cet effet.

Le sergent bannier, amenait également ses témoins.

La Cour les entendait aussi et prononçait ensuite au profit de l'acquéreur une véritable adjudication.

C'était seulement devant la *Haute Cour de Justice*, dont dépendait l'héritage vendu que l'on pouvait s'approprier. On avait également la faculté de le faire, durant les *plaids généraux* de la juridiction supérieure. Chaque vassal y venait à son jour indiqué faire *la menée*, c'est-à-dire la présentation des hommes de sa juridiction venant faire juger leur cause en appel devant la Cour du suzerain (1).

Les effets de l'appropriance variaient suivant qu'elle intéressait des « *gens du duché de Bretagne* » ou « *des gens hors de la Duchié* ».

Pour ceux-ci, l'acquéreur n'était à l'abri de leurs réclamations, qu'après l'an et jour.

Quant aux gens du duché, la bannie produit immédiatement ses effets. Ils n'ont que huit jours après le dernier ban pour opérer leurs oppositions, sinon ils sont forclos.

Cette différence de temps donnée aux intéressés pour effectuer leurs réclamations, suivant qu'ils étaient ou non dans le duché, devait être un encouragement à la fraude. Pour l'accomplir, un parent était envoyé dans une province voisine. L'immeuble se vendait aussitôt. Puis dès que l'on avait amassé quelque argent, le parent obligeant revenait et servait de prête-nom au vendeur, pour exercer le retrait de l'immeuble vendu.

Voici l'énumération des personnes qui, à la suite des bannies, pouvaient faire opposition.

(1) Planiol, op cit , p. 450.

D'abord les *presmes*. C'étaient les parents qui jouissaient du droit de retrait et, à leur défaut, le seigneur suzerain.

Venaient ensuite les créanciers ayant hypothèque et en Bretagne d'après d'anciens usages, tous les créanciers étaient considérés comme tels, qu'ils aient eu ou non des lettres d'obligation, pourvu qu'ils arrivassent à prouver par témoin la date de leur créance (1).

Pouvait également faire opposition le véritable propriétaire dans le cas où le bien n'appartenait pas au vendeur. S'il laissait passer les délais, il était forclos, et n'avait plus à sa disposition contre le vendeur qu'une action personnelle.

Enfin, le vendeur faisait également opposition pour le paiement de son prix. Libre à lui de se faire payer tiers à tiers après chaque bannie ou de faire opposition pour la totalité comme créancier dans la huitaine du dernier ban.

Les effets de l'appropriance étaient très importants. Elle éteignait les actions par lesquelles l'immeuble aurait pu être enlevé à l'acquéreur. Mais elle laissait subsister les rentes foncières et féodales ainsi que certaines servitudes (2).

L'appropriement supprimait l'éviction ainsi que la garantie de la part du vendeur, sauf bien entendu pendant le temps que duraient les formalités. Enfin, il conférait à l'acheteur plus de droits que n'en n'avait son vendeur, au cas notamment où ce dernier n'était pas le véritable pro-

---

(1) Planiol, op. cit., p. 454.

(2) Il résulte d'un arrêt du parlement de Bretagne du 24 novembre 1633, cité par Guyot (*Répertoire* V° *Appropriance*) que rapporte M. Ferron dans son *étude historique et critique sur la publicité des droits réels immobiliers*, p⁻ 84, note 1, que seules étaient purgées les servitudes établies sur un fond par *constitution*, que nous appellerions aujourd'hui servitudes *résultant du fait de l'homme*.

priétaire du bien vendu. Il purgeait son titre. Aussi,
d'Argentré disait-il avec admiration : « *Magnum est quod
dicimus et juris peritis fortasse incredibile !* »

L'appropriance n'était pas opposable aux mineurs
dépourvus de tuteurs ni aux absents (1).

Pendant dix ans, elle pouvait être attaquée pour cause
de dol ou de fraude.

Elle avait des effets bien plus étendus que le nantissement. Elle ne se bornait pas à constater le transfert, mais
elle prouvait en plus le droit de propriété lui-même. Elle
fournissait de la sorte aux acquéreurs un titre sûr et
consolidé.

Toutefois l'optimisme de d'Argentré n'était pas général.
J'ai eu l'occasion de montrer plus haut que la fraude était
facile. De plus, les droits respectables du véritable propriétaire risquaient d'être compromis, suivant les cas.

Aussi un édit royal de 1626 vînt-il soumettre l'appropriance à une formalité nouvelle. Pour en supprimer les
abus, et protéger davantage les droits du véritable propriétaire, il exigea l'insinuation du contrat avant la prise
de possession de l'acquéreur. La première bannie ne
pouvait désormais être faite que six mois après cette
formalité nouvelle.

Des greffes d'insinuation à fin d'appropriement furent
créés, et les greffiers durent, soit communiquer leurs
registres à toute réquisition des intéressés, soit en délivrer
des copies dont le taux tarifé par l'édit variait de *20 sous à
12 livres 6 sous* (2)

L'appropriance ainsi améliorée subsista jusqu'au

(1) Besson op. cit .p. 65. note 1.
(1) Besson op. cit. p. 64.

1er Nivose an IV, jour où fut mise en vigueur la loi du 9 Messidor an III (1).

Cette forme donnée à la publicité des transferts par notre ancienne Province de Bretagne, est intéressante à signaler tant à cause de son originalité propre que de ses importants effets.

Plus loin, il sera aisé de voir, dans l'étude de la législation australienne, que sir Robert Torrens a puisé certaines de ses dispositions dans l'antique appropriance bretonne.

III. Les édits. — Après avoir exposé les perfectionnements très importants pour l'époque, que la publicité avait atteints dans deux de nos provinces, j'arrive maintenant à l'étude du système pratiqué dans le restant du territoire.

L'ensaisinement féodal était peu à peu tombé en désuétude sous l'influence du droit Romain. La clause de dessaisine saisine, qui avait remplacé l'ancienne tradition, était devenue de style dans les contrats. Puis, on la passa même sous silence. Aussi la plupart des mutations étaient elles clandestines.

C'est alors qu'une institution d'origine Romaine, que les légistes avaient remis en honneur, l'*insinuation*, vint en aide à la publicité et l'empêcha de disparaître tout à fait.

L'insinuation, ne s'appliquait dans les principes qu'aux donations. Son but était de garantir les tiers de la fraude et d'éviter la clandestinité.

L'histoire raconte qu'en 1455, Louis XI encore dauphin,

(1) Les bannies se retrouvent encore en Bretagne dans le bail à domaine congéable, loi du 6 août 1791, art. 23 et 25, et loi 23 septembre 1896 art. 11.

ordonna pour ce motif de lire et publier les donations
devant le bailli du domicile du donateur. On retrouve
dans l'ordonnance du Roi René du 28 octobre 1472 une
disposition analogue. Il décide que « la donation ne sera
valable que si elle est connue ou approuvée du viguier,
baile ou juge ordinaire du lieu où elle est faite, après que
ce dernier aura reconnu que la cause de donner est
honnête et qu'il n'y a point de fraude, en présence et
connaissance des parties et alliés du donateur ou du
moins de deux d'entre eux... de manière que la clandestinité qui est une marque de la fraude soit vraisembla-
blement exclue (1). »

L'ordonnance de Villers Cotterets de 1539 étendit
l'insinuation à tout le royaume, toujours en mettant en
avant l'intérêt des tiers.

Survint ensuite un édit de Henri III de 1553 qui soumit
à l'insinuation, pour éviter la fraude, « les contrats de
vente, échange, cessions, transferts et constitutions de
rente et toutes autres obligations excédant 50 livres
tournois (2). »

Mais cet édit resta lettre morte. Ce n'est qu'en 1703 que
Louis XIV parvint à réaliser cette réforme d'une manière
complète.

L'insinuation s'accomplissait au greffe de la situation
des biens. Les délais variaient ainsi que les mentions à
rédiger. Pour les donations, on avait quatre mois pour
les faire insinuer et elles devaient être reproduites textuellement. Cette disposition est probablement l'origine de

(1) Julien Statuts de Provence, T. I., p. 183-184
(2) Besson, op. cit., p. 69.

notre article 939 (1). Mais dans notre ancien droit, l'insinuation des donations avait un caractère spécial: elle devait être opérée tant au greffe de la situation des biens qu'à celui du domicile du donateur. Faite dans ce délai de quatre mois, elle rétroagissait au jour de la donation.

Pour les ventes d'immeubles, le délai était variable. Si l'immeuble était situé dans le ressort du notaire, c'était lui qui était personnellement tenu de faire insinuer le contrat dans les dix jours de sa passation. Mais si l'immeuble n'y était pas situé, c'était alors aux parties à faire procéder dans les trois mois à l'insinuation du contrat. Dans les deux cas l'insinuation n'avait lieu que par extrait.

L'insinuation, destinée comme je l'ai dit plus haut à éviter la fraude, avait une certaine valeur pour les actes à titre gratuit, mais pour les actes à titre onéreux, elle en était totalement dépourvue. La donation n'était opposable aux tiers qu'une fois insinuée. Les actes à titre onéreux, au contraire, étaient opposables aux tiers indépendamment de toute insinuation, et ne faisaient, dans ce cas, encourir aux parties qu'une amende triplant le droit d'insinuation non payé.

Il y a donc loin de l'insinuation au nantissement et à l'appropriance surtout. L'insinuation n'a jamais été qu'une institution fiscale, plus ou moins déguisée sous la fallacieuse étiquette de protection des tiers.

Sur la même ligne que l'insinuation existait une autre

---

(1) Art. 939 du Code Civil. « Lorsqu'il y aura donation de biens susceptibles d'hypothèque, la transcription des actes contenant la donation et l'acceptation ainsi que la notification de l'acceptation qui aurait eu lieu par acte séparé, devra être faite dans le bureau des hypothèques dans l'arrondissement desquels les biens sont situés ».

institution, mais de date plus récente, je veux parler du *contrôle* établi par l'ordonnance de Blois de Henri III de juin 1581. Il était destiné à prévenir les falsifications et les antidates des actes. Il atteignait tous les actes des notaires, greffiers et huissiers, ainsi que les sous seing privés annexés à des actes authentiques ou produits en justice. Dans le préambule de l'ordonnance, il était bien dit que le contrôle était établi pour donner date certaine aux actes, par conséquent dans l'intérêt des tiers. Mais ce n'était là qu'un prétexte. Les registres du contrôle n'étaient pas publics : seuls les employés de la Ferme pouvaient les compulser. Cette institution était purement fiscale, elle aussi, puisqu'elle ne servait guère qu'à battre monnaie au moyen de la création des charges de contrôleur des actes.

Si la publicité des transferts était rudimentaire, celle donnée aux hypothèques se trouvait à peu près dans le même état.

L'hypothèque, résultant des actes notariés, tout comme celle de la femme mariée et du mineur, était indéterminée et générale.

L'hypothèque légale de la femme mariée procédait du droit Romain. De tout temps le législateur Romain comprit qu'il devait protéger la femme dans ses intérêts matériels. Aussi, lui accorda-t-il tout d'abord un « *privilegium inter personales actiones* », lui assurant la préférence sur les seuls créanciers chirographaires de son mari. Justinien lui donna ensuite une hypothèque tacite portant sur tous les biens de son époux pour ses reprises dotales primant les créanciers hypothécaires de ce dernier postérieur en date. Puis il promulgua la célèbre constitution *Assiduis* dont les premiers mots indiquaient bien les instances qui l'avaient motivée. Ce monument législatif débutait en effet en ces termes : « *Assiduis Mulierum supplicationibus inquietati sumus* » (1). Elle accordait à la femme une hypothèque privilégiée grâce à laquelle elle primait pour la restitution de sa dot, même les créanciers du mari ayant une hypothèque antérieure au mariage.

Notre ancienne jurisprudence donna, elle aussi, une hypothèque légale à la femme mariée, mais cette hypothèque n'était, à proprement parler, légale que pour la femme mariée sans contrat. En effet, s'il y avait eu contrat, l'hypothèque générale des actes notariés en résultait. C'était un avantage, car, alors que l'hypothèque légale ne datait que du jour du mariage, l'hypothèque des actes notariés prenait naissance à dater du jour du contrat.

L'hypothèque légale du mineur et de l'interdit a, elle aussi, une origine romaine. C'était un « *privilegium inter personales actiones* » soit un droit de préférence sur les créanciers chirographaires du tuteur. Constantin leur accorda ensuite une hypothèque tacite datant de l'ouverture de la tutelle.

Notre ancien droit distinguait la tutelle des enfants nobles de celle des fils de bourgeois. Il y avait lieu donc, suivant les cas à la *garde noble* ou à la *garde bourgeoise*.

Les dispositions de nos anciennes coutumes sur ce sujet sont assez touffues. Il paraît toutefois en résulter que la tutelle des enfants nobles durait jusqu'à l'âge de 20 ans et celle des fils de bourgeois jusqu'à 14.

La coutume de Paris dans son article 267 imposait au *gardien* ou *baillistre* de l'enfant bourgeois, l'obligation de fournir caution avant d'entrer en charge. C'est là,

_____

(1) Loi 12 C. *qui potiores in pignore* (VIII. 18).

croyons-nous l'origine lointaine de l'hypothèque légale des incapables. En tous cas, le gardien, baillistre ou tuteur bénéficiait d'après nombre de coutumes, de l'usufruit des biens immeubles de l'incapable. C'est là, encore, je le crois du moins, l'origine de l'usufruit, que notre Code civil accorde au survivant des père et mère sur les biens du conjoint prédécédé revenant à l'enfant mineur, jusqu'à ce que celui-ci ait atteint l'âge de 18 ans (1).

Plus tard une *hypothèque taisible* fut accordée à l'incapable sur les biens de son tuteur.

L'hypothèque judiciaire, à la différence de l'hypothèque légale des incapables, a une origine essentiellement française et ne se rattache en rien au droit Romain.

Elle procédait du reste d'une conception juridique, absolument différente de celle que les Romains avaient toujours eue de l'hypothèque ordinaire, et ce n'est que par un abus de langage que notre ancien droit appela de ce nom une voie d'exécution destinée à assurer le paiement d'une somme d'argent.

L'hypothèque judiciaire, n'est donc pas une forme du crédit réel ; c'est plutôt une mesure préventive d'exécution destinée à assurer l'accomplissement d'une obligation.

Dans notre Ancien Droit, l'écriture étant fort peu répandue, les actes sous-seing privé, devaient être très rares et s'ils contenaient une obligation de payer une somme d'argent, ils étaient assortis d'une hypothèque générale destinée à en garantir l'exécution. Mais presque tous les actes étaient notariés. Ils avaient un grand avantage grâce à la date certaine que l'authenticité leur donnait. Aussi ceux-ci supplantèrent-ils bientôt ceux-là. De plus, ils emportaient hypothèque générale sur tous les biens pré-

(1) Article 384 du Code Civil

sents et à venir du débiteur. Le Contrat notarié faisant foi par lui-même de sa date, l'hypothèque qu'il procurait prenait rang à ce jour.

Cependant dans le cours du XVIᵉ siècle, avec la Renaissance, les actes sous-seing privé se développèrent considérablement. Mais ils n'emportaient plus hypothèque par eux-mêmes, quoiqu'ils continssent l'obligation de payer une somme d'argent par suite d'une réaction qui s'était produite dans les coutumes.

Puis on se demanda pourquoi ces actes sous-seing privé n'auraient pas joui du même bénéfice que les actes notariés au cas où ils auraient été reconnus en justice. N'avaient-ils pas ainsi date certaine ? Ne revêtaient-ils pas un cachet solennel ? Il nous le semble et c'est ce premier pas qui fut franchi, ainsi que le constate l'article 78 de la Coutume de Paris, dans sa rédaction de 1510, ainsi conçu : « Une cédule privée qui porte promesse de payer, emporte hypothèque du jour de la confession d'icelle en jugement. »

Mais on ne s'en tint pas là. Nous voyons en effet l'ordonnance de Villers Cotterets de 1539, dans ses articles 92 et 93, étendre la notion de « *la Confession de l'acte en justice* » et lui assimiler « *la vérification en justice* » pour le cas où le débiteur ou ses représentants nieraient la signature.

Pour le moment nous n'avons comme emportant hypothèque judiciaire, en plus des actes notariés que les jugements de reconnaissance et de vérification d'écriture. L'ordonnance de Moulins en 1566, fait faire un dernier pas à la question et accorde par l'article 53 le même bénéfice à tout jugement de condamnation. « Dès lors, y est il dit, et à l'instant de la condamnation donnée en dernier ressort et du jour de la prononciation, sera acquis à la partie droit d'hypothèque sur les biens du condamné pour l'effet et exécution du jugement ou arrêt sur lui obtenu. »

Au reste la coutume de Paris s'est tenue au courant des progrès réalisés. Son article 107 qui dans la rédaction de 1580 a remplacé l'article 78, s'exprime ainsi : « Cédule privée qui porte promesse de payer emporte hypothèque du jour de la confession ou reconnaissance d'icelle, faite en jugement ou par devant notaires, ou que par jugement elle soit tenue pour confessée ou du jour de la négation en cas que par après elle soit vérifiée. »

Tels sont brièvement reproduits, les documents de notre ancien droit sur l'hypothèque judiciaire.

Il semble donc que cette sûreté ne résultait pas de l'authenticité de l'acte soit de sa forme. Sinon il serait impossible d'expliquer pourquoi l'hypothèque judiciaire n'est pas résultée en même temps ou même plus tôt des jugements que des actes notariés. Il faut croire, qu'elle avait plutôt son origine dans la créance elle-même, qu'elle résultait du fonds du droit. Aussi, les actes notariés la procurerent-ils tout d'abord. Puis comme la coutume refusait aux contrats sous-seing privé des créanciers chirographaires, les avantages que retiraient ceux dont le titre consistait en un acte notarié, à cause de nécessités d'ordre public, ceux-ci s'adressèrent aux tribunaux pour faire reconnaître en justice leur créance. C'est à partir de ce jour que le jugement commença à conférer hypothèque.

Néanmoins l'hypothèque judiciaire conserva tout le temps de l'ancien régime son caractère de garantie d'exécution de la foi promise.

Les seules hypothèques spécialisées étaient celles du légataire, du co-partageant et du roi sur les biens de ses comptables. Les contrats hypothécaires, dressés par les notaires, étaient bien soumis au contrôle, mais de quelle utilité pouvait être cette formalité ? Les registres du contrôle, n'étant pas publics, les intéressés ne pouvaient pas se renseigner exactement sur la situation hypothécaire des immeubles grevés. Seule, la rédaction de l'acte par le notaire, lui donnait une certaine publicité et c'était tout.

La situation, par conséquent, était loin d'être rassurante pour les prêteurs tout comme pour les acheteurs. Les premiers risquaient fort de se voir primer par ceux qui les précédaient et dont ils ignoraient le montant des créances. Le gage qui leur avait été donné pouvait donc n'être pour eux qu'un leurre. Les seconds couraient toujours le risque de se voir évincer de l'objet de leur acquisition, par quelque acquéreur postérieur en date mais dont l'acte aurait été soumis au contrôle plus promptement que le leur.

Qu'avait-on fait pour sortir de cet impasse ? Les légistes, ennemis nés de la féodalité, ne voulaient à aucun prix, emprunter quoique ce fut, aux coutumes de nantissement ou d'appropriance. Le droit Romain les séduisait, et c'est à lui qu'ils demandèrent des inspirations pour le système à établir.

A Rome, il avait été admis, que les ventes faites « *sub hasta* », sur l'ordre du préteur et après affiches, procureraient à l'acquéreur un titre sûr et à l'abri de toute rescision. Dans notre ancien droit, la vente *sur décret forcé au cas d'expropriation*, arrivait à un résultat analogue. Le créancier hypothécaire qui n'avait pas fait opposition à la vente qu'il était présumé avoir connue, était déchu de sa créance.

L'hypothèque était purgée sans retour. C'est ce qu'exprime Loysel dans son langage pittoresque : « *par décret on nettoie toutes les hypothèques* ».

A l'exemple du *décret forcé* et pour en étendre le bénéfice aux acquéreurs sur vente amiable, on avait donc imaginé le *décret volontaire*. Ferrières, en explique très bien le mécanisme : « Le décret volontaire, dit-il, est celui qui se fait du consentement des parties afin de purger les hypothèques et de mettre l'acquéreur en sûreté. Ainsi l'on convient souvent dans les contrats de vente que le vendeur ne touchera le prix d'un héritage qu'après le décret volontaire qui en sera fait et qu'il aura été en conséquence adjugé à l'acquéreur. Pour cet effet, l'acquéreur après avoir fait réellement saisir sur lui l'héritage qu'il a acheté, à la requête d'un de ses créanciers, fait faire les criées et la même procédure qui se font au cas de décret forcé jusqu'à l'adjudication. Voici comment cela se pratique. L'acquéreur crée une dette imaginaire au profit d'un ami qui en donne une contre lettre. En conséquence de cette obligation simulée, l'acquéreur de l'héritage se fait faire par son ami un commandement pour payer, et, sur le refus, cet ami saisit réellement l'immeuble sur l'acquéreur. Ensuite à l'exception de bail judiciaire, on fait les criées et le reste de la procédure comme dans un décret forcé jusqu'à l'adjudication (1) ».

Ce système très compliqué devait être fort cher. De plus, paraît-il, les acquisitions auxquelles ce procédé empirique pouvait s'appliquer étaient très peu nombreuses. Le décret volontaire n'était au reste qu'un mode de purge des hypothèques laissant intacts tous les autres droits réels grevant l'immeuble.

(1) Ferrières. *Dictionnaire de droit et de pratique*. Vº Décret volontaire.

Entre temps, Colbert fit signer au roi en 1673, un édit qui, s'il avait été appliqué, aurait réalisé un immense progrès. Colbert, en indiquait lui même le but et le rôle dans la préface. « C'est pourquoi, disait-il, nous avons résolu d'établir des greffes d'enregistrement dans lesquels, ceux qui auront des hypothèques, pourront former et faire enregistrer leurs oppositions, et ce faisant, seront préférés à ceux qui l'auront négligé, et par ce moyen, on pourra prêter avec sécurité et acquérir sans crainte d'être évincé. Les créanciers seront toujours certains de la fortune de leurs débiteurs, et les acquéreurs seront assurés de n'être plus troublés dans leur possession par des charges ou hypothèques antérieures. » Colbert créait donc auprès de chaque tribunal de baillage et de sénéchaussée et sous la surveillance de celui-ci, un greffe pour l'enregistrement des oppositions des créanciers prétendant privilège ou hypothèque.

L'édit ajoute que les créanciers opposants seront préférés aux non opposants quoique plus anciens ou privilégiés. Ainsi donc, le rang n'est plus fixé par la date de l'acte, mais par celle de l'inscription au registre du greffe. C'est là, une des dispositions principales de l'édit, qui a passé plus tard dans la loi du 11 Brumaire an VII et de là dans le Code. Mais elle contenait un correctif malheureux. L'opposition rétroagissait à la date du contrat si elle était enregistrée dans les quatre mois de la date de celui-ci. Toutes les transmissions de créances hypothécaires devaient également être rendues publiques. Par exception, les hypothèques légales du mineur, de la femme mariée et du roi, existaient sans qu'il y eut d'opposition à faire enre-gistrer. Les acquéreurs à titre onéreux devaient notifier leurs actes d'acquisition aux créanciers inscrits. Enfin tout intéressé pouvait demander soit la communication, soit des extraits des registres.

Tel était dans ses grandes lignes l'édit de Colbert. Il faut louer le grand ministre d'avoir eu le courage de le présenter à la signature du roi. Les débuts de l'édit indiquaient du reste les pensées qui l'animaient. « L'amour paternel que nous avons pour nos sujets, y était-il dit, nous obligeant de pourvoir à leurs intérêts particuliers, et l'application que nous y avons apportée nous ayant fait connaître que la conservation de leurs fortunes dépend principalement d'établir la sûreté dans les hypothèques et d'empêcher que les biens d'un débiteur solvable ne soient consumés en frais de justice, faute de pouvoir faire paraître sa solvabilité, nous n'avons point trouvé de meilleurs moyens que de rendre publiques toutes les hypothèques et de perfectionner par une disposition universelle ce que quelques coutumes de notre royaume avaient essayé de faire par la voie des saisines et des nantissements. » (1).

Certes, pour le juger sainement, il est nécessaire de se pénétrer des idées de l'époque et non pas de celles que l'on se fait de nos jours sur le rôle que la publicité doit remplir. Il est évident qu'il y avait des points faibles, comme la clandestinité de l'hypothèque du roi, de la femme mariée, du mineur. Cette rétroactivité en ce qui concerne la date de l'opposition enregistrée dans les quatre mois pouvait aussi être dangereuse. Cependant, si l'édit de Colbert avait été appliqué à la lettre, il aurait sûrement rendu à la propriété foncière de très grands services. Il en aurait peut-être même trop rendus. Aussi,

---

(1) Jourdan, Decrusy et Isambert. *Recueil des anciennes lois Françaises*, T. xix. p. 73, 74.

comme à toute œuvre bonne, les détracteurs et les adversaires ne lui manquèrent-ils pas. Par une coïncidence assez
rare dans notre histoire, la Noblesse et le Parlement,
réunis cette fois par un commun intérêt, en demandèrent
et en obtinrent l'abrogation. L'édit de 1693 qui la prononce
le dit avec une certaine amertume. « ...Quoique nos
sujets pussent recevoir de très considérables avantages de
son exécution, néanmoins comme il arrive ordinairement
que les règlements les plus utiles ont leurs difficultés dans
leur premier établissemént et qu'il s'en rencontre dans
celui-ci qui ne peuvent être surmontés dans un temps où
nous sommes obligés de donner nos applications principales aux affaires de la guerre, nous sommes obligés de
le révoquer. » (1).

Et dans le testament politique de Colbert, Courtilz de
Sandraz indique très bien le véritable motif de cette révocation (2). « Le parlement, dit-il, n'eut garde de souffrir
un si bel établissement qui eût coupé la tête à l'hydre des
procès dont il tire toute sa subsistance. Il démontra que
la fortune des plus grands de la cour, s'allait anéantir par
là, et qu'ayant pour la plupart, plus de dettes que de
biens, ils ne trouveraient plus de ressources dès que leurs
affaires seraient découvertes. Ayant su, sous ce prétexte,
engager tant de gens considérables dans leurs intérêts, ils
cabalèrent si bien, qu'il fut sursis à l'édit qui en avait été
donné »,

On en resta donc aux anciens errements. Le décret
volontaire était le seul moyen de faire apparaître les
hypothèques clandestines.

(1) Jourdan, Decrusy et Isambert op. cit. T. xix, p. 133.
(2) *Testament politique de Colbert*, chap. 12, p 351, édition 1693.

C'était ce rudiment de purge, que vint, un siècle plus tard, en 1771, perfectionner l'ordonnance créant les *lettres de ratifications*. Ici se retrouve une série de formalités que la purge actuelle des hypothèques légales a reproduites presque en entier.

L'acquéreur qui désire affranchir son immeuble de l'action hypothécaire, dépose au greffe de la sénéchaussée ou du baillage de la situation des biens, une expédition de son contrat. Deux mois durant, un extrait de l'acte reste affiché à l'auditoire du greffe pour que les créanciers prennent telles inscriptions conservatoires de leurs créances qu'ils jugeront convenables. Si les créanciers ne font aucune opposition en mains du greffier, ils sont forclos. Les oppositions contenaient à peu près les mêmes mentions que nos bordereaux actuels d'hypothèque, soit les noms, qualité, professions du créancier et du débiteur et élections de domicile au baillage. Elles étaient inscrites sans blanc ni interligne et par ordre de date sur un registre spécial tenu au greffe, paraphé par le lieutenant de la sénéchaussée. A toute réquisition des intéressés, on devait en délivrer des états conformes. Les délais écoulés, le conservateur dressait les lettres de ratification qu'il présentait à la chancellerie du Tribunal. Alors le greffier scellait les lettres, sous réserve des oppositions faites en temps utile, si non, purement et simplement. Dès ce moment l'immeuble était dégrevé de toute hypothèque, de quelque nature qu'elle fût.

Telles étaient les lettres de ratification. Certes, il y a progrès sensible sur le décret volontaire. C'est incontestable. Mais le procédé avait encore des inconvénients : il était long et très coûteux. C'est ce que dit Merlin dont l'autorité ne saurait être mise en doute : « L'obtention

des lettres de ratification, dit-il, était trop coûteuse ; la
vente d'une multitude de petits objets, immeubles réels et
fictifs, qui ne peuvent être acquis avec solidité, ne pourra
jamais avoir lieu. Les frais des lettres de ratification en
absorberaient le prix et au-delà » (1).

Les lettres de ratification, enfin, ne visaient qu'un cas
particulier. Elles consolidaient, si l'on veut, le titre de
l'acquéreur en le garantissant contre les suites de l'action
hypothécaire ; mais voilà tout : elles ne donnaient pas à
l'acquéreur ce titre solide et à toute épreuve, défiant résolution et rescision, que le propriétaire moderne est en
droit d'exiger de la loi foncière actuelle. L'acheteur restait donc soumis à toutes les causes de caducité de son
titre.

Il me reste à indiquer un point de détail de l'édit de
1771. Dans son article 35, il abrogeait le nantissement en
matière hypothécaire, dans les coutumes où régnait
encore ce système juridique. Bien entendu le Parlement
des Flandres s'empressa de refuser l'enregistrement de
l'édit et répondit, dans ses remontrances « que le nantissement était le chef-d'œuvre de la sagesse, le sceau,
l'appui et la sécurité des propriétés, un droit fondamental
dont l'usage avait produit dans tous les temps d'inesti-
mables effets, et avait établi autant de confiance que de
facilité dans les affaires » (2).

Telle fut la dernière tentative de la Royauté dans l'ordre
de la publicité hypothécaire

IV. — Les lois foncières de la période révolutionnaire.—
J'arrive maintenant aux lois de la période révolutionnaire
en matière de publicité hypothécaire.

(1) Merlin, *Repertoire*, Vᵒ Déclaration d'hypothèque, nᵒ 11, p. 94, 95.
(2) Guillouard, *Traité des privilèges et hypothèques*, T. I, p. 25.

La première en date est le décret des 19-20 septembre 1790. Il concerne la publicité des aliénations foncières. Il abolit les formalités de *saisine, vest, devest, mise de fait, main assise, reconnaissance échevinale, plainte à la loi, etc.*, *et les remplace par la transcription* des contrats translatifs de propriété ou constitutifs d'hypothèque. La transcription s'opèrera au greffe du tribunal de district à établir et dans l'ordre où les actes seront présentés. Les greffiers devront communiquer ces registres sans frais aux requérants. Ainsi donc, le nantissement est aboli et à sa place la transcription est instituée. Comme le fait très bien remarquer M. Besson : « Ce n'est plus le seigneur dominant mais l'Etat qui interviendra par ses agents dans l'acte de la transmission pour opérer le vest et le devest et transporter la propriété au regard des tiers » (1).

Mais il ne s'agissait là que d'une loi à portée restreinte puisqu'elle ne s'appliquait qu'aux pays de nantissement. Pour les autres, l'ancien système du contrôle et de l'insinuation persistait toujours, et les lettres de ratification restaient en usage également.

Les deux décrets du 9 Messidor an III qui vinrent ensuite, furent sûrement une des tentatives les plus hardies qui aient été faites en France au point de vue foncier. Quoiqu'on en ait dit (2), ces lois ont été appliquées. C'est ce qui résulte, en effet, d'un rapport présenté à la sous-commission juridique du cadastre. Il y est dit que M. Flour de Saint-Genis a retrouvé dans les archives du premier bureau des hypothèques de la Seine, une série de vingt volumes ayant servi à l'application de la loi de

(1) Besson, op. cit., p. 85
(2) Besson, op. cit., p. 92, 93.

l'an III du 17 Frimaire an IV au 9 Germinal an VII.
8827 articles sont passés en conformité de la nouvelle
loi (1).

Voici l'esprit général des décrets de Messidor : la publicité est *réelle*, c'est-à-dire *territoriale*. La base c'est la
déclaration foncière que *tout propriétaire* désirant transmettre ou constituer un droit réel sur ses immeubles doit
faire à la conservation des hypothèques dont ses biens
dépendent. Cette déclaration est destinée à individualiser
l'immeuble, elle permettra de le reconnaître dans les
mains où il passera. La sanction du défaut de déclaration
est sévère : l'acte de vente ou de constitution d'hypothèque
sera nul.

Dans sa déclaration foncière, le propriétaire indiquera
le nom de la commune où sont situés ses biens, ses noms
et qualité, les différents immeubles qu'il possède, leur
étendue, leur valeur, leurs confronts, l'origine de propriété, le montant du prix d'achat, etc. La déclaration
foncière est rédigé en triple expédition par le propriétaire
ou son créancier hypothécaire ; elle est ensuite certifiée
devant notaires. Toutes ces formalités sont exigées à peine
de nullité.

Une de ces expéditions reste au greffe de la commune
où les biens sont situés, la seconde va au bureau des hypothèques et la troisième, scellée du conservateur et du
greffier de la commune, est conservée par le propriétaire.
Un double procédé réalisait la publicité prévue par les
décrets de Messidor. Pour les hypothèques, c'était une
inscription analytique sur le registre du conservateur.

(1) *Procès-verbaux de la commission du cadastre*. S. C. Juridique F. V,
p. 509.

Pour les transferts de propriété c'était le dépôt du contrat au bureau de la conservation.

Telle est la déclaration foncière. Maintenant, au point de vue hypothécaire, la loi de Messidor réalisait les réformes suivantes : les anciennes hypothèques tacites et générales étaient supprimées. Il n'y avait plus que deux sortes d'hypothèques : l'hypothèque *volontaire* ou *conventionnelle* et l'hypothèque *forcée* ou *judiciaire*. L'article 3 semble bien poser le principe de la publicité absolue quand il s'exprime ainsi : « Il n'y a d'hypothèque que celle résultant d'actes authentiques inscrits dans des registres publics, ouverts à tous les citoyens ».

Le trait le plus original et en même temps le plus hardi de la législation de Messidor, était la *cédule hypothécaire* ou *hypothèque sur soi-même*. Le propriétaire en suite de sa déclaration foncière, et indépendamment de toute obligation personnelle préexistante, peut requérir le conservateur de lui délivrer une cédule transmissible par voie d'endossement nominatif à ordre jusqu'à concurrence des trois quarts de la valeur de l'immeuble servant de garantie et valable pendant dix ans. Les titres de propriété étaient laissés au conservateur pour qu'il en opérât la vérification. Le conservateur délivre ensuite la cédule dont il garantit le montant ; au cas où il y aurait eu discussion entre le conservateur et le propriétaire au sujet de la valeur de l'immeuble, il y avait lieu à une expertise que la loi prévoyait avec soin.

Un des deux décrets de Messidor organisait également les bureaux des conservateurs de la propriété foncière. Il y avait par district un bureau comprenant autant de sections que le district comptait de bureaux d'enregistrement cantonaux. Un conservateur était placé à la tête de chaque bureau, un commis à la tête de chaque section. Les registres des conservateurs étaient, je l'ai déjà dit, ouverts à tous Ils étaient nombreux et distincts : Il y en avait un pour les inscriptions de créances hypothécaires, un pour les radiations, un pour les déclarations foncières et un pour les actes translatifs et pour les revendications de propriété. Enfin, toutes les énonciations de ces différents registres étaient rapportées sur un livre de raison complété par un répertoire alphabétique par noms de propriétaire qui permettait d'accélérer les recherches.

A la tête de toutes ces conservations de district et de ce nouveau service foncier, devait être placé un conservateur général des hypothèques Ce fut le citoyen Jean-Baptiste-Moïse Jollivet qui fut nommé à ces fonctions par décret du 1er Thermidor an III (1).

Tel est le résumé succinct de la loi de Messidor. Il est facile de se rendre compte qu'elle faisait une situation juridique différente à l'acquéreur d'une part, et au créancier hypothécaire de l'autre. Il faut bien se pénétrer par avance de cette idée que les auteurs de ce décret ont voulu faire une loi qui permît au propriétaire de trouver du crédit et ont par conséquent consolidé la situation des prêteurs, mais ne se sont nullement souciés de raffermir la propriété aux mains de ceux qui la possèdent ou qui l'acquièrent.

L'acheteur n'était donc guère protégé. A lui de se renseigner sur la valeur de son titre d'acquisition, sur la juste possession de son vendeur. La transcription elle-même n'a pour lui qu'un effet restreint : elle arrête le cours des inscriptions du chef du précédent propriétaire,

(1) Besson, op. cit., p. 92.

mais n'empêche nullement la dépossession de l'acquéreur qui a fait transcrire par un acquéreur précédent qui n'a pas fait procéder à cette formalité. En un mot, la transcription ne consolide nullement le titre de l'acquéreur.

Mais la situation est tout autre pour le créancier hypothécaire. Ici la déclaration foncière produit un effet complet. Le créancier n'a pas à rechercher si le propriétaire inscrit est ou n'est pas le véritable propriétaire : il est inscrit comme tel, cela suffit. Et si le vrai propriétaire venait à être dépossédé, il ne pourrait en aucun cas revendiquer l'immeuble contre celui au nom duquel la déclaration foncière serait rédigée parce qu'il pourrait nuire aux tiers créanciers. Son droit se réduira, en conséquence, à une action d'indemnité contre la personne qui a fait procéder à l'inscription frauduleuse.

Ainsi donc la publicité n'est instituée qu'en faveur du crédit foncier, mais non en faveur de la propriété. Ces deux intérêts auraient dû être tous deux garantis et ce n'est pas une excuse pour la loi de Messidor d'avoir sacrifié l'intérêt des acquéreurs d'immeubles au profit de celui des prêteurs de deniers, que de légitimer cette proposition en disant qu'elle avait voulu éviter le retour de la faillite des assignats.

De plus, la loi de Messidor après avoir posé en principe la publicité absolue, permettait de faire porter l'hypothèque forcée ou judiciaire non seulement sur les biens présents mais encore sur les biens à venir. De même pour l'hypothèque conventionnelle : moyennant une stipulation spéciale, elle peut également atteindre les biens à venir. Il y a plus : par un souvenir de l'ancien régime, souvenir malheureux, il faut bien le reconnaître, si l'hypothèque est inscrite dans le mois de l'acte qui lui donne naissance, elle ne prend plus rang à sa date d'inscription, mais elle rétroagit à celle de l'acte constitutif. Ceci est dangereux, car cette rétroactivité peut nuire considérablement aux prêteurs. Il suffit de supposer un prêteur soigneux, qui, comme le décret de Messidor l'y autorise, demande communication du registre ou un extrait de celui-ci. On ne peut, dans les deux cas, lui indiquer que les hypothèques inscrites. Et si un acte constitutif d'hypothèque a été passé peu de jours avant le sien, acte qu'il peut ignorer tout à fait, il se trouvera primé par celui-ci si l'inscription en est requise dans le mois de sa date.

Je passe rapidement sur l'innovation hardie et dangereuse à mon avis, que constituait la cédule hypothécaire. Les vérifications auxquelles elle donnait lieu étaient insuffisantes et si la loi de Messidor avait eu une durée d'application plus longue, elle aurait pu amener de réels désastres. Comment fixer même approximativement, et surtout dans un moment de crise, la valeur d'un immeuble ? Les plus adroits peuvent s'y tromper. Comment concilier du reste, l'intérêt des propriétaires, naturellement portés à exagérer la valeur de leurs biens, avec celui des conservateurs responsables en cas de non paiement des cédules à leur échéance ? Le problème était trop délicat, et demandait une étude beaucoup plus approfondie, pour que l'on pût arriver à une solution satisfaisante. Il était impossible de le résoudre ainsi à la hâte.

Avant d'avoir donné des résultats permettant d'en juger la valeur réelle, le système Foncier de Messidor fut remplacé par la loi du 11 brumaire an VII.

Cette loi s'inspirait de la législation des pays de nantissement. Elle étendait à tout le territoire les dispositions contenues dans le décret des 19-20 septembre 1790 applicable, comme je l'ai dit, aux seuls pays de nantissement. Le rapporteur de la loi, Crassous de l'Hérault, l'indiquait du reste.

La loi de Brumaire abandonnait sans retour les deux principes les plus saillants des décrets de Messidor, *la cédule hypothécaire* et *la publicité réelle*.

Les idées fondamentales de la législation nouvelle au point de vue de la publicité tant du transfert des immeubles que de la constitution des hypothèques, étaient contenues dans les articles 26 et 2 de la loi. Voici d'abord l'article 26 : « Les actes translatifs de biens et droits susceptibles d'hypothèque doivent être transcrits sur les registres du bureau de la conservation des hypothèques dans l'arrondissement duquel ils sont situés. Jusque-là ils ne peuvent être opposés aux tiers qui auraient contracté avec le vendeur et qui se seraient conformés aux dispositions de la présente ». D'après l'article 2, « L'hypothèque ne prend rang et les privilèges sur les immeubles n'ont d'effet que par leur inscription dans les registres à ce destinés, sauf les exceptions portées à l'article 11. »

Ainsi donc la publicité se trouve réalisée, pour les *actes translatifs* par la *transcription* et pour les *hypothèques* par l'*inscription*. La transcription est la copie littérale de l'acte, l'inscription est la reproduction d'un bordereau analytique.

Comme cela résulte du texte de l'article 26 de la loi reproduit plus haut, et par analogie avec les coutumes de nantissement, la transcription est nécessaire pour opérer le transfert de propriété à l'égard des tiers. Entre les parties, le simple consentement suffit pour que ce transfert soit réalisé. Telle est encore la base fondamentale du système Français actuel.

La loi de Brumaire, contenait spécialement au point de vue des hypothèques des règles intéressantes. L'hypothèque conventionnelle, légale ou judiciaire ne pouvait porter que sur les biens présents. Elle devait être inscrite. Il était nécessaire de la spécialiser quant à la créance garantie et quant aux immeubles constituant la sûreté prescrite. L'hypothèque légale devait être inscrite mais elle était indéterminée. La purge des hypothèques inscrites était également organisée telle du reste qu'elle fonctionne aujourd'hui, sauf pourtant sur deux points : l'acheteur ne pouvait forcer le créancier à recevoir le montant de sa créance avant le terme stipulé dans l'acte d'obligation de son auteur et la surenchère n'était que du vingtième.

Telle est dans ses grandes lignes, la loi de Brumaire. Certes on serait mal venu de méconnaître les services qu'elle a rendus à la propriété foncière. C'est elle, en effet, que le Code civil a admis sur de nombreux points ; c'est d'elle aussi que la loi du 23 mars 1855 s'est inspirée. Elle permet bien aux tiers de se renseigner d'une manière à peu près complète sur la situation juridique des immeubles. Mais quand plus tard j'étudierai la publicité actuelle, qui fonctionne toujours du reste telle que la loi du 21 ventose an VII l'a établie, j'indiquerai les raisons pour lesquelles, elle ne suffit plus de nos jours, et ne rend plus les services, que notre époque est en droit d'exiger de la loi Foncière.

SECTION DEUXIÈME. — **La Publicité depuis le Code Civil.**

Préparation du Code, ses modifications, projets qu'il a suggérés. — Ce paragraphe n'est que la continuation de l'historique du système Français, depuis la loi du 11 Brumaire an VII.

C'est peu après la promulgation de cette loi que commença la préparation du Code Civil.

Partisans et adversaires de la loi de Brumaire, devaient s'y livrer, au sujet de la publicité, de rudes assauts.

La première rencontre eut lieu au titre des donations. Tronchet et Bigot-Preameneu demandèrent le maintien de l'insinuation des Donations tant mobilières qu'immobilières qui fonctionnait à côté de la Transcription. Ils la considéraient comme plus large et plus complète dans ses effets que cette dernière.

Le Conseil d'Etat ne tint pas compte de cette demande et décida que l'insinuation était inutile, la transcription suffisant pleinement. Il fut donc admis que toute donation ayant pour objet des biens susceptibles d'hypothèques serait transcrite. C'est ce qu'indique l'article 939 du Code Civil (1) La même règle fut étendue aux substitutions permises, et c'est l'article 1069 du Code qui la contient (2).

(1) Article 939 · « Lorsqu'il y aura donation de biens susceptibles d'hypothèques, la transcription des actes contenant la donation et l'acceptation ainsi que la notification de l'acceptation qui aurait eu lieu par acte séparé, devra être faite au bureau des hypothèques dans l'arrondissement desquels les biens sont situés ».

(2) Article 1069 « Les dispositions par acte entre vifs ou testamentaires, à charge de restitution, seront, à la diligence, soit du grevé, soit du tuteur nommé pour l'exécution, rendues publiques; savoir, quant aux immeubles par la transcription des actes sur les registres du bureau des hypothèques du lieu de la situation ; et quant aux sommes colloquées avec privilège sur des immeubles, par l'inscription sur les biens affectés au privilège,

L'obligation législative de la transcription des actes à titre gratuit, laissait supposer qu'il en serait de même à plus forte raison pour les actes à titre onéreux. C'était logique et nécessaire, car l'intérêt des tiers existe aussi bien dans un cas que dans l'autre. La logique et l'intérêt public furent néanmoins sacrifiés, on ne sait au juste pourquoi.

Cette fameuse question de la substitution, de l'oubli ou de l'escamotage de l'article 91 du projet, reste encore l'un des points les plus obscurs de l'histoire du droit moderne. On a beaucoup écrit sur son compte sans avoir pu percer le mystère. Avant comme à l'heure actuelle,

« *Grammatici certant et adhuc sub judice lis est* ».

La question de la publicité à donner aux transferts à titre onéreux, se présenta d'abord quand on discuta le titre de l'effet des obligations.

Certains membres du Comité de rédaction, voulaient que le transfert des meubles et des immeubles, s'opérât par le simple consentement, sans aucune tradition, ni clause supplétive : un article avait même été rédigé en ce sens. La vente aurait été ainsi parfaite par le simple consentement, même aux yeux des tiers, à condition que le vendeur eût contracté par acte authentique.

Mais la discussion fut vive, et le Comité de législation voyant qu'une solution à l'heure présente était impossible à donner, la renvoya à une date ultérieure, par une disposition qui est devenue l'article 1140 du Code : « Les effets de l'obligation de donner ou de livrer un immeuble sont réglés au titre de la vente et au titre des privilèges et hypothèques. »

(1) Horace art poétique.

Si l'on passe au titre de la vente, on trouve le Code muet sur la question. Il s'étend longuement pour donner des solutions à des points de détail, mais le principal, soit les effets de la vente par rapport aux tiers, n'est nullement étudié. Il avait été de nouveau impossible de se mettre d'accord, et l'article 1583 (1) ne faisait que répéter en la développant, la solution déjà donnée par l'article 1138 (2).

Au titre des hypothèques, le dernier à discuter, la question ne pouvait plus être éludée. Le système de Brumaire fut brillamment soutenu par Réal et Treilhard et les deux articles 91 et 92 furent proposés. Voici l'article 91 : « Les actes translatifs qui n'ont pas été transcrits ne peuvent être opposés aux tiers qui auraient contracté avec le vendeur et qui se seraient conformés aux dispositions de la présente (3) ».

Et l'article 92 ajoute : « La simple transcription des titres translatifs de propriété sur les registres du conservateur, ne purge pas les privilèges et hypothèques établis sur l'immeuble. Il ne passe au nouveau propriétaire qu'avec les droits qui appartenaient au précédent, et affecté des mêmes privilèges et hypothèques dont il était chargé ».

(1) Article 1583 . « Elle (la vente) est parfaite entre les parties, et la propriété est acquise de droit à l'acquéreur, à l'égard du vendeur, dès qu'on est convenu de la chose et du prix, quoique la chose n'ait encore été livrée ni le prix payé. »

(2) Article 1138 : « L'obligation de livrer la chose est parfaite par le seul consentement des parties contractantes. »

(3) Comparez avec l'article 26 de la loi de Brumaire : « Les actes translatifs de biens et droits susceptibles d'hypothèques, doivent être transcrits sur le registre du bureau de la conservation des hypothèques dans l'arrondissement duquel ils sont situés. Jusque là, ils ne peuvent être opposés aux tiers, qui auraient contracté avec le vendeur et qui se seraient conformés aux dispositions de la présente. »

L'article 91 du projet reproduisait donc presque textuellement l'article 26 de la loi de Brumaire. Le débat fut long. Tronchet notamment attaqua avec force ces deux articles, et alla jusqu'à dire qu'avec le système proposé, on pouvait être dépouillé de toute propriété par un intrus quelconque, pourvu que l'acquéreur de ce dernier fît transcrire son titre.

Troplong qualifie les arguments de Tronchet de « raison d'une incroyable légèreté (1) », mais c'était plus que cela, comme le dit très bien M. Ferron (2), « c'était presque de la mauvaise foi ». C'était en tous cas un parti pris ridicule et une ignorance absolue du rôle traditionnel de la Transcription. Celle-ci, respectueuse de la maxime : « *nemo plus ad alium transferre potest quam ipse habet* », ne purge nullement de ses vices le titre de l'acquéreur. Dans ces conditions, les observations de Tronchet étaient tout à fait hors de propos.

Ces articles furent renvoyés au Comité pour une nouvelle rédaction. Il fut cependant décidé « que les articles ne visaient point les contrats de vente antérieurs à la loi de Brumaire et que la transcription du contrat ne transférait pas à l'acheteur la propriété quand le vendeur n'était pas propriétaire (3) ».

Tel était l'état de la question. A la séance suivante, le 22 ventose an XII, Treilhard lui-même vint lire la nouvelle rédaction, mais l'article 91 avait disparu. L'article 92, modifié légèrement, persista probablement à cause de son inutilité « son premier alinéa, dit M. Baudry Lacantinerie, étant d'une évidence qui touche à la naïveté,

---

(1) Troplong, *privilèges et hypothèques*, préface p. xxxvi.
(2) Ferron, op. cit., p. 127.
(3) Ferron, op. cit., p. 128.

et son second alinéa ne contenant qu'une application toute simple de la règle : *nemo plus juris ad alium transferre potest quam ipse habet* (1) ». Il est devenu notre article 2182 (2).

Y eut-il escamotage, comme le veut Troplong. Ce serait assez difficile à croire puisque Treilhard lui-même vint défendre la nouvelle rédaction. Y eut-il oubli ? Ce serait plus plausible. Dans divers articles du Code, la transcription des actes à titre onéreux était prévue, du reste.

L'article 2108, par exemple, indique que le vendeur conserve son privilège par la transcription de l'acte de vente. Il s'exprime ainsi : « Le vendeur privilégié conserve son privilège par la transcription du titre qui a transféré la propriété à l'acquéreur et qui constate que la totalité ou partie du prix lui est due. A l'effet de quoi la transcription du contrat faite par l'acquéreur vaudra inscription pour le vendeur et pour le prêteur qui lui aura fourni les deniers payés et qui sera subrogé aux droits du vendeur par le même contrat. Sera néanmoins le conservateur des hypothèques tenu sous peine de tous dommages intérêts, envers les tiers, de faire d'office l'inscription sur son registre, de créances résultant de l'acte translatif de propriété, tant en faveur du vendeur qu'en faveur des prêteurs, qui pourront aussi faire faire, si elle ne l'a été, la transcription du contrat de vente, à l'effet d'acquérir l'inscription de ce qui leur est dû sur le prix. »

---

(1) Baudry Lacantinerie *précis*. T. III, p. 914.

(2) Article 2182 « La simple transcription des titres translatifs de propriété sur le registre du Conservateur, ne purge pas les hypothèques et privilèges établis sur l'immeuble. Le vendeur ne transmet à l'acquéreur que la propriété et les droits qu'il avait lui-même sur la chose vendue. Il les transmet sous l'affectation des mêmes privilèges et hypothèques dont ils étaient chargés.

L'article 2180 demande également la transcription de l'acte pour permettre l'accomplissement de la prescription de 10 à 20 ans.

L'article 2181 exige la transcription comme préliminaire de la purge.

L'article 2189 dispense de la transcription « l'acquéreur ou le donataire qui conserve l'immeuble mis aux enchères en se rendant dernier enchérisseur. »

Enfin l'article 2198 fait également allusion à la transcription.

Quoi qu'il en soit d'après le Code, les actes à titre onéreux, translatifs de droits réels immobiliers, étaient dispensés de la transcription. Le Tribun Grenier le disait lui-même dans la séance du 26 ventose an XII. « La transcription n'est plus nécessaire aujourd'hui pour la transmission des droits du vendeur à l'acquéreur respectivement aux tiers, ainsi que l'avait voulu la loi du 11 Brumaire an VII... Elle n'ajoute rien à la force du contrat, dont la validité et les effets sont subordonnés aux lois générales relatives aux conventions et à la vente (1) ».

Des décisions judiciaires vinrent confirmer le nouveau système (2).

Un arrêt de la Cour de Bruxelles du 31 août 1808 (3) consacra pourtant l'opinion adverse. Mais cette jurisprudence resta sans écho.

Le système du Code était donc essentiellement contradictoire et inconséquent. La transcription restait nécessaire pour rendre opposable aux tiers une donation immobi-

---

(1) Fenet T. XV, p. 505.
(2) Trèves, 9 février 1810 ; Bruxelles, 6 août 1811 ; Cass 19 août 1818, Sirey, Collect. Nouv. à sa date.
(3) Sirey, 9-2-45.

lière ou une substitution. Etait-ce en souvenir de l'insinuation et des anciens édits de 1537 et 1731 ? C'est
possible.

En tous cas, en ce qui concerne les transferts de propriété à titre onéreux, le législateur se condamnait
lui-même. Il exigeait la transcription comme préliminaire
obligé de la purge et de la prescription de 10 à 20 ans.
Mais, d'autre part, de quelle utilité pouvait être la transcription précédant la purge ? Etait-ce pour arrêter les
inscriptions ? C'était superflu, les inscriptions ne pouvant
être prises postérieurement à la vente. Etait-elle établie
pour avertir les créanciers inscrits de la mutation qui
venait de s'effectuer ? Mais la notification du contrat de
vente suffisait à les édifier sur ce point. Je n'en verrai,
pour ma part, qu'une seule raison, un peu prosaïque, il
est vrai : faire payer à l'acquéreur le supplément de sécurité que la purge allait lui donner.

Pour la prescription de 10 à 20 ans, le système du Code
était au moins bizarre. Le législateur établissait d'abord
en principe que par le seul fait du contrat, le vendeur était
dépossédé de son immeuble vis à vis des tiers, et puis, il
tenait pour non avenue la possession de l'acheteur depuis
l'acquisition jusqu'à la transcription. C'était là une grave
inconséquence.

Les autres droits réels, à l'exception des privilèges et
hypothèques, étaient également occultes. Pour les privilèges et hypothèques, le système de Brumaire était en
partie remis en vigueur. Toutefois, les hypothèques légale
et judiciaire redevenaient générales.

Telle était la situation au moment de la préparation
du Code de procédure.

L'administration de l'Enregistrement fut la première à

s'apercevoir que le nouveau régime n'était guère à l'avantage du Trésor. Puisque la vente était opposable aux tiers par elle-même et sans le secours de la transcription, les parties se gardaient bien, et elles avaient raison, de faire transcrire leurs actes de vente. Elles évitaient ainsi le droit proportionnel de 1 fr. 50 0/0.

L'administration usa, pour amener les acquéreurs à faire transcrire leurs actes, d'un procédé plutôt peu délicat. Elle altéra sciemment la phrase du rapport de Grenier que je citais plus haut (1). L'instruction générale de l'enregistrement no 233, p. 156, disait que « la transcription ne peut avoir d'autre effet que d'arrêter le cours des inscriptions, qui sans cela, pourraient toujours être faites pour des hypothèques établies sur l'immeuble vendu. »

Grenier protesta. On lui faisait dire en effet le contraire de ce qu'il avait dit. Le ministre de la justice, contesta lui aussi l'opinion de l'Enregistrement et un avis du Conseil d'Etat du 11 fructidor an XIII vint confirmer la rectification de Grenier (2).

La régie de l'Enregistrement, comprenant qu'elle avait fait fausse route, essaya d'un autre moyen pour amener les contribuables à faire procéder à la transcription de leurs actes.

Elle agit auprès du Conseil d'Etat, qui discutait alors le projet du Code de procédure, et lui fit insérer dans le futur article 834, une disposition d'après laquelle, les créanciers hypothécaires du vendeur, avaient un délai de quinzaine à dater de la transcription de la vente, pour prendre inscription. La transcription constituait donc

---

(1) Voir plus haut, p. 42
(2) Voir Ferron, op. cit. p. 133.

une sorte de mise en demeure pour les créanciers privilégiés et hypothécaires du précédent propriétaire (1).

En tous cas, le système nouveau était au moins singulier. La propriété, de par le Code, était transférée *erga omnes* par la seule force du contrat, puis, par rapport aux créanciers hypothécaires du vendeur, elle restait sur la tête de ce dernier jusqu'à l'expiration du délai de quinzaine suivant la transcription.

Cependant ce système offrait certains avantages. Ainsi les créanciers étaient à peu près certains qu'une revente rapide ne leur ferait pas disparaître leur gage. En sens inverse, ce délai de quinzaine accordé aux créanciers du vendeur pour prendre incription, pouvait stimuler l'acquéreur. Je suppose que ce dernier ait eu connaissance d'une hypothèque consentie au dernier moment sur l'immeuble par le vendeur. Il avait intérêt à transcrire au plus tôt pour faire courir ce délai de quinzaine, passé lequel aucun créancier hypothécaire du vendeur ne pouvait utilement prendre inscription.

Néanmoins la transcription, comme je le disais tantôt, ne constituait qu'une mise en demeure pour les créanciers du vendeur, mais ne consolidait nullement la propriété sur la tête de l'acheteur qui risquait de se voir évincer par un acheteur précédent dont le titre aurait acquis date certaine avant le sien.

De plus la transcription n'étant pas nécessaire, beaucoup se dispensaient de la faire opérer à cause du supplément de droits qu'elle occasionnait, et la perte qu'éprouvait le trésor restait toujours sensiblement la même.

---

(1) La transcription s'accomplit encore de cette manière, au cas d'expropriation pour cause d'utilité publique en vertu de l'article 17 de la loi du 3 mai 1841. *Generalia specialibus non dérogant*

La régie de l'Enregistrement n'avait donc pas réussi. Elle intervint une nouvelle fois, et pour enlever aux parties tout motif pécuniaire d'éviter les droits de transcription, les articles 52 et 54 de la loi de Finances du 28 Avril 1816 rendirent obligatoire la perception du droit de 1 fr. 50 0/0 en même temps que celle du droit de vente.

Malgré tous ces palliatifs, conçus plutôt, il faut bien le reconnaître, dans un intérêt fiscal, notre régime foncier laissait la propriété dans un état assez précaire. La transcription ne rendait pas les services qu'elle procure depuis la loi du 23 Mars 1855. Aussi les évictions étaient elles nombreuses, même parmi les acquéreurs sur expropriation forcée (1).

Il suffit de supposer deux acquéreurs successifs du même immeuble, dont le premier, bien que son titre ait acquis date certaine, ne s'est pas mis en possession, ou encore, n'a acquis que la nue propriété de l'immeuble. Le second sera dépossédé sans qu'il puisse se renseigner d'aucune manière sur le coup qui va l'atteindre.

Notre système hypothécaire, fut dès cette époque étudié et sérieusement discuté. Ses défauts furent promptement mis en évidence. On l'attaqua de divers côtés. Jourdan, notamment, dans la *Thémis* de 1819, reprochait avec un peu trop d'exagération au Code civil « *ses éléments hétérogènes, ses dispositions inapplicables, ses antinomies insolubles, ne produisant que tourments pour les interprêtes et procès pour les justiciables* » (2).

Casimir Périer reconnaissant les imperfections de notre Code, instituait en 1826 un concours destiné à récompenser « *la meilleure étude sur la réforme hypothécaire.* »

_____

(1) Cass. 18 mai 1810. Rapp par Troplong, *Privilèges et Hypothèques,* préf. p. xxxix.

(2) Thémis T. V, p. 228, 229, 481 et T. VI, p. 193.

Decourdemanche, avocat du barreau de Paris, publia un ouvrage qui eut un très grand retentissement, intitulé « *Du danger de prêter sur hypothèque* » où il indiquait les défauts de notre régime hypothécaire et les chances de perte auxquelles il exposait tout le monde. Il proposait un système de bons hypothécaires, qui à l'époque parurent tout à fait subversifs, et dont on apprécie mieux aujourd'hui tant le mérite que l'originalité.

D'Hauthuille étudia à son tour un projet de réforme hypothécaire. Loreau, fonctionnaire de l'enregistrement, s'occupa également de la question dans son ouvrage : *Le Crédit Foncier et le moyen de le fonder.* Il proposait la réunion du service de l'enregistrement à celui des contributions directes. Il demandait également que le receveur cantonal fut le conservateur de la propriété foncière. Il proposait l'établissement chez chaque receveur cantonal d'un répertoire où l'on aurait centralisé les indications suivantes : Etat civil de chaque propriétaire, désignation exacte de ses biens, revenu imposable de chacun d'eux, actes translatifs, restrictifs et déclaratifs concernant chacune de ses propriétés.

Enfin la question de la réforme hypothécaire fut portée à la tribune et à la séance du 16 avril 1836, un des membres de la Chambre des Députés M. Lavieille, réclama la révision du titre des hypothèques, basée sur la plus large publicité possible. Le président, M. Dupin, prit même part au débat, et constata qu'il y avait un contre-sens dans la législation hypothécaire du Code civil (1). Le ministre des Finances déclara aussitôt que dans l'intervalle de la ses-

---

(1) Chambre des Députés. Séance du 16 avril 1836 Moniteur p. 769, col. 3 et 770, col. 1.

sion, le gouvernement préparerait un projet de réforme.

Cinq années s'écoulèrent avant que la promesse ministérielle reçut un commencement d'exécution. Après la
loi du 3 Mai 1841 sur l'expropriation pour cause d'utilité
publique, dont l'article 17 contenait la disposition particulière que j'ai cité plus haut (1), et dont l'article 18
faisait résulter du jugement même d'expropriation la
purge des actions en résolution ou en revendication et de
toutes les actions réelles, le garde de sceaux, Monsieur
Martin du Nord, adressa, à la date du 7 Mai 1841 à la Cour
de Cassation, aux Cours d'Appel et aux Facultés de droit,
une circulaire les invitant à donner leur opinion sur le
sens dans lequel le titre des hypothèques devait être
réformé. « Le Gouvernement, y était-il dit, attentif à ce
mouvement des esprits, frappé des résultats qu'il a
déjà produit, convaincu d'ailleurs, que l'augmentation toujours croissante du nombre et de l'importance des transactions, rend nécessaire certaines modifications à la partie du Code Civil qui est consacrée aux
privilèges et aux hypothèques, a décidé qu'un projet de
loi sur cette importante matière serait préparé et soumis
aux chambres dans la prochaine session, si cela est
possible (2). »

La circulaire ministérielle ne resta pas sans écho. Tous
les corps consultés y répondirent avec empressement et
leurs observations réunies en trois volumes forment « *le
commentaire le plus détaillé des dispositions du Code Civil,
l'ensemble le plus complet de vues théoriques sur le régime
hypothécaire* (3). »

(1) Voir plus haut, p. 45, note 1.
(2) Documents hypothécaires, T. I., p. CCXIX.
(3) Documents hypothécaires, T I., introd., p. 217.

Il serait inutile de faire même rapidement le résumé de cet important travail. J'indiquerai toutefois, l'impression générale qui s'en dégage. Les corps consultés sont peut-être restés un peu trop attachés au Code Civil et ne se sont pas assez inspirés des législations étrangères. Ceci dit, on ne saurait méconnaître la sagesse et la prudence des solutions présentées. Certains rapports, notamment celui de la faculté de Paris, rédigé par le professeur Valette, sont fort remarquables.

Le résultat le plus net et le plus certain de l'enquête, fut la condamnation du système du Code Civil, spécialement au point de vue de la publicité.

La Cour de Cassation, vingt-deux cours d'appel sur vingt-sept, et toutes les facultés de droit, réclamèrent le rétablissement de la transcription. Mais, tandis que la Cour de Cassation et certaines cours, comme celles de Limoges, Orléans, Pau et Aix, demandaient le retour pur et simple à la loi de brumaire, d'autres voulaient que l'on soumit à la transcription non plus seulement les droits réels susceptibles d'hypothèques, mais tous les droits réels grevant la propriété. Certaines cours réclamèrent même la transcription des baux d'une durée assez longue. Six cours et trois facultés proposèrent l'extension de la transcription aux transmissions à cause de mort, aux testaments et aux partages.

Deux Cours, celles de Riom et de Montpellier et les Facultés de Paris et de Caen, demandaient que la publicité fût réelle, « que l'on arrive à la connaissance du propriétaire par celle de l'immeuble. » Elles indiquaient avec raison que l'on se servît à cette fin du cadastre qui venait d'être nouvellement établi.

En tous cas, ces Cours et Facultés entendaient toujours
conserver à la transcription le rôle traditionnel que la
loi de l'an 7 lui avait tracé. « Elle rendra, la transmission
de la propriété opposable aux tiers, mais ne constituera
nullement la constatation légale du droit du nouveau propriétaire », comme dit M. Besson (1).

On comprend très bien que la transcription laissera
toujours subsister sans publicité aucune, certaines actions
naissant soit de la loi, soit de la situation particulière des
parties, comme les actions en nullité ou en rescision. Si,
d'une part, on reconnaît qu'il est impossible de publier
toutes les causes de nullité, de l'autre, on désire conserver
le principe traditionnel de la transcription de Brumaire,
et l'on ne propose nullement d'aller chercher le principe
germanique de Force probante. Dans de telles conditions, la transcription, quoi qu'on fasse, sera toujours
insuffisante.

Au point de vue hypothécaire, les propositions heu-
reuses et justes ne manquent pas. Tout d'abord, en ce qui
concerne le droit à l'indemnité au cas de sinistre de la
chose assurée, les Cours d'Amiens, d'Angers, de Grenoble, de Nîmes, d'Orléans, de Pau, de Rouen, ainsi que
la Faculté de Grenoble, demandent que l'indemnité remplaçant après un sinistre dans le patrimoine de l'assuré
la chose détruite, soit attribuée par priorité et préférence
aux créanciers privilégiés et hypothécaires de ce dernier.
C'est la réforme qu'a réalisée chez nous la loi du 19 février
1889 article 2.

Néanmoins la publicité et la spécialité ne sont pas
demandées avec beaucoup d'insistance. Les Cours d'appel

(1) Besson, op. cit. p. 113

de Nîmes, Dijon et Bastia, les Facultés de Paris, Rennes et Grenoble sont seules à en demander la stricte application.

La Cour de Bastia et la Faculté de Paris se signalent ici par leurs observations exactes : « Le crédit de la terre, dit la Cour de Bastia, ne peut se fonder que sur la notoriété du bilan de chaque immeuble. Vouloir l'établir et proclamer en même temps l'existence de charges occultes, c'est poursuivre une chimère. Les hypothèques légales frappent d'une sorte d'interdit la moitié du sol français » (1).

La Faculté de Paris indique avec netteté les inconvénients de l'hypothèque légale destinée à la garantie des incapables. Cette sûreté grevant sans distinction tous les immeubles des maris, tuteurs ou comptables donne, dans ces conditions, une garantie ou trop grande ou trop faible, suivant l'importance des intérêts à sauvegarder. Aussi propose-t-elle avec raison, d'autoriser les maris ou tuteurs à y substituer suivant les cas, un cautionnemen sérieux (2).

Ces quelques indications, nécessairement très sommaires, laissent entrevoir le nombre et la quantité des matériaux réunis.

Une fois centralisés, ils furent soumis à une commission chargée d'élaborer le projet de la réforme si impatiemment désirée.

Ces travaux avançaient très lentement puisque la Révolution de 1848 vint les interrompre.

Une nouvelle commission fut alors nommée. Elle reprit l'œuvre abandonnée par la précédente et la termina

(1) Documents hypothécaires, T. ii, p. 201.
(2) C'est ce que propose également le projet de réforme hypothécaire de M. Darlan, art. 21 et 26.

assez rapidement. Son rapport fut rédigé par M. Persil et transmis au Conseil d'Etat par décret du 27 décembre 1849 (1). Celui-ci ne se hâta guère pour donner son avis.

Entre temps, un des membres de l'Assemblée Nationale, M. Pougeard, avait rédigé un projet de loi sur la matière, qu'une commission, ayant M. de Vatimesnil à sa tête, examinait déjà.

Aussi, dans la séance du 4 avril 1850 (2), le Gouvernement présenta-t-il à l'Assemblée le projet qu'avait rédigé M. Persil et dont le Conseil d'Etat faisait trop attendre la rédaction. Le projet ci-dessus fut également renvoyé à la commission parlementaire que M. de Vatimesnil présidait.

Il déposa son rapport à l'Assemblée le 25 juin 1850.

Le projet avait déjà été voté en première lecture, la seconde lecture avait eu lieu le 13 novembre 1850. La discussion demanda 17 séances. Tour à tour, de grands jurisconsultes, MM. Dupin, Valette et Demante y prirent part.

M. Demante, notamment, défendit avec talent l'hypothèque légale des incapables ; il demanda qu'on la maintînt générale et clandestine, tout en autorisant la femme à y renoncer dans son contrat de mariage et en obligeant les dits incapables à prendre inscription dans l'année suivant la cessation de leur incapacité.

L'Assemblée se rangea à cette manière de voir.

La disposition du projet supprimant la rétroactivité du droit de résolution, fut de la part de M. Valette l'objet de vives critiques. Ce fut M. Rouher qui proposa pour

(1) Moniteur, 31 décembre 1849, p. 4223, col. 2
(2) Moniteur. 1850, p. 1102, 1160 à 1163.

la remplacer une disposition solidarisant l'action résolutoire avec le privilège du vendeur.

Avec ces quelques retouches, le projet fut voté le 10
mars 1851. Le 1er juillet, la troisième lecture commença.
La discussion était déjà ouverte quand certains amendements que la commission devait examiner, obligèrent à
surseoir pour le moment au reste de la discussion.

Avant que le projet ne revint en séance, l'Assemblée
était dissoute. Il disparaissait donc au moment d'aboutir.

On me permettra néanmoins d'en donner un aperçu
sommaire (1).

Le projet demandait tout d'abord le rétablissement de
la transcription comme condition du transfert de la propriété à l'égard des tiers.

Il exigeait ensuite la publicité pour tous les droits réels
susceptibles d'hypothèque ou non, comme l'usage, l'habitation, l'antichrèse et les servitudes.

Les rédacteurs du projet témoignent de leur vif désir de
réaliser une publicité et une spécialité plus complètes.
Les privilèges généraux de l'article 2101 sont en conséquence supprimés, en tant du moins qu'ils frappent les
immeubles.

. L'hypothèque judiciaire est également supprimée.

Les hypothèques légales devront être inscrites à la diligence de certaines personnes. La somme que l'hypothèque légale garantira, sera spécialement fixée soit par
la délibération du Conseil de famille, soit par le contrat
de mariage. Dans le premier cas, le greffier du juge de

_____

(1) Voir : *Revue de législation et de jurisprudence*, année 1850, T. ii et iii,
passim.

paix sera spécialement chargé de prendre inscription ; ce sera le notaire dans le second, à peine de 100 francs d'amende et même de destitution. Si le Conseil de famille juge insuffisante la garantie hypothécaire fournie par le tuteur, il peut ordonner le versement à la caisse des dépôts et consignations de tout ou partie des capitaux du pupille, ou seulement d'une quotité de ses revenus.

Les effets de la transcription sont nettement indiqués dans l'article 2152 nouveau du projet : « L'aliénation quoique suivie de transcription ne tranfère pas à l'acquéreur plus de droits que n'en avait son auteur, si ce n'est à l'égard d'un précédent acquéreur et à l'égard des tiers qui ont négligé de transcrire. »

Puis, après cette reconnaissance du principe directeur de la transcription : « *Nemo plus ad alium transferre potest quam ipse habet*, » le projet demande la suppression des droits de résolution et de révocation, en tant que l'exercice de ces droits porterait atteinte aux acquéreurs qui auraient transcrit ou aux créanciers inscrits. Néanmoins, ces droits mis en action judiciaire, auront effet vis à vis des tiers à dater du jour où mention en sera faite en marge de la transcription du titre qu'ils grèvent.

Le projet demandait encore l'abrogation de l'article 2130 qui autorise l'hypothèque des biens à venir en cas d'insuffisance dûment indiquée des biens présents.

Une de ses dispositions donnait aux créanciers privilégiés et hypothécaires le même droit sur l'indemnité due par l'assureur que celui qu'ils auraient eu sur l'objet assuré. C'est la réforme qu'a opérée chez nous, je l'ai déjà dit, la loi du 19 février 1889.

Les termes stipulés étaient maintenus dans les collocations hypothécaires. Cette disposition du projet était

très avantageuse, pour l'acquéreur d'abord qui pouvait
avoir intérêt à ne pas payer sur le champ le montant
intégral de son prix d'achat, et pour les prêteurs qui
n'ayant plus à courir les chances d'un remboursement
anticipé, pouvaient faire aux débiteurs des conditions
plus avantageuses.

Enfin, la dernière modification proposée par M. de
Vatimesnil, consistait dans le transfert par voie d'endossement des obligations hypothécaires.

Tel était dans ses grandes lignes le projet de loi de
1850. On ne saurait, sans parti pris, en méconnaître
la sagesse et l'on peut dire sans crainte, que s'il eût
été voté et mis en pratique, il aurait rendu à la propriété foncière de très grands services.

Peu après sa disparition, fut rendu le célèbre décret
organique du 28 février 1852 instituant des Sociétés
de Crédit Foncier.

Ces Sociétés, dont les principes avaient été vulga-
risés par un jurisconsulte du plus grand mérite, M.
Wolowski, ancien membre de l'assemblée Législative,
réalisaient une véritable mobilisation du Crédit Hypothécaire. Elles accomplissaient la *transformation du
crédit réel en crédit personnel*. Entre les emprunteurs
et les capitalistes, s'interposait une Société solide,
émettant des obligations destinées à alimenter les prêts
qu'elle consentait. Ces obligations garanties par les
immeubles sur lesquels les prêts sont faits, garanties
également par l'honorabilité et l'importance de l'établissement financier qui les émet, ont à la bourse une
négociation suivie et circulent facilement, ayant entre

elles une commune mesure, une valeur équivalente
et non pas une valeur individuelle (1).

Après deux années d'exercice, le décret du 6 juillet
1854, réunit en une seule, le Crédit Foncier de France,
ces différentes Sociétés. J'aurai plus tard à examiner si
le Crédit Foncier a réalisé les promesses que l'on
fondait sur lui.

Je reviens maintenant au décret organique de 1852.
C'était, il faut bien l'avouer, la reconnaissance officielle
de l'infériorité de notre Code au point de vue hypothécaire. Le décret procédait, en faveur des Sociétés
Financières qui allaient essayer l'entreprise, aux réformes
les plus pressées, et sans lesquelles aucune d'elles ne
l'aurait tentée.

Il dispensait d'abord du renouvellement décennal les
inscriptions prises au profit du Crédit Foncier. Il l'auto-
risait à purger les hypothèques légales d'une manière
économique et rapide puisque le coût de l'opération est
de 25 à 30 francs et que la durée oscille entre 18 et 21
jours. Ces chiffres parlent d'eux-mêmes ! On sait, en effet,
qu'un simple particulier qui achète un lopin de terre de
100 à 500 francs, dépense pour faire purger les hypothèques légales 150 à 200 francs, et doit attendre trois mois
avant que l'opération ne soit achevée.

Le décret instituait de plus dans son article 24, une
purge spéciale des actions rescisoires, après certaines formalités et un délai de 40 jours. Mais la loi du 10 juin 1853
abrogea cette disposition avant qu'on ait pu en juger les
effets.

(1) Voir au sujet de la mobilisation du Crédit hypothécaire *Procès Verbaux de la Commission du Cadastre.* Séance 1er Mars 1894, F. V. p. 552.

Enfin, le Crédit Foncier, bien que simple prêteur, était autorisé à faire la purge des hypothèques inscrites.

Tel était dans ses grandes lignes, le décret organisant le Crédit Foncier. Les avantages dont il bénéficiait vous laissent rêveur, et il est bien permis de se demander, à la vue des privilèges un peu trop criants qui lui ont été accordés, pourquoi la généralité des citoyens n'est pas traitée sur le même pied d'égalité qu'une grande Société financière.

La réforme hypothécaire, momentanément ajournée par les événements politiques de 1852, fut reprise l'année suivante. Un projet fut présenté au corps législatif le 11 mai 1853 (1).

Ce projet, d'allures modestes, allait au plus pressé. Il était bien loin du programme qu'avait tracé Martin du Nord, bien loin aussi du projet de 1850 dont il s'inspirait néanmoins.

Essentiellement conservateur, il ne tendait qu'à une chose : restaurer le principe de la transcription tel que l'avait compris la loi de Brumaire, tout en conservant les règles fondamentales de la législation en vigueur. Du reste, ce début de l'exposé des motifs, dépeint très bien, tant l'état d'âme de l'époque, que le but que l'on voulait atteindre. « Il ne s'agit pas, disait M. Suin, de porter sur le Code Napoléon, une main sacrilège : Ses dispositions resteront intactes, son économie entière. Nous ne vous présentons que des dispositions pour ainsi dire addition-nelles, choisies parmi celles qui n'ont rencontré aucune opposition, destinées à combler des lacunes et à parer des dangers reconnus universellement. Compléter ce n'est pas détruire. »

(1) Moniteur, Supplément K. p. 43 col. 1.

Une Commission fut aussitôt nommée pour l'étude de ce nouveau projet, son travail marcha rapidement, puisque son président, M. de Belleyme en déposa le rapport sur le bureau du Corps Législatif le 21 mars 1854 (1).

La discussion s'ouvrit le 13 janvier 1855. Elle fut menée bon train, puisque le 17 janvier, le Corps législatif avait voté le projet. Le Sénat l'adopta le 14 mars suivant et la loi fut promulguée le 26 du même mois.

La loi de 1855 rétablissait la Transcription pour rendre opposable aux tiers les transferts à titre onéreux. La transcription garantit donc le nouvel acquéreur du danger de se voir évincer par un acquéreur précédent dont le titre est resté secret.

Cette publicité, cependant, comme je l'exposerai plus tard, est incapable, par elle seule, de donner aux prêteurs sur hypothèque et aux propriétaires fonciers la sécurité complète dont ils ont besoin. Il faut nécessairement en plus le secours de la prescription acquisitive. Celle-ci, comme en droit romain, est toujours utile « *ne dominia in perpetuum incerta manerint.* »

Depuis la loi de 1855, très peu de retouches ont été faites à notre régime hypothécaire. La loi du 21 mars 1858 a fait quelques modifications au Code de procédure en matière de saisie immobilière.

La loi du 12 février 1872 est venue restreindre le privilège du bailleur en cas de faillite du preneur.

Les lois du 10 décembre 1874 et 10 juillet 1885 ont établi l'hypothèque maritime.

La loi du 13 février 1889 a modifié l'article 9 de la loi du 23 mars 1855 relatif à la cession de l'hypothèque légale de la femme mariée.

(1) Moniteur, Supplément 1, p. 34 col. 4.

La loi du 19 février 1889 a restreint le privilège du bailleur d'un fonds rural et a réglé les attributions d'indemnités d'assurance dues en cas de sinistre.

Enfin la loi du 16 mars 1893 a fait un premier essai de casier civil.

Tel est l'ensemble des différentes lois qui depuis 1855 ont retouché notre régime hypothécaire. Elles n'y ont opéré que quelques modifications de détail.

Mais si les monuments législatifs sont peu importants, il en est tout autrement du mouvement des idées. Il a été des plus actifs, surtout dans ce dernier quart de siècle, et, à ce titre, il mérite d'être signalé.

J'indiquerai tout d'abord le Congrès international de la propriété foncière, tenu à Paris en 1889. La question des Livres fonciers y fut très sérieusement étudiée et discutée. On approuva les vœux tendant à l'application de ce système en France; puis une série de propositions fut rédigée, qui forma deux ans plus tard, le sommaire des travaux de la Commission du Cadastre.

Cette fameuse question de la réfection du Cadastre fut posée à nouveau dans l'exposé des motifs du budget de 1891. Le Ministère demandait que l'on étudiât la question du renouvellement du Cadastre, non plus simplement au point de vue fiscal seul, comme on l'avait fait déjà dans la première moitié du siècle, mais comme base graphique de la propriété foncière. « Le Cadastre, y était-il dit, constituerait la base de la propriété foncière. Il assurerait la sécurité des hypothèques et la régularité des transactions immobilières. Il fournirait enfin à l'agriculture, par le développement des institutions de crédit, les moyens d'action qui lui font défaut aujourd'hui. En un mot, il deviendrait le Grand Livre terrier de la France. »

Le parlement entra dans ces vues, et vota un million pour les études préliminaires et les expériences à faire. Un décret en date du 30 Mai 1891 institua auprès du ministère des finances une Commission extraparlementaire du cadastre chargée de l'étude de ces différentes questions.

La Commission s'est aussitôt mise à l'œuvre. Elle s'est partagée en deux sous-Commissions, la première, la sous-commission technique, plus spécialement chargée d'étudier la question au point de vue des travaux d'art à effectuer et des meilleures méthodes scientifiques à employer pour dresser le nouveau cadastre, la seconde, la sous-commission juridique s'est consacrée à l'étude des améliorations dont notre Code civil pourrait être doté au point de vue foncier. Elle a spécialement envisagé la question de l'établissement en France du Livre Foncier à force probante, et les discussions savantes qui ont eu lieu dans son sein, ont pleinement démontré qu'une fois notre antique cadastre restauré ou refait, le livre foncier pourrait devenir chez nous, une bienfaisante réalité.

Les travaux de la Commission du cadastre forment le digne couronnement, le complément heureux, de la grande enquête de 1841. En effet la question, de nos jours, a été spécialement étudiée à la lumière du droit comparé, qui, en 1841, avait été tout à fait laissé dans l'ombre.

Les comptes-rendus des travaux de la Commission du cadastre, réunis en six volumes, ont été édités par l'imprimerie Nationale.

Depuis lors, malheureusement, un revirement s'est produit dans l'opinion. Profitant peut-être des longueurs nécessitées par une discussion approfondie où tout notre droit civil était passé en revue, certains congrès de la propriété foncière notamment celui de 1892 et ceux des années suivantes, ont voté des ordres du jour enflammés contre le Livre Foncier qui allait, soit disant, entraîner la France à sa ruine.

La situation, il faut bien le reconnaître, a été très adroitement exploitée par certains praticiens. Ils se sont contentés de faire miroiter aux yeux du gros public, complètement ignorant du reste de la question des livres fonciers, les chiffres qui étaient censés représenter le montant de la réfection du cadastre, ainsi que les évictions qu'allaient nécessairement entraîner, disaient-ils, l'adoption du régime nouveau. Grâce à ces arguments, que l'on croit être sans réplique, on a pu étouffer toute discussion sérieuse du Livre Foncier et faire voter contre lui des ordres du jour de confiance.

Il y aurait lieu, tout d'abord, de démontrer à quel chiffre s'élèvera la réfection du cadastre. Ici, bien entendu, personne n'est d'accord, et plus l'on ignore la question, plus l'on donne un chiffre exagéré pour mieux enlever son public. Quant aux évictions, on ne sait pas trop si elles seront nombreuses. Mais il est de bon ton d'en parler et au besoin d'en forcer le chiffre : on est sûr de cette manière, que tous les propriétaires seront opposés à un changement quelconque à l'état de choses actuel. Et puis, il faut dire la vérité. Si le Livre Foncier, était bien étudié et mieux compris, bon nombre de ceux qui lui sont actuellement opposés sans savoir pour quel motif, en deviendraient les défenseurs.

Néanmoins ce revirement de l'opinion a fait impression dans les hautes sphères gouvernementales, puisque le projet de réforme hypothécaire, déposé par M. Darlan, garde des sceaux, ministre de la Justice, sur le bureau du Sénat, à la date du 27 Octobre 1896, s'en ressent.

Ce projet, s'il est jamais transformé en loi, aura, à mon humble avis, un grand avantage sur ses aînés : c'est qu'il touche à toute la matière hypothécaire. Au lieu de procéder à des réfections partielles, comme on l'a fait dans le courant du siècle, il envisage la question dans son ensemble. Certes, c'est là déjà un premier mérite.

Il s'inspire évidemment des projets de réforme de la commission du cadastre, mais il a très bien compris que le moment d'une réforme radicale n'était pas encore venu. Tout d'abord l'opinion ne lui est pas favorable et ensuite la réforme cadastrale préalable étant jugée trop onéreuse, on ne saurait en charger sans périls nos budgets déjà si lourds. D'autre part les livres Fonciers, et les principes de légalité et de force probante, qui peuvent les accompagner, ne sont pas assez connus. Il est nécessaire d'en vulgariser les notions pour les faire mieux apprécier.

Dans ces conditions, il est plus sage de ne pas brusquer les choses, et c'est ce que tend à réaliser le projet. Il est préférable d'établir un régime transitoire, qui, après un fonctionnement d'une certaine durée, fera place au régime des livres Fonciers, qui est certainement celui de l'avenir.

SECTION TROISIÈME. — **La Publicité actuelle.**

1º Publicité des Transferts. — **La Transcription et ses effets.** — Les explications que je viens de donner sur les différentes modifications de notre code depuis sa promulgation, et les projets de loi dont il a été l'objet, me permettent maintenant d'exposer le fonctionnement et d'apprécier la valeur de la publicité des transferts, des causes de résolutions, des charges, des privilèges et des hypothèques. Je passerai ensuite à l'organisation pratique de la publicité.

Il est nécessaire de dire tout d'abord que la transcription étant réalisée par la copie littérale des actes, ne saurait s'appliquer qu'à un acte écrit : peu importe du reste qu'il soit authentique ou sous seing privé. C'est pour cette raison, que les transmissions opérées sans écrit et les mutations après décès, n'y sont point soumises.

L'acte de nature à être transcrit, celui du moins que vise l'article 1er de la loi du 23 Mars 1855, doit être entre vifs, translatif de propriété, c'est-à-dire, doit faire passer la propriété de la tête d'une personne sur celle d'une autre. Ne sont pas transcrits par conséquent, les transmissions par testament, les partages, à cause de leur caractère déclaratif.

Restent donc, comme devant être transcrits d'après la loi du 23 Mars 1855, les actes suivants : les ventes immobilières, les dations en paiement en immeubles, les échanges de meubles ou d'immeubles contre des immeubles, les actes de Société contenant des apports immobiliers quelle que soit la durée de la Société, les contrats de mariage contenant des conventions d'ameublissement ou la stipulation de la communauté universelle, les actes de renonciation à des droits de propriété immobilière et les actes de résolution de contrats translatifs de propriété immobilière.

Quant aux actes à titre gratuit, ils étaient déjà soumis à la transcription depuis le Code. C'est en effet ce qui résulte de l'article 939 relatif aux donations (1) et de l'article 1079 concernant les substitutions permises. J'en ai déjà indiqué le motif. C'était un souvenir, tant de l'insinuation de l'Ancien Régime, qui elle, était plus large dans ses effets, puisqu'elle s'appliquait aux meubles comme aux immeubles, que de la célèbre loi du 11 Brumaire an VII.

Une loi relativement récente, datant du 21 Juin 1875, a rendu obligatoire la transcription des partages d'ascendants. Le taux du droit de transcription a été réduit à 0 f. 625 0/0. Il est juste le tiers du taux ordinaire, qui, décimes compris, s'élève à 1 fr. 875 0/0.

La pièce à transcrire, qu'il s'agisse de l'expédition d'un acte notarié ou d'un jugement, ou d'un acte sous seing

---

(1) On a posé la question de savoir si la transcription d'une donation portant sur une servitude, était nécessaire. MM. Baudry-Lacautinerie et Colin y ont répondu ainsi qu'il suit dans leur savant traité *des donations entre vifs et Testaments* (T. I p. 563 et 564) : « Il n'y aurait pas lieu de faire transcrire d'après l'article 939 une donation ayant pour objet une servitude ou un droit d'usage ou d'habitation, puisque d'après l'article 2118 du Code Civil, il s'agit de biens qui ne sont pas susceptibles d'hypothèques. » Voir en ce sens Demolombe, *Donations* T. XX nos 248 et 249, Aubry et Rau T. VII p. 384 § 704, Mourlon, *transcription* T. I, nos 212 et 213, Bordeaux 10 Juillet 1856 D. 57. 2 56.

Quoi qu'il en semble, la loi du 23 Mars 1855, n'a, je le crois du moins, rien changé à cette manière de voir.

Si le paragraphe 1er de l'article 2, par une disposition générale, soumet à la transcription « tout acte constitutif de servitude, d'usage ou d'habitation », le dernier alinéa de l'article 11 indique « qu'il n'est point dérogé aux dispositions du Code Napoléon relatives à la transcription des actes portant donation ou contenant des dispositions à charge de rendre. Elles continueront à recevoir leur exécution. »

La seconde de ces dispositions, détruit donc l'effet de la première et laisse la question tout entière sous l'empire du Code Civil. De plus, une disposition générale, comme celle du paragraphe 1 de l'article 2, ne pouvait abroger une disposition spéciale qu'à condition d'en contenir mention expresse. Il est admis en effet que « *generalia spécialibus non derogant.* »

Dans le même ordre d'idées, du reste, on peut faire remarquer que les articles 16 et 17 de la loi du 3 Mai 1841 sur l'expropriation, décidant que la transcription du jugement d'expropriation constitue pour les créanciers hypothécaires, une mise en demeure d'avoir à inscrire dans la quinzaine leur hypothèque, n'ont pas non plus été abrogés par la loi du 23 Mars 1855.

privé, est donc remis au Conservateur des hypothèques, après acquittement du droit de transcription entre les mains du receveur de l'enregistrement, ce droit étant perçu depuis la loi de Finances du 28 Avril 1816 en même temps que celui de la vente (1).

Le conservateur recopie l'acte en entier(2) sur le registre *ad hoc* dit registre des transcriptions. Il n'a pas à contrôler la valeur de l'acte, sa rédaction, les nullités qui pourraient l'entacher. Il n'a qu'à le transcrire.

Cela fait, il appose, au bas de la pièce, une griffe humide dont il remplit les blancs, qui constate l'accomplissement de la formalité légale.

La loi du 23 mars 1855, se montre assez avare de renseignements, en n'indiquant, que d'une manière indirecte et négative, les personnes par rapport auxquelles se manifestent les effets de la transcription. L'article 3 s'exprime ainsi : « Jusqu'à la transcription, les droits résultant des actes et jugements énoncés aux articles précédents, ne peuvent être opposés aux tiers qui ont des droits sur l'immeuble et qui les ont conservés en se conformant aux lois. »

Il s'agit donc de déterminer maintenant quels sont ces *tiers*.

Tout d'abord, ils doivent avoir acquis du chef du dernier propriétaire, de ses représentants ou des précédents pro-

---

(1) Loi de Finances du 28 Avril 1816, articles 52 et 54.

(2) Par exception à la règle, l'article 4 § 3 de la loi du 23 octobre 1884 sur les ventes judiciaires, autorise les notaires et les avoués à ne faire transcrire que par extrait les procès-verbaux ou les jugements d'adjudication sur licitation.

priétaires des droits qu'ils ont conservé en se conformant à la loi (1).

« De plus le législateur, dit M. de Belleyme, a substitué à la rédaction de la loi du 11 Brumaire an VII, ainsi conçue : « *ceux qui auront contracté avec le vendeur* », la suivante : « *ceux qui ont des droits sur l'immeuble* », dans le but d'écarter la prétention des créanciers chirographaires qui auraient pu vouloir opposer le défaut de transcription » (2).

Ne seraient donc pas tiers à ce titre :

1° Les créanciers chirographaires du vendeur ou des précédents propriétaires (3) ;

2° Le simple possesseur qui n'a pas encore prescrit. Il est sans droit sur l'immeuble puisque la prescription n'est pas encore accomplie en sa faveur ;

3° Le vendeur.

4° Les héritiers ;

5° L'ayant cause à titre particulier du vendeur qui ne serait pas lui-même assujetti à la transcription pour la conservation de ses droits. Tel serait le cas d'un preneur

---

(1) Peu importe que ces tiers aient acquis la connaissance de fait par des voies quelconques de l'acte transcrit. En ce sens Aubry et Rau T. II, p. 309, Mourlon *Transcription* T. II, n°ˢ 451 et 452, Cass. Civ. rejet 3 thermidor an XIII, S. 6. 1 60 , il en serait autrement si c'était au moyen d'une convention frauduleuse. Sic Aubry et Rau T. II. p. 310, Cass. Req rej. 8 décembre 18 8 S. 60 1 991, Cass. Req Rej. 14 mars 1859, S. 59. 1. 833.

(2) Demolombe *op cit.* T. XX, p. 270 n° 300.

(3) La question est néanmoins discutée (Voir Ferron, *op. cit.* p. 214) sur le point de savoir si les créanciers chirographaires, qui ont saisi l'immeuble de leur débiteur et fait transcrire la saisie, pourraient opposer le défaut de transcription à l'acquéreur dont le titre, antérieur à la transcription de la saisie, n'a pas été transcrit ou ne l'a été qu'après. (Dalloz, supp au Rep. Vᵒ transcription n° 152 et seq). Même question au cas de faillite du vendeur Quelle sera la situation des créanciers de la masse à l'égard du tiers qui, ayant acquis un immeuble, n'a pas fait transcrire son titre ? (Voir Dalloz cod loc n° 169 et seq.).

à bail pour 10 ans par exemple, dont le bail a été consenti par le vendeur d'un immeuble postérieurement à la vente de celui-ci.

Restent donc comme tiers au sens de l'article 3 de la loi du 23 mars 1855, et peuvent en conséquence opposer le défaut de transcription, s'ils se sont conformés à la loi :

1° Un second acquéreur ;

2° Un preneur à bail de plus de 18 ans ;

3° Un créancier antichrésiste ;

4° Un créancier hypothécaire, quelle que soit la nature de son hypothèque, conventionnelle, légale ou judiciaire (1).

Ces différentes personnes sont des ayants cause à titre particulier de l'aliénateur, ayant acquis sur l'immeuble, soit un droit réel de propriété, de servitude ou d'hypothèque, soit un droit personnel de bail à loyer, et qui se se sont conformées à la loi pour la conservation de leurs droits.

Je puis maintenant indiquer les effets de la transcription d'après la loi du 23 mars 1855.

A partir du moment où elle a été accomplie, aucune inscription hypothécaire ne peut être prise sur l'immeuble vendu du chef du précédent propriétaire (2). Tel est le premier effet de la transcription.

---

(1) Voir en ce sens Baudry Lacantinerie et de Loynes, *Donations entre vifs et testaments*, T. III, p. 277, n° 2015.

(2) Il y a deux exceptions à cette règle. La première a lieu au cas d'expropriation d'un immeuble pour cause d'utilité publique Les articles 16 et 17 de la loi du 3 mai 1841 sur l'expropriation, sont encore en vigueur. En effet . *Generalia spécialibus non derogant* et par conséquent la transcription de la vente d'un immeuble exproprié, même depuis la loi du 23

En second lieu, elle fixe d'une manière irrévocable le rang des acquéreurs. Je suppose que le même propriétaire ait vendu deux fois le même immeuble. Des deux acquéreurs successifs, celui-là sera préféré, qui le premier aura fait transcrire son acte d'acquisition.

En outre, la transcription protège les droits du vendeur puisqu'elle conserve par elle seule, le privilège de celui-ci. Toutefois, l'article 2108 ordonne au conservateur sous peine de tous dommages et intérêts, de prendre en plus à cet effet, une inscription dite *inscription d'office*.

Si je passe maintenant à l'étude des effets de la transcription d'un acte à titre gratuit, je constate qu'ils diffèrent légèrement de ceux d'un acte à titre onéreux.

La loi du 23 Mars 1855, ayant déclaré par le dernier alinéa de son article 11 qu'elle ne dérogeait en rien aux règles établies par le Code, tant en ce qui concerne les donations que les dispositions à charge de rendre, c'est à lui qu'il convient de se reporter pour être renseigné à ce sujet. Or l'article 941, qui régit la question pour les donations, s'exprime ainsi : « Le défaut de transcription pourra être opposé par toutes personnes *y ayant intérêt*, excepté toutefois celles qui sont chargées de faire faire la transcription ou leur ayant cause et le donateur. »

mars 1855, fait, conformément à la loi du 3 mai 1841, courir un délai de quinzaine durant lequel inscription d'hypothèque ou de privilège, peut être prise du chef du précédent propriétaire.

La seconde exception a été créée par l'article 6, 2me alinéa de la loi du 23 mars 1855. Le vendeur et le co-partageant peuvent inscrire utilement les privilèges à eux conférés par les articles 2108 et 2109 du Code civil, dans les quarante-cinq jours de l'acte de vente ou de partage.

Prise dans ce délai, l'inscription primera toutes les autres qui auraient pu l'être entre la vente et le partage

Voir pour plus de détails, Baudry Lacantinerie et de Loynes, *op. cit.*, T. III, p. 341 et 349.

La rédaction, on le voit, diffère sensiblement de celle de l'article 3 de la loi du 23 Mars 1855. L'article 941 indiquant les tiers qui peuvent se prévaloir du défaut de transcription de la donation, les qualifie « *ceux qui y ont intérêt* », alors que l'article précité la loi de 1855 parle de « *ceux qui ont des droits sur l'immeuble.* »

Tout d'abord, qu'est-ce que pouvoir opposer le défaut de transcription ? « C'est évidemment de la part de ceux qui y sont fondés, dit M. Demolombe, pouvoir prétendre que la donation en ce qui les concerne, doit être considérée comme non avenue (1) ».

Ne pourront donc pas opposer le défaut de transcription :

1o Les personnes que la loi oblige ou invite à faire transcrire la donation soit le donataire, ses héritiers, successeurs ou ayant cause, le mari, le tuteur, le curateur, l'administrateur ;

2o Le donateur ;

3o Les ayants cause à titre universel du donateur ou leurs créanciers. D'après l'article 938, en effet, la donation dûment acceptée est parfaite entre le donateur et le donataire. Or l'article 941 indique que le donateur ne peut opposer le défaut de transcription. L'héritier est la continuation de la personne du défunt ; il est sa survivance : « *Hœres personam defuncti sustinet* ». Donc, il ne pourra opposer le défaut de transcription (2) ;

4o Le légataire à titre particulier. La question est toutefois discutée. Tout dépend de l'origine que l'on assigne à

---

(1) Demolombe *op. cit.* T. XX, p 260, no 292.

(2) En ce sens Demolombe *op. cit.* T. XX, p. 281, n· 307, Baudry Lacantinerie et Colin *op. cit.*, T. I. p. 574, n· 1402 et les autorités citées par ces auteurs. En ce sens encore Cass 12 Décembre 1810, 25 Avril 1853, 30 Juillet 1877, 1er Août 1878, dans Rivière *Jurisprudence de la Cour de Cassation*, n 285.

l'article 941. Si on le rattache à la loi du 11 Brumaire an VII, sûrement le donataire ne peut opposer le défaut de transcription, puisqu'il n'a pas « *contracté* » avec le donateur. La solution contraire s'impose, si on le considère comme dérivant de l'article 27 de l'ordonnance de 1731, le légataire à titre particulier étant sûrement compris parmi les personnes ayant intérêt à l'opposer (1).

Restent donc comme pouvant opposer le défaut de transcription des donations :

1º Les acquéreurs à titre onéreux du donateur;

2º Les créanciers hypothécaires inscrits;

3º Les personnes ayant acquis un droit réel sur l'immeuble donné tel qu'un droit d'usufruit, d'usage, d'habitation ou de servitude;

4º Un second donataire à titre particulier. Il y a intérêt : l'article 941 est donc applicable à son cas. De plus, il ne figure pas au nombre des exceptions contenues à la fin de cet article (2).

5º Les créanciers chirographaires. La raison est toujours la même, ils y ont intérêt; en conséquence l'article 941 s'appliquera. Il faut bien remarquer que tant que la transcription de la donation n'est pas intervenue, l'immeuble qui a été donné, fait toujours partie du patrimoine du débiteur, donc du gage général des créanciers chirographaires. Aussi, peuvent-ils exercer leurs droits sur lui. Une fois qu'ils les ont mis en œuvre par une saisie et que

(1) Confer Ferron *op. cit* p 221, note 1.
(2) En ce sens Demolombe, *op. cit.* T. XX, p. 264, r. 268, Aubry et Rau T. VII p. 390, n 704, Mourlon *transcription* II, n. 429, Baudry Lacantinerie et Colin T. I, p. 580, n. 1414, Nimes 31 décembre 1850 D. 51. 2.80, Grenoble 17 janvier 1867, D. 68. 2.17, Pau 29 mars 1871. D 71. 2 145.

celle-ci a été transcrite, la transcription postérieure de la donation ne saurait porter atteinte à leurs droits (1).

Une jurisprudence constante et la majorité de la doctrine, autorisent encore les créanciers chirographaires à opposer le défaut de transcription de la donation :

1º Quand le donateur ayant été déclaré en faillite, la donation n'a pas été transcrite avant le jugement la prononçant ;

2º Quand les créanciers attaquent la donation comme faite au préjudice de leurs droits (2) (article 1167).

Ces quelques explications permettent de conclure que la différence, entre les tiers de l'article 941 du Code Civil, et ceux de l'article 3 de la loi du 23 Mars 1855, n'est pas très considérable. Elle ne porte que sur les créanciers chirographaires, et même, suivant le système que l'on adopte, sur quelques uns d'entre eux seulement.

On peut soutenir, cependant, que les tiers de l'article 941 sont plus nombreux que ceux de la loi du 23 Mars 1855. Cette anomalie est singulière. Il semblerait en effet logique, que la même formalité, qu'elle s'appliquât à des actes à titre gratuit ou à des actes à titre onéreux, devrait produire des résultats identiques.

La transcription rétablie par la loi du 23 Mars 1855, tout comme sous l'empire de la loi de Brumaire an VII, est dominée par deux principes juridiques qui découlent l'un de l'autre : « *nemo plus ad alium transferre potest quam*

---

(1) Sic Demolombe, *op cit.* T. XX, p. 272, Aubry et Rau T. VII p. 391, n. 704, Baudry Lacantinerie et Colin, *op. cit.* T. I, p. 583, n. 1420, Cass. 7 avril 1841, Pandectes Françaises Chronol. 2. 1 309, Cass. 23 novembre 1859, D. 59. 1.481.

(2) Ferron *op. cit* p 221.

ipse habet » et « *résoluto jure dantis, résolvitur jus accipientis.* »

_ En conséquence, la personne dont la propriété est atteinte d'un vice quelconque, transmet aux autres son immeuble dans les mêmes conditions, et par suite, une action en résolution, par exemple, née chez l'auteur réfléchira sur l'ayant cause, sauf bien entendu, le cas où la prescription acquisitive couvrirait ce dernier. C'est elle, en définitive, je l'ai déjà dit, qui consolide d'une manière complète la propriété foncière chez nous, et empêche, tout comme chez les Romains, que « *Dominia in perpetuum incerta manerint* ».

La transcription, au contraire, dépouillée de toute force probante, annonce bien aux tiers le fait du transfert, mais ne le prouve pas, ne consolide pas la propriété ; qu'elle s'applique à un acte sous seing privé ou à un acte authentique, elle ne fait qu'apprendre aux tiers le transfert de la propriété, propriété qui, je le disais tantôt, passe à l'acquéreur avec tous les germes de nullités et de vices qu'elle pouvait contenir, la transcription n'ayant pas par elle-même et par elle seule la puissance de l'en purger.

Telle est la transcription française. J'ajouterai qu'elle a encore un défaut très grave. Elle n'est pas obligatoire. Une fois les droits acquittés, l'Etat s'en désintéresse tout à fait. Il arrive ainsi que pas mal d'actes ne sont pas transcrits.

M. Fravaton a cité à la sous-commission juridique du cadastre les chiffres suivants empruntés aux statistiques de 1891. Il en résulte que sur 900.000 actes de vente, 530.000 ont seuls été transcrits. 370.000 sont demeurés étrangers à toute publicité (1). Cette proportion considérable de 41 0/0 d'actes rebelles à toute publicité, mérite d'attirer l'attention. Elle indique sans commentaire, l'état d'insécurité de la propriété foncière spécialement dans les campagnes, où la transcription est surtout fort peu en usage.

Cette analyse sommaire du fonctionnement et des effets de la transcription me permet maintenant d'en indiquer les défauts.

Si l'on en considère d'abord la forme, il est permis de se demander pour quel motif la loi ordonne-t-elle la reproduction textuelle du titre qui en fait l'objet ? Une brève analyse ne suffirait-elle pas ? On se contente de bordereaux pour les inscriptions hypothécaires. Ne devraient-ils pas suffire également pour la transcription ?

Peut-être m'objectera-t-on que la reproduction littérale du titre serait très avantageuse en cas d'incendie du greffe ou de l'étude de notaire ou l'original du jugement d'adjudication ou la minute de l'acte de vente se trouve déposé. On s'y réfèrerait et l'on aurait ainsi sans peine le double de l'acte en question. On ajoute que des extraits pourraient être insuffisants. S'ils sont dressés sans soin, ils risqueraient d'omettre des clauses essentielles de l'acte.

A tout cela, je réponds que les incendies de greffes ou d'études de notaires sont très rares. Le danger se présentera donc rarement. De plus, on a tort de croire que les ventes d'immeubles se font seulement par acte notarié ou sous forme d'adjudication. Il y en a bon nombre qui

(1) Procès-verbaux du Cadastre F. III. *Rapport de M Fravaton sur la circonscription des livres fonciers*, p. 313, note 1.

sont simplement sous seing privé et pour celles-ci le danger ci-dessus indiqué n'existe pas. Au surplus, même pour les ventes notariées ou celles qui ont lieu au tribunal, le danger n'est pas si imminent qu'on le suppose : Il est à peu près certain que les parties en ont déjà des expéditions et dans ces conditions leur situation n'est pas si mauvaise qu'on veut bien le dire.

En ce qui concerne les extraits proprement dits, rien n'empêcherait d'en faire imprimer des modèles, dont il n'y aurait à chaque vente qu'à remplir les blancs. On ferait pour les extraits d'actes de vente ce que l'on fait actuellement pour les déclarations de succession depuis la loi du 6 décembre 1897. Les parties n'ont qu'à remplir les blancs d'une feuille de déclaration. Celles-ci sont réunies en volumes ensuite par les soins du receveur de l'enregistrement et constituent les registres des déclarations de successions.

Ce système serait bien préférable. Il fournirait tous les renseignements utiles qui permettraient au cas de perte de reconstituer l'acte dans son entier. Le travail du conservateur serait réduit du tout au tout et accéléré d'une manière très grande. Les particuliers y auraient avantage car les frais se trouveraient réduits d'une manière considérable. Il y a du reste en l'espèce un précédent. L'article 4 § 3 de la loi du 23 octobre 1884, sur les ventes judiciaires, autorise les notaires et les avoués à ne faire transcrire que par extraits les procès-verbaux ou les jugements d'adjudication sur licitation.

La seconde question que l'on peut se poser au sujet de la transcription est la suivante : Pourquoi peut-on transcrire des actes sous seing privé aussi bien que des actes authentiques ?

A mon avis, les actes authentiques pourraient seuls être transcrits. J'entends déjà les protestations qui vont se produire. Et la liberté des Conventions, et les frais, dira-t-on !

Les frais d'abord. Mais cette objection me touche peu. Il n'y a qu'à la renvoyer au législateur. A lui d'établir, à l'exemple du Luxembourg et de l'Alsace-Lorraine, des tarifs gradués qui tout en donnant aux particuliers certains avantages, leur permettant de renoncer aux actes sous seing privé, ne nuiront nullement aux notaires. En effet, l'accroissement des actes à dresser compensera et au-delà, les diminutions faites sur le tarif ancien. Cette objection est donc peu fondée.

La liberté des conventions ! Eh ! mon Dieu, pourquoi les donations (1), les contrats de mariage (2), les constitutions d'hypothèques (3), les radiations (4), se font-elles exclusivement par acte notarié ? La liberté des conventions n'existe-t-elle pas là aussi ? Croit-on, par hasard, que les particuliers ne méritent pas une protection de la loi aussi grande, quand ils vendent que quand ils contractent une obligation hypothécaire ? Il me semble quoi qu'on en ait dit, qu'il y a parité de situation. Ecoutons ce que dit là-dessus un maître en la matière, M. Flour de St-Genis :

« La publicité a pour corollaire essentiel l'obligation de rédiger en la forme authentique tout acte ayant pour objet un droit immobilier…

« L'acte sous seing privé, qui offre tant de facilités à la surprise, à la fraude, au dol, et qui est une arme si dange-

(1) Art: 931
(2) Art. 1394.
(3) Art. 2123, 2127
(4) Art 2158

reuse dans les mains des faussaires, doit être rayé du nombre des titres manifestant la propriété. Tout au plus pourrait-on l'admettre quand il a été reconnu en justice ou déposé chez un notaire. Le droit international le repousse. Les lois de Belgique, de Suisse, d'Italie, ne l'acceptent point en matière de mutation (1). »

En définitive, l'acte notarié n'offrirait que des avantages pour tout le monde. Les parties seraient souvent, grâce à lui, mieux protégées contre leur propre faiblesse, contre leurs entraînements. Les dissimulations de valeurs seraient bien moins fréquentes qu'actuellement où elles foisonnent dans les actes sous seing privé. On empêcherait par ce moyen bon nombre de procès de se produire ; car il devient naïf de le répéter : ce sont les actes sous seing privé qui les alimentent en grande partie. La Faculté de Grenoble et la Cour de Montpellier, avaient, dans la grande enquête hypothécaire de 1841, fourni sur ce sujet des renseignements très intéressants.

Enfin, et c'est surtout là que je veux en venir. On a assez tergiversé. Il est quand même nécessaire de l'accomplir, maintenant, cette réforme hypothécaire si impatiemment attendue. Que l'on ne puisse pas, pour le moment du moins, suivre le chemin si clair, si net, qu'a tracé la commission du cadastre, c'est possible. D'abord le cadastre est loin d'être à jour, ensuite les esprits ne sont pas encore assez préparés à cette idée de réforme complète. Il faut donc employer le temps qui nous en sépare, à faire comprendre et apprécier les principes sur lesquels reposera le système futur. Comme le disait très bien M. Bonjean, à la sous commission juridique, « Je pense

(1) Flour de St-Genis, *op. cit.*, p. 157, 158.

qu'il est temps de sortir de cette situation, d'abandonner une voie dans laquelle on regarde toujours en arrière et jamais en avant, et dans laquelle on ne voit que les difficultés sans jamais apercevoir les bénéfices que l'on peut retirer d'une institution nouvelle (1). »

N'y aurait-il pas lieu, en conséquence, spécialement au sujet de ce fameux principe de la force probante, dont j'indiquerai plus tard les avantages en étudiant les législations allemande et australienne, d'essayer quelque chose chez nous ? Ce régime d'attente qui précèdera la venue des livres Fonciers ne pourrait-il pas contenir une amorce de la Force probante ? Je le crois et j'estime que le meilleur moyen de la faire entrer dans notre code, serait la suppression radicale des actes sous seing privé.

Les contrats seraient de la sorte bien mieux rédigés. Qu'ils contiennent des clauses surabondantes c'est possible ; mais il serait relativement facile de les faire disparaître. Ce qui, à mon point de vue est l'essentiel, c'est que leur rédaction serait beaucoup plus claire. Les nullités qui se rencontraient si fréquemment dans les actes sous seing privé, disparaîtraient avec eux, les extraits à dresser pour faire opérer la transcription seraient facilités et enfin on n'admettrait au bénéfice de la transcription que des actes ayant une réelle valeur intrinsèque. La transcription cesserait alors d'être un vain mot, et si elle contenait un embryon de force probante, elle serait sûrement la bienvenue.

Si je passe maintenant à l'étude du fond de la transcription, j'y retrouve un défaut capital : c'est qu'elle est facultative. La loi du 23 Mars 1855 indique bien quels

(1) Procès verbaux du Cadastre, F. II., p. 108.

actes doivent être transcrits, mais elle n'en fait pas une obligation. A la sous-Commission juridique du Cadastre, M. Fravaton, indiquait que sur 900.000 actes à transcrire passés chaque année en moyenne, 370.000, soit 41 o/o sont soustraits à toute publicité (1). Une seule loi a rendu la transcription obligatoire. « La loi du 21 juin 1875, nous dit M. Flour de St-Genis, a déclaré la transcription des partages anticipés obligatoire, en modérant les droits (2), et cette mesure... a rendu un immense service par la régularisation de l'un des actes qui permet le mieux à la puissance paternelle de s'affirmer dans un intérêt de prévoyance et de bon accord (3). »

Le propriétaire qui achète, sauf celui qui veut purger, n'est donc pas obligé de transcrire. Il ne risque qu'une chose : c'est de ne pouvoir un jour opposer son droit aux tiers qui se seraient conformés à la loi en faisant transcrire leurs titres.

Quant au vendeur, s'il est payé, peu lui importe que la transcription n'ait pas été faite. S'il n'est pas payé, il risque de perdre son privilège, mais tant que l'immeuble est dans les mains de son acquéreur, il peut requérir la transcription.

Ce caractère facultatif de la transcription peut, à l'occasion, présenter de sérieux dangers. Un acquéreur qui, se conformant à la loi, fait transcrire son titre, n'est pas sûr de conserver l'objet de son acquisition. Je suppose quelqu'un qui a vendu un immeuble à *Primus. Primus* n'a pas transcrit. Il revend à *Secundus* qui lui fait transcrire.

---

(1) Procès verbaux du Cadastre, F. III. *Rapport de M. Fravaton sur la circonscription des livres fonciers*, p. 313, note 1.

(2) On ne paye que 0.625 o/o, comme droit de transcription.

(3) Flour de St-Genis, *op. cit.*, p 156.

L'auteur de *Primus* revend ensuite le même immeuble à *Tertius*. Celui-ci fait transcrire aussitôt. Eh bien ! *Tertius* quoiqu'ayant transcrit postérieurement à *Secundus* lui sera préféré. Aux yeux des tiers, puisque *Primus* n'a pas fait transcrire, la propriété a toujours continué de résider entre les mains de son auteur. *Primus* n'a donc pu transférer à *Secundus* qu'une propriété caduque et c'est en vain que *Secundus* a fait transcrire son titre. La transcription ne saurait purger le vice radical dont il était atteint ; elle ne saurait lui donner une qualité qu'il n'avait pas. *Tertius* est donc le véritable propriétaire vis à vis des tiers.

Cette solution est généralement adoptée dans la doctrine (1) aujourd'hui, ainsi que par la jurisprudence (2), et l'on comprend difficilement qu'elle ait été discutée en présence de l'article 6 de la loi du 23 mars 1855 (3). Cet article décide bien que la transcription de l'acte de vente arrête le cours des inscriptions du chef du vendeur, mais non pas du chef des auteurs de celui-ci, au cas où le titre de l'un d'eux n'aurait pas été transcrit. Si donc, il y a collision entre un acquéreur de l'auteur originaire et un sous-acquéreur de ce dernier, l'acquéreur qui, se conformant à la loi, a transcrit même postérieurement à l'acheteur du sous-acquéreur, pourra opposer son titre ainsi transcrit à ces

---

(1) Confer Colmet de Santerre, IX n· 170 bis et suiv., Laurent, XXIX n· 182, P. Gide, *Revue Critique* 1865 T XXVI p 372 et suiv , Demolombe *contrats* T. I n. 465, Aubry et Rau, T. III, p. 315 § 209 texte et note 99, Baudry Lacantinerie et de Loynes T. II, n· 1555 p. 632, Ferron, *op. cit.*, p 216 et suiv.

(2) Dijon 10 juin 1891 D. P. 92.2.469.

(3) Article 6 « à partir de la transcription, les créanciers privilégiés ou ayant hypothèque aux termes des articles 2123, 2127 et 2128 du Code Napoléon, ne peuvent prendre utilement inscription sur le précédent propriétaire ».

derniers, si le sous-acquéreur n'a pas accompli cette formalité.

Ce vice de la loi sur la transcription est donc très grave. Aussi, conseille-t-on toujours aux particuliers de s'assurer si la transcription des titres de leurs auteurs a été effectuée. Sinon, ils agiront prudemment en la faisant accomplir.

Incomplète dans ses effets, la transcription laisse encore hors de sa sphère, deux grandes séries d'actes que les tiers auraient le plus grand intérêt à connaître, je veux dire les actes déclaratifs et les transmissions à cause de mort.

Les actes déclaratifs, ce sont par exemple les partages, quelle que soit l'origine de l'indivision, les transactions, les retraits et en principe les jugements.

Le projet de loi de 1853, qui devint plus tard la loi du 23 mars 1855, les soumettait à la transcription. L'article 1er était en effet ainsi conçu ; « sont transcrits au bureau des hypothèques de la situation des biens.

1° Tout acte entre vifs translatif ou déclaratif de propriété immobilière... »

Ce système était à la fois plus logique et plus rationnel. En effet, l'intérêt des tiers qui doit être le véritable fondement de la publicité plutôt que le caractère juridique des actes, n'exige-t-il pas que l'on publie les partages tout comme les ventes ? Si le partage est considéré comme déclaratif de droits, c'est grâce à une fiction juridique. Il n'en n'est pas moins vrai qu'il fixe d'une manière définitive le droit de chaque copartageant. Le droit de chacun d'eux perd ce qu'il avait de flottant, d'indécis, pour se fixer d'une manière définitive.

La commission de la loi de 1855 disait bien par l'organe

de son rapporteur, pour indiquer le motif de la suppression du mot déclaratif dans l'article 1er du projet de loi, que les tiers étaient garantis. Pour les créanciers de la succession le partage ne saurait leur nuire. Les immeubles sur lesquels portent leurs hypothèques, passant aux héritiers grevés de ces mêmes hypothèques. Quant aux créanciers de l'héritier qui ont pris inscription avant le partage, de quelle utilité la transcription sera-t-elle pour eux? Ils n'ont qu'à faire opposition au partage, qui ne peut désormais plus se faire sans eux, aux termes de l'article 882 (1). Mais obliger les héritiers à faire transcrire les partages ne servirait qu'à leur occasionner des frais nouveaux. Et puis, si le créancier ne fait pas opposition, le défaut de transcription du partage ne saurait lui profiter, car le partage étant déclaratif et non translatif de droits, est dans ces conditions, opposable aux tiers par lui-même sans le secours de la transcription.

Ces raisons, bonnes, s'il s'agit d'un créancier antérieur au partage, ne suffisent plus s'il s'agit d'un créancier qui lui est postérieur ou d'un acquéreur. Ici, en effet, les tiers risquent d'être trompés sans recours.

Il suffit pour s'en convaincre, de supposer qu'un des cohéritiers vend ou donne en hypothèque à une personne, un immeuble de la succession qui a été mis par le partage au lot d'un autre cohéritier. Ce prêteur ou cet acquéreur se verra ensuite opposer un partage qui lui était complètement inconnu, qu'il aurait même eu peut-être, beaucoup de

---

(1) Article 882 . « Les créanciers d'un copartageant, pour éviter que le partage ne soit fait en fraude de leurs droits, peuvent s'opposer à ce qu'il y soit procédé hors de leur présence. Ils ont le droit d'y intervenir à leurs frais. Mais ils ne peuvent attaquer un partage consommé, à moins toutefois qu'il n'y ait été procédé sans eux et au préjudice d'une opposition qu'ils auraient formée. »

difficultés à connaître. N'y a-t-il pas là un intérêt immédiat et certain démontrant qu'il serait nécessaire de faire transcrire le partage ? En effet, s'il devait être transcrit aussitôt dressé, des fraudes de ce genre seraient sûrement évitées. Aussi, M. Massigli, à la séance de la sous-commission juridique du cadastre du 3 Juin 1891, avait-il raison de dire que la Commission de 1853 « s'était payée de mots », en supprimant le mot déclaratif dans l'article 1er du projet de loi qui est devenu la loi du 23 Mars 1855.

La loi Belge de 1851, a été moins imprévoyante, et tout en conservant au partage son caractère d'acte déclaratif, elle l'a soumis à la transcription, car y disait-on, après un partage, la situation des communistes étant changée, les tiers ont intérêt à connaître ce changement.

La transcription des actes déclaratifs et spécialement des partages serait donc bien préférable. Avec le système actuel, on arrive à des conséquences très logiques, il est vrai, mais pour le moins curieuses.

Voici, par exemple, un immeuble indivis entre deux héritiers : Pierre et Paul. Ils en font la licitation au tribunal avec concours d'étrangers. Si l'immeuble est adjugé à un étranger, le jugement d'adjudication sera translatif : il devra être transcrit. Si l'immeuble est adjugé à un des copartageants, le jugement sera déclaratif, puisqu'il mettra fin à l'indivision ; il constituera un partage et n'aura pas à être transcrit. D'où vient cette différence ? Dans les deux cas, l'intérêt des tiers est le même et commanderait en conséquence une solution identique. On doit aussi bien les protéger chaque fois. Pourquoi donc, dans la seconde hypothèse, le législateur fait-il si bon marché de leur intérêt ?

Après tout, bien que le partage soit déclaratif (1) aux termes de l'article 883, l'enregistrement perçoit sur lui un droit gradué de 0 fr. 15 plus les décimes. D'où vient qu'il ne se contente pas d'un droit fixe? Si donc cette fiction légale est assez élastique pour permettre cette perception avantageuse de droits au profit du Trésor, pourquoi résisterait-elle ainsi à l'intérêt des tiers, c'est-à-dire l'intérêt général? L'Etat s'applique très volontiers l'adage antique : « *Prima sibi charitas*», et l'on a dit avec raison sur ce même sujet, que pas mal de bonnes lois, avaient eu dans l'origine un caractère fiscal très accentué, permettant d'en faire suspecter la bonne foi. Point n'est besoin de remonter aux Ordonnances de l'ancien Régime relatives au contrôle et à l'insinuation. Il suffit de se reporter aux articles 52 et 54 de la loi de Finances de 1816 pour être édifié sur ce point.

Il faut donc espérer qu'ici aussi, le côté fiscal de la question a été le premier résolu. Du reste, le projet de M. Darlan, dans son article 1ᵉ¹, demande formellement et avec grande raison la transcription des actes déclaratifs (2).

Mais les actes déclaratifs ne sont pas les seuls que la loi du 23 Mars 1855 ait ainsi laissé en dehors de toute publicité. Il en est de même des mutations à cause de mort.

---

(1) Article 883 : « Chaque cohéritier est censé avoir succédé seul et immédiatement à tous les effets mis dans son lot, ou à lui échus sur licitation et n'avoir jamais eu la propriété des autres effets de la succession. »

(2) Article premier. « Sont rendus publics par la transcription au bureau des hypothèques de la situation des biens

1º Tous actes et conventions entre vifs, à titre gratuit ou à titre onéreux et tous jugements ayant pour effet de constituer, transmettre, déclarer, modifier ou éteindre un droit réel immobilier. »

On sait qu'au décès du *de cujus*, la saisine fixe d'une manière immédiate la propriété sur la tête de l'héritier appelé par la loi aux termes de l'article 724 (1).

La loi ne fait du reste, je n'ai pas besoin d'y insister, que se conformer à l'ordre de la nature, qui est présumé être celui des affections du défunt, pour fixer la répartition de la fortune de celui-ci.

Si maintenant l'on se place, tant au point de vue de la loi du 23 mars 1855 elle-même, que des principes généraux, la transcription des mutations à cause de mort serait nécessaire.

Avec le système de la loi de 1855, où la transcription a une valeur purement documentaire, mais ne constitue nullement une sorte de purge des différents vices légaux dont l'immeuble pourrait être atteint, on est obligé, je l'ai déjà dit, d'établir une origine de propriété très serrée remontant au moins à 30 années. Or, si la propriété dont il s'agit est arrivé à un de ses possesseurs par succession, la transcription ne s'y appliquant pas, on perd ses traces. La généalogie de l'immeuble se trouve ainsi interrompue, et peut-être deviendra-t-il impossible de l'établir, au grand préjudice de l'acquéreur. Pour avoir toute tranquillité, il faudrait être couvert par la prescription acquisitive ; c'est elle, je l'ai déjà dit, qui en définitive consolide chez nous la propriété foncière.

A ce point de vue, la nécessité de la publicité des mutations à cause de mort paraît évidente. Il en est de même, à plus forte raison, si on l'envisage à l'autre.

(1) Article 724. « Les héritiers légitimes et les héritiers naturels sont saisis de plein droit des biens, droits et actions du défunt, sous l'obligation d'acquitter toutes les charges de la succession. L'époux survivant et l'Etat doivent se faire envoyer en possession. »

La première condition des transactions foncières est la sécurité. Eh bien ! la publicité du titre de l'héritier, sans avoir rien à voir avec la saisine, serait à cet égard d'un utile secours pour les prêteurs, les acquéreurs et les vendeurs eux-mêmes. Qui m'indique, par exemple, que Paul à qui je traite l'achat de tel immeuble, en est bien le légitime propriétaire ? Il me dit l'avoir eu de succession. Fort bien ! Mais qui me prouve qu'il est, soit le seul héritier, soit l'héritier le plus rapproché ? Qui m'indique d'une manière sûre que je ne serais pas trompé ? Rien, absolument rien. Les registres de l'état civil m'apprendront bien que celui que Paul m'indique pour son auteur est mort et voilà tout.

L'inconvénient de l'état de choses actuel, était tellement grave pour les transactions immobilières, qu'une jurisprudence prétorienne, valide, depuis de longues années déjà, les actes émanés de l'héritier apparent ou testamentaire qui a traité avec un tiers de bonne foi, et oblige le véritable héritier à les respecter (1).

Cette jurisprudence, comme dit l'arrêt du 16 janvier 1843, se justifie « par les raisons d'équité, les puissantes considérations d'ordre et d'intérêt publics, qui réclament la libre et facile circulation des biens. »

Il n'en est pas moins vrai, M. Besson le fait remarquer avec raison « qu'il est peu juridique, en l'absence d'un texte positif, d'attacher à la bonne foi de l'acheteur, la puissance de purger la précarité de son titre et d'opérer par elle-même la consolidation de la propriété (2). »

---

(1) Cass. 16 janvier 1843, S. 43. 1. 97, 16 juin 1843, S. 43. 1. 108, 26 janvier 1867, S. 67. 1. 161, 4 août 1875, S. 76. 1. 8, 3 juillet 1877, D. 77. 1. 249, 22 mars 1879, S. 80. 1. 20.

(2) Besson, *op. cit.*, p. 129.

C'est cette consolidation de la propriété, si nécessaire à l'intérêt général, basée aujourd'hui sur la bonne foi, difficile à constater et à établir, qui doit être remplacée par la transcription sur les registres du conservateur. Je sais bien que c'est là l'établissement chez nous de la force probante. C'est probablement le motif le plus sérieux qui a empêché la loi du 23 mars 1855, de comprendre cette réforme qui aurait été contraire à son esprit. Mais, je l'ai déjà dit : le régime transitoire, qui régira dès maintenant la propriété foncière, doit être un acheminement vers le système des Livres fonciers que le principe de force probante peut accompagner. Raison de plus pour l'intro-duire au plus tôt. Cette réforme ne serait après tout que la consécration de la jurisprudence sur ce point, juris-prudence dont l'utilité et la nécessité sont évidentes.

Je conclus donc à la nécessité de la transcription des mutations à cause de mort.

Ces quelques observations démontrent pleinement l'in-suffisance de la transcription française sur le point spécial du transfert de la propriété. Qu'elle rende certains ser-vices fort appréciables, je le reconnais très volontiers. Mais il n'en est pas moins vrai qu'ils sont plus apparents que réels. N'avons-nous pas vu, à différentes reprises, que c'est encore en définitive la prescription acquisitive qui consolide chez nous la propriété foncière ?

II. — **Publicité des causes de résolution.** — La publicité des causes de résolution, en général, est une des parties de notre code qui prête le plus le flanc à la critique. Sauf quelques rares exceptions que je vais indiquer, les tiers auront beaucoup de peine pour se renseigner sur les causes d'éviction qui les menacent.

Le Code a organisé d'une manière satisfaisante par l'article 958 (1) la publicité de la demande en révocation des donations pour cause d'ingratitude. De cette manière, les tiers seront avertis du jour de la demande, jour à partir duquel tomberont les droits réels concédés par le donataire.

La loi du 23 mars 1855, en ordonnant par son article 4 (2) la publicité de certains jugements permet également aux tiers d'être renseignés sur l'issue des actions en résolution.

Il y a lieu toutefois de remarquer ceci : que la mention du jugement soit faite ou non, peu importe : celui-ci n'en existe pas moins aux yeux des tiers. La seule pénalité de la non exécution de la mention, est l'amende pour l'avoué. C'est du moins ce que l'on peut induire de cette phrase de l'exposé des motifs de la loi : « Cependant, comme aucun péril ne menace le bénéficiaire du jugement, il fallait assurer l'exécution de la mesure par une pénalité ».

Quant aux causes d'annulation basées sur les vices du consentement, elles ne sont point portées à la connaissance des tiers. Il est juste, toutefois, de reconnaître qu'il eût été bien difficile, pour ne pas dire impossible, d'en assurer la publicité d'une manière satisfaisante.

(1) Article 958. « La révocation pour cause d'ingratitude ne préjudiciera ni aux aliénations faite par le donataire, ni aux hypothèques et autres charges réelles qu'il aura pu imposer sur l'objet de la donation, pourvu que le tout soit antérieur à l'inscription qui aurait été faite de l'extrait de la demande en révocation en marge de la transcription prescrite par l'article 939 ».

(2) Article 4. « Tout jugement prononçant la résolution, nullité ou rescision d'un acte transcrit, doit, dans le mois à dater du jour où il a acquis l'autorité de la chose jugée, être mentionné en marge de la transcription faite sur le registre. L'avoué qui a obtenu ce jugement est tenu, sous peine de cent francs d'amende, de faire opérer cette mention en remettant un bordereau rédigé et signé par lui au conservateur qui lui en donne récépissé ».

Une publicité relative a été organisée par plusieurs lois spéciales pour prévenir les nullités qui résultent de l'incapacité des contractants.

La première en date est la loi du 10 juillet 1850. Elle a assuré une certaine publicité au contrat de mariage, en obligeant les époux à déclarer à l'officier de l'état civil qui procède à leur union, s'ils ont fait ou non un contrat de mariage. C'est ce que décide le paragraphe 3 de l'article 1391 (1).

J'ai dit que cette loi n'avait réalisé qu'une publicité relative. Il suffit pour s'en convaincre de s'en rapporter aux explications fournies par le professeur Valette, rapporteur de la loi. Elle ne vise malgré ses apparences de généralité, que la femme mariée sous le régime dotal, et signifie que si les époux ont caché à l'officier de l'état civil l'existence de leur contrat de mariage, la femme ne pourra se prévaloir à l'égard des tiers, ni de l'inaliénabilité de ses biens dotaux, ni de l'incapacité de les obliger qui en résulte (2).

La seconde loi date du 16 mars 1893. Elle a tenté un premier essai de casier civil pour les interdiction et les conseils judiciaires. Cette tentative bien que restreinte, mérite de fixer l'attention. Depuis longtemps déjà la création d'un casier civil était demandée de différents côtés : En dernier lieu la sous-commission juridique du cadastre en avait demandé l'étude, dans la séance du 7 avril 1892 (3). Dans le même ordre d'idées, la loi du 17 août 1897 modificative des articles 49, 70, 75 du Code Civil

(1) Article 1391, § 3. « Toutefois, si l'acte de célébration de mariage porte que les époux se sont mariés sans contrat, la femme sera réputée à l'égard des tiers capable de contracter dans les termes de droit commun, à moins que dans l'acte qui contiendra son engagement, elle n'ait déclaré avoir fait un contrat de mariage. »

(2) Confer Baudry Lacantinerie, *précis,* T. III, p. 23, 24.

(3) Procès verbaux du cadastre. Fas. II. p. 513.

ordonne à l'officier de l'état civil, de mentionner la célébration du mariage en marge de l'acte de naissance des époux, dans les trois jours (1).

Une publicité indirecte, mais par trop sommaire existe pour les révocations de donations pour cause de survenance d'enfant ou d'inexécution des charges. Les tiers, en consultant les titres de propriété des personnes avec qui ils traitent, doivent se tenir sur leurs gardes, quand c'est par une donation qu'est rentré l'immeuble dans le patrimoine de leur vendeur ou emprunteur. Suivant les cas, l'éventualité d'une de ces deux sortes de révocation peut se présenter.

En ce qui concerne la condition résolutoire, il y a lieu de distinguer. La condition résolutoire expresse, comme une clause de réméré, est portée à la connaissance des tiers par la transcription même du contrat.

Quant à la condition résolutoire tacite, elle est de droit dans les contrats synallagmatiques aux termes de l'article 1184 (2). Le vendeur peut donc, si l'acheteur ne le paye pas, demander que la vente soit résolue, comme dit l'article 1654 du Code civil. Les rédacteurs du Code n'avaient point prévu cet inconvénient qui pouvait devenir très grave. Même après la purge, le privilège du vendeur pouvait bien être éteint, mais la condition résolutoire n'étant pas solidarisée avec lui, persistait toujours au profit du vendeur qui conservait le moyen de faire résoudre la vente et de réduire à néant les droits réels consentis par l'acheteur. C'est pour parer à ce danger que la loi du 23 mars 1855, sur la proposition de M. Rouher, a réalisé la publi-

(1) Dernier alinéa de l'article 75 nouveau

(2) Article 1184. « La condition résolutoire est toujours sous entendue dans les contrats synallagmatiques pour le cas où l'une des deux parties ne satisferait point à son engagement. »

cité de l'action résolutoire en la solidarisant avec le privilège du vendeur. Elle sera donc rendue publique avec lui.

Je viens d'indiquer que la publicité donnée par la loi française aux causes de résolution, de révocation et de nullité est assez restreinte. C'est en effet une des parties les plus défectueuses de notre système foncier.

Le législateur aurait dû s'efforcer, sur ce point particulier, de mettre le plus possible les tiers en mesure de se renseigner.

Il pouvait organiser cette publicité d'une manière triple. D'abord, publier les causes de nullité' ou de résolution dès leur naissance; ensuite, publier les demandes de nullité dès qu'elles sont intentées; enfin en publier le résultat obtenu.

A-t-il agi ainsi? C'est ce que je m'en vais examiner. J'étudierai en premier lieu la publicité donnée aux causes de résolution. Les conséquences en sont particulièrement graves pour les tiers.

S'il s'agit de donation, il y a lieu d'abord d'examiner l'action en réduction fondée sur l'atteinte portée à la réserve. Elle est prévue par l'article 930 (1).

. Ici, le premier mode de publicité que j'indiquais tantôt, serait totalement impossible. Ce n'est qu'au décès du disposant que l'on peut savoir, d'abord s'il y aura une réserve, et ensuite quelle en sera la quotité. Ne pourrait-on pas néanmoins obliger les réservataires

(1) Article 930. « L'action en réduction ou en révocation pourra être exercée par les héritiers contre les tiers détenteurs des immeubles faisant partie des donations, et aliénés par les donataires de la même manière et dans le même ordre que contre les donataires eux-mêmes et discussion préalablement faite de leurs biens. Cette action devra être exercée suivant l'ordre des dates dés aliénations en commençant par la plus récente. »

intentant la demande en résolution à transcrire cette
demande en marge de la transcription de la donation?
On ne porterait aucune atteinte à l'essence même de
la résolution, et les tiers qui traiteraient avec le donataire, sauraient de cette manière à quoi s'en tenir.

Je sais bien que celui qui intente l'action en résolution
doit commencer par discuter les biens du donataire. Mais
si celui-ci est insolvable, la discussion sera vite faite.
Ensuite, cette action peut atteindre un immeuble qui a
déjà plusieurs fois changé de mains. Les victimes pourront ainsi être très nombreuses. L'intérêt des tiers exige
donc une modification sur ce point.

Toujours en ce qui concerne les donations ordinaires,
la révocation pour inexécution des charges, ou pour survenance d'enfants, qui toutes deux ont lieu avec effet
rétroactif, peuvent causer aux tiers acquéreurs et créanciers les dommages les plus sérieux. Dans ces hypothèses
également, le remède que j'indiquais plus haut pourrait
donner de bons résultats. Je sais bien qu'il y a entre la
révocation pour cause d'inexécution des charges et de
survenance d'enfants d'une part, et la révocation pour
cause d'ingratitude d'autre part, la différence essentielle
que les premières ont lieu avec effet rétroactif à dater du
jour de la donation, la seconde à dater seulement du jour
de la publication de la demande, ce qui est bien différent.
J'estime, en tous cas, que ce qu'il y aurait encore de préférable, ce serait, à l'exemple du projet de loi de 1850, de
décider que la révocation n'aura lieu aux yeux des tiers
qu'à dater du jour où elle aura été inscrite. Ce serait, j'en
conviens, encore un premier pas vers la force probante.
Mais l'intérêt des tiers n'exige-t-il pas qu'on prenne en
leur faveur certaines garanties ?

S'il s'agit maintenant de donations entre époux, révocables par essence, les tiers courent aussi de grands dangers. Je n'ai qu'à supposer l'espèce suivante. Un immeuble a été donné par un des conjoints à l'autre. Celui-ci le vend ou l'hypothèque. Si l'époux donateur révoque la donation même tacitement, en revendant l'immeuble par exemple, les droits réels consentis par le conjoint donataire seront perdus sans retour.

Je sais bien que les donations étant transcrites, les tiers n'ont qu'à se tenir sur leurs gardes, quand en consultant les titres, ils voient que c'est une donation qui a fait rentrer l'immeuble dans la fortune de celui avec qui ils traitent. Maià sont-ils à même de mesurer d'un seul coup-d'œil tous les périls qui les menacent? Je ne le crois pas, et il est certain que sur ce point une publicité plus étroite s'imposerait.

En matière de vente, des causes de résolution peuvent également se présenter. Je suppose qu'un immeuble ait été vendu à réméré et qu'on exerce celui-ci. La transcription a bien porté à la connaissance des tiers la vente aussi bien que la clause qui l'affecte, mais elle ne leur apprend pas si cette clause a été exercée ou non.

Il peut y avoir encore résolution au cas de refus de délivrance, s'il y a erreur de plus de 1/20mes sur la contenance, ou lésion de plus des 7/12mes sur le prix. Mais il est juste de reconnaître que ces circonstances se présenteront assez rarement.

La loi du 23 Mars 1855, a opéré une excellente réforme, en donnant la publicité nécessaire au droit de résolution du vendeur, le plus dangereux de tous. Elle a solidarisé avec l'action résolutoire, le privilège du vendeur (1).

Il est permis néanmoins de se demander, si le législateur tout en étant animé d'excellentes intentions ne les a pas manifestées d'une manière insuffisante. « L'action résolutoire, dit très bien M. Magnin, restera clandestine tant que le vendeur ne sera pas obligé de pourvoir à la conservation de son privilège, c'est-à-dire tant que l'immeuble n'aura pas fait l'objet d'une revente transcrite. Or ce moment peut être très éloigné. L'action résolutoire pourra donc, un jour, venir surprendre et dépouiller de leur gage, des créanciers hypothécaires de l'acheteur inscrits longtemps auparavant (2). »

Pour les causes de nullité ou de rescision, la publicité n'est pas non plus complète, loin de là.

Il faut reconnaître, il est vrai, qu'il y a certaines causes de nullité, celles qui résultent notamment des vices du consentement, l'erreur, le dol et la violence, qui par leur nature même résistent à toute publicité. Rien n'empêcherait pourtant de publier dès qu'elles se produisent les demandes de nullité, basées sur un de ces vices du consentement. Ce serait pour les tiers un avertissement salutaire.

Il n'y a, là encore, comme garantie suprême de tous que la prescription acquisitive.

Si des vices du consentement on passe à ceux qui peuvent entacher la forme du titre lui-même, on arrive à des constatations similaires.

On a cité sur ce sujet, à la sous-commission juridique

(1) Article 7 : « L'action résolutoire établie par l'article 1654 du code Napoléon, ne peut être exercée après l'extinction du privilège du vendeur, au préjudice des tiers qui ont acquis des droits sur l'immeuble du chef de l'acquéreur, et qui se sont conformés aux lois pour les conserver. »
(2) Magnin, op. cit., p. 36, 37.

du cadastre, dans la séance du 5 novembre 1891, le fait suivant. Un particulier, en possession d'un immeuble depuis de longues années, le vendit à un tiers. Son titre d'acquisition consistait en une institution contractuelle dont il produisit l'expédition à l'acheteur. Il devint nécessaire plus tard de se référer à la minute de celle-ci, et l'on constata que l'un des témoins n'avait pas signé un des renvois. Successivement la Cour de Besançon et la Cour de Cassation déclarèrent cette nullité de forme opposable à l'acheteur qui aurait pu consulter la minute ; il fut évincé (1). Ces arrêts étaient légaux. Etaient-ils justes ? c'est autre chose. Ici encore on peut dire sans crainte : « *Summum jus, summa injuria !* »

La nullité peut résulter encore de l'incapacité des parties contractantes. Il est aisé de constater qu'il est trop facile de tromper les tiers. La loi du 10 juillet 1850 rend bien certains services. J'ai eu pourtant l'occasion d'indiquer plus haut son insuffisance (2). Celle du 16 Mars 1893, dont j'aurais plus tard à exposer l'économie, tente un premier essai du casier civil en matière d'interdiction et de conseil judiciaire.

Néanmoins, cette publicité qui, du reste, est avantageuse, est trop incomplète, trop morcelée, trop émiettée, alors surtout que les différents renseignements, capables d'éclairer les tiers, devraient être centralisés en un point unique, au bureau du conservateur des hypothèques par exemple.

Il conviendrait également de rendre publiques l'inaliénabilité et l'indisponibilité frappant certains immeubles. L'article 678 du Code de procédure, qui ordonne la trans-

(1) Procès verbaux du Cadastre F. II, p. 107.
(2) Voir plus haut p. 88.

cription de la saisie immobilière, constitue une très sérieuse publicité. Mais pourquoi ne rend on pas aussi publique, la dotalité par exemple. La loi du 10 juillet 1850 annonce bien qu'un contrat notarié a précédé le mariage, mais elle n'indique ni le régime adopté, ni les immeubles qu'il atteint, ce qui est un tort grave.

Et le jugement déclaratif de faillite (1), tout comme celui prononçant l'ouverture de la liquidation judiciaire (2), quelle publicité leur donne-t-on? Je sais bien qu'il y a les affiches à la quatrième page des journaux, ainsi qu'au Tribunal de Commerce. Mais les lit-on? C'est ce qu'il faudrait démontrer. En tout cas, une identité de situation commandait une publicité semblable, et il est permis de regretter que le législateur ne l'ait pas compris.

Les actions en rescision pour cause de lésion, prévues par la loi, aux cas de vente ou de partage, ne sont pas non plus portées à la connaissance des tiers. On sait que la rescision de la vente peut être demandée, si la lésion dépasse les sept douzièmes, aux termes de l'article 1674 (3). Il est à croire, toutefois, que le cas se présentera assez rarement.

Mais pour le partage ordinaire où la lésion, pour donner ouverture à l'action, n'a besoin que d'être du quart (4), et pour le partage d'ascendant dont la loi

(1) Article 446 Code de Commerce.
(2) Article 5, loi du 4 mars 1889.
(3) Article 1674 : « Si le vendeur a été lésé de plus de sept douzièmes dans le prix d'un immeuble, il a le droit de demander la rescision de la vente quand même il aurait expressément renoncé dans le contrat à la faculté de demander cette rescision et qu'il aurait déclaré donner la plus value ».
(4) Article 887 . « Les partages peuvent être rescindés pour cause de violence ou de dol. Il peut aussi y avoir lieu à rescision lorsqu'un des cohéritiers établit à son préjudice une lésion de plus du quart. La simple omission d'un objet de la succession ne donne pas ouverture à l'action en rescision, mais seulement à un supplément de l'acte de partage. »

autorise la rescision pour cause de lésion au cas où un des copartageants a reçu du disposant « *un avantage plus grand que la loi ne le permet* » (1), la situation des tiers est assez critique et l'on reconnaîtra aisément que sur ce point encore la publicité devrait être plus développée.

En résumé, les actions en revendication, nullité ou rescision sont nombreuses. M. Besson cite la statistique du ministère de la justice pour l'année 1887 qui accuse les chiffres suivants :

		NOMBRE DES	
		Actions	Jugements
Donations	Nullités. .	190	108
	Réductions.	64	47
	Révocations	328	259
Rescisions de partage		97	60
Révocations de vente de biens dotaux		18	9
Revendications de la propriété foncière...		1.602	1.038
		2.299	1.521

Comme le dit très bien, cet estimable auteur « il ne faut pas se borner simplement à considérer le chiffre des actions admises ; il est déjà du reste suffisamment éloquent par lui-même. Il faut aussi faire attention que chacune de ces actions admises réfléchit sur pas mal d'ayant droit. Non seulement le propriétaire actuel est atteint, mais encore tous les tiers intéressés risquent de l'être, de telle sorte que le chiffre des victimes de l'insuffisance de notre publicité foncière sur ce point, est bien supérieur à celui des actions admises par les tribunaux (2). »

(1) Article 1079 : « Le partage fait par l'ascendant pourra être attaqué pour cause de lésion de plus du quart. Il pourra l'être aussi dans le cas où il résulterait du partage et des dispositions faites par préciput, que l'un des copartagés aurait un avantage plus grand que la loi ne le permet ».
(2) Besson *op. cit.* p. 160.

Les chiffres donnés à la sous-commission juridique du cadastre, concordent sensiblement avec ceux fournis par M. Besson. M. Neymarck a dit qu'il ressortait des statistiques qu'en 1879 il y a eu 1.703 procès en revendication portant sur une valeur de 8 millions de biens, et qu'en 1886 il y en a eu 2.004 portant sur une valeur de 16 millions (1).

III. — **Publicité des Charges.** — 1o *Charges en général.*

La loi du 23 mars 1855, a poussé plus loin, non seulement que le Code Civil, mais même que la loi de Brumaire an VIII, la publicité des charges.

Alors que celle-ci ne prévoyait que la transcription des droits réels susceptibles d'hypothèque, la loi de 1855 dans son article 2 a ordonné la transcription de :

1o Tout acte constitutif d'antichrèse, de servitude, d'usage et d'habitation ;

2o Tout acte portant renonciation à ces mêmes droits ;

3o Tout jugement qui en déclare l'existence en vertu d'une convention verbale ;

4o Les baux d'une durée de plus de 18 années ;

5o Tout acte ou jugement, constatant même pour bail de moindre durée, quittance ou cession d'une somme équivalente à trois années de loyer ou fermage non échues.

On voit que la transcription s'applique aux baux d'une certaine durée ainsi qu'aux cessions anticipées de loyer, bien qu'il s'agisse ici d'après l'opinion générale, de droits personnels. Ce système est très recommandable. Un bail fort long peut en effet constituer pour un acquéreur une charge bien gênante, et la loi a agi très sagement en en

(1) Procès verbaux du cadastre. Fas. II, p. 202.

ordonnant la publicité par le moyen de la transcription.

Quant aux cessions de loyers, elles constituent une dépréciation certaine pour l'immeuble qu'elles affectent, et leur publicité au moyen de la transcription s'imposait également.

L'article 2 de la loi du 23 mars 1855 ne s'est pas préoccupé de la publicité de l'usufruit puisque l'article premier la visait déjà (1).

A ce sujet, il est curieux de remarquer en passant que si l'usufruit au lieu d'être constitué entre vifs, à titre onéreux ou à titre gratuit par donation, l'était par testament ou par succession, il n'aurait pas à être transcrit. Les tiers seraient censés en avoir connaissance sans le secours d'aucune publicité. Il semblerait toutefois qu'une identité de situation commandait une solution pareille. Il est donc permis de se demander le motif de cette inconséquence légale.

Le législateur a fort bien fait de soumettre à la publicité le bail, bien que d'après l'opinion générale il soit un droit personnel(2). Il est évident qu'au dessus d'une certaine limite, il constitue sinon une diminution de valeur pour l'immeuble, du moins une gêne parfois sérieuse pour celui qui voudrait s'en porter acquéreur. Il y aurait lieu, dans la réforme à venir, de considérer notamment si la limite fixée par·la loi du 23 mars 1855 n'est pas un peu trop éloignée. 18 ans, c'est une période beaucoup trop longue. Aussi les divers projets de réforme et notamment celui de M. Darlan, dans le paragraphe 2

(1) Article 1er. « Sont transcrits · 1º Tout acte entre vifs translatif de propriété immobilière ou de droits réels susceptibles d'hypothèques »
(2) Comparez Baudry Lacantinerie, *précis*, T. III, p. 439, Cass, 16 juin 1880 S. 80.1.455, D 80.1.428, Lyon 1er juillet 1881 S. 83.2. 212, D. 82.2. 231.

de l'article 1ᵉʳ, demandent-ils la transcription des baux supérieurs à 12 années, soit par leur terme originaire, soit par l'époque fixée pour leur renouvellement. Ce délai serait bien préférable. A l'heure actuelle, en effet, les mutations d'immeubles sont très fréquentes et de longs baux peuvent gêner les acquéreurs à venir. La publicité donnée aux baux de 12 années, serait donc bien accueillie du public.

Ce que je viens de dire peut, à plus forte raison, s'appliquer aux cessions de loyer. Le projet Darlan dans le paragraphe 3 de l'article Iᵉʳ, réduit à la valeur d'un an de loyer, le taux des cessions devant être transcrites. C'est avec beaucoup de raison, car ces cessions peuvent diminuer d'une manière très appréciable, la valeur réelle qu'un acquéreur attribue à l'immeuble qu'il traite. La transcription l'éclairera ainsi pleinement à ce sujet.

2° *Privilèges et hypothèques.* — Alors que les actes à transcrire peuvent être indifféremment authentiques ou sous seing privé, le législateur a exigé par l'article 2127 (1), que les actes constitutifs d'hypothèque soient authentiques.

Mais, par une inconséquence digne de remarque, quand il s'agit de mettre en œuvre cet acte constitutif d'hypothèque, de dresser les deux bordereaux dont le conservateur copiera le contenu sur son registre d'inscriptions, la loi se désintéresse alors complètement de ceux qui en feront la rédaction. Elle n'exige même pas qu'ils soient signés par le créancier. La seule condition relative à la

---

(1) Article 2127 « L'hypothèque conventionnelle ne peut être consentie que par acte passé en forme authentique devant deux notaires ou devant un notaire et deux témoins. »

forme des bordereaux est qu'ils soient sur papier timbré, aux termes de l'article 2148, 2ᵉ alinéa (1).

J'ai indiqué que la transcription consistait dans la copie littérale de la pièce soumise au Conservateur ; ici l'inscription n'est qu'une copie analytique. Raison de plus, il me semble, pour que cette analyse, qui doit comprendre tous les points essentiels de l'acte d'obligation soit bien rédigée, et nouveau motif pour se demander la raison de la négligence de la loi sur ce point si important.

Ceci dit, je passe à la publicité que le Code donne aux privilèges et aux hypothèques. Personne n'en conteste plus aujourd'hui, ni la nécessité, ni les avantages. Les tiers ont besoin d'être très exactement renseignés sur le montant de ces charges qui peuvent diminuer et même parfois réduire à néant l'entier patrimoine immobilier de leur débiteur.

Mais la publicité a besoin d'être aidée de la spécialité. Celle-ci peut s'envisager à un double point de vue. Il y a en premier lieu la spécialité dans l'acte constitutif d'obligation. Elle a ici un rôle bien tranché et très favorable au débiteur. Elle ménage son crédit en cantonnant la garantie qu'il fournit. Elle favorise également le créancier puisqu'elle lui assigne un gage particulier et certain. Le Code dans l'article 2129 (2) vise cette première acception de la spécialité.

La spécialité peut encore se concevoir dans l'inscription.

(1) Article 2148, 2ᵉ alinéa : « Il y joint deux bordereaux écrits sur papier timbré dont l'un peut être porté sur l'expédition du titre. »

(2) Article 2129 « Il n'y a d'hypothèque conventionnelle valable que celle qui, soit dans le titre authentique constitutif de la créance, soit dans un acte authentique postérieur, déclare spécialement la nature et la situation de chacun des immeubles actuellement appartenant au débiteur sur lequel il consent l'hypothèque de la créance. Chacun de tous ses biens présents peut être nominativement soumis à l'hypothèque. »

Qu'elle soit un élément de publicité, c'est-à-dire qu'elle existe dans l'intérêt des tiers, c'est incontestable. Mais elle est surtout utile à l'emprunteur. Elle ménage son crédit en annonçant aux tiers l'étendue de la brèche qui a été faite dans son actif immobilier.

Ces quelques réflexions étaient nécessaires avant d'entreprendre l'étude de notre régime hypothécaire.

Je parlerai d'abord des privilèges. En principe, ils ne se conservent que s'ils ont été rendus publics par l'inscription sur les registres du conservateur (1).

Cette règle, absolue au point de vue de l'exercice du droit de suite, comporte des limitations en ce qui concerne le droit de préférence.

De plus, l'inscription prise pour la conservation du droit de préférence du privilège, si elle l'a été dans les délais fixés par la loi (2), rétroagit pour produire effet à dater du jour de la naissance du privilège. Aussi les hypothèques inscrites *medio tempore*, seraient-elles primées par ce dernier.

Par exception, les privilèges généraux de l'article 2101, quand ils portent sur les immeubles, le mobilier étant insuffisant, sont dispensés de toute inscription (3).

(1) Confer article 2106 . « entre les créanciers, les privilèges ne produisent d'effet à l'égard des immeubles, qu'autant qu'ils sont rendus publics par une inscription sur les registres du conservateur... »

(2) D'après l'article 2109, le privilège des cohéritiers ou copartageants, se conserve par l'inscription dans les 60 jours de l'acte de partage ou de la licitation. Le délai est de 6 mois pour le privilège de séparation des patrimoines aux termes de l'article 2111.

Le privilège des architectes se conserve par l'inscription des deux procès verbaux, le premier constatant l'état des lieux avant les travaux, le second procédant à la réception des dits travaux.

(3) Article 2107 : « Sont exceptés de la formalité de l'inscription les créances énoncées en l'article 2101 ». Ce sont . les frais de justice, les frais funéraires, les frais de dernière maladie, qu'elle qu'en ait été la terminai-

On en a donné comme raison, que les bénéficiaires de
ces privilèges sont particulièrement intéressants et ne
sont en général créanciers que de sommes modiques. « Il
y a des engagements, disait Bigot-Préameneu, qui par
leur objet ou des principes d'humanité ou de justice, doivent être exécutés de préférence aux autres conventions, et
conséquemment aux hypothèques qui en sont l'accessoire.
Ce sont les créances qui par ces motifs sont mises comme
privilégiées dans une classe à part. Il faut qu'à cet égard
les règles de l'équité soient aussi impérieuses que certaines, puisqu'elles se retrouvent dans les temps et dans
tous les Codes (1) ».

Parmi les privilèges spéciaux sur les immeubles, le
privilège des entrepreneurs et ouvriers est celui dont la
publicité est organisée de la manière la plus sage quoiqu'incomplète. C'est l'article 2103 qui le règlemente (2).

Le privilège résulte de deux rapports d'experts dressés,
l'un *préalablement* aux travaux comme dit le Code, et

son, les salaires des gens de service pour l'année échue et ce qui leur est dû
sur l'année courante, enfin les fournitures de subsistances faites au débiteur
et à sa famille, savoir pendant les six derniers mois pour les marchands en
détail, tels que boulangers, bouchers et autres, et pendant la dernière année
pour les maîtres de pensions et marchands en gros

(1) Raveton citant Fenet T. XV, p 225.

(2) Article 2103. « Les créanciers privilégiés sur les immeubles sont· . ..
4° les architectes, entrepreneurs, maçons et autres ouvriers, employés pour
édifier, reconstruire ou réparer, des bâtiments canaux ou autres ouvrages
quelconques, pourvu néanmoins que par un expert nommé d'office par le
Tribunal de première instance dans le ressort duquel les bâtiments sont
itués, il ait été dressé préalablement un procès-verbal à l'effet de constater
l'état des lieux relativement aux ouvrages que le propriétaire déclarera
avoir dessein de faire, et que ces ouvrages aient été dans les six mois au
plus de leur perfection, reçus par un expert également nommé d'office
Mais le montant du privilège ne peut excéder le montant des valeurs
constatées par le second procès-verbal, et il se réduit à la plus-value existante à l'époque de l'aliénation de l'immeuble et résultant des travaux
qui y ont été faits ».

l'autre une fois les travaux achevés. Il porte sur la plus-value procurée par les travaux.

Les privilèges garantissant les sommes dues à l'Etat ou aux concessionnaires en matière de dessèchement des marais (1) ou de drainage (2), sont à certains points de vue, analogues à celui des architectes. Ils ne prennent naissance qu'à dater du décret ordonnant le dessèchement ou le drainage ou de l'arrêté de concession.

La publicité de ces privilèges est donc suffisante pour les tiers, mais il n'en est pas de même pour les autres.

Le privilège de séparation des patrimoines (3) est conservé, pourvu que les créanciers et légataires prennent inscription dans les six mois de l'ouverture de la succession.

Le privilège des copartageants (4) peut être inscrit dans les 60 jours de l'acte de partage ou du jugement d'adjudication sur licitation.

Les privilèges du Trésor sur les immeubles acquis par les comptables de deniers publics au cours de leur gestion, et sur les biens des condamnés pour le recouvrement des frais de justice en matière criminelle, se conservent par une inscription prise dans les deux mois à dater soit de l'enregistrement des acquisitions faites par le comptable, soit des jugements de condamnation.

Quant au privilège du vendeur d'immeubles, il est conservé par la transcription du contrat et par l'inscription d'office que le conservateur est tenu de prendre aux termes de l'article 2108. Or comme cette trans-

(1) Loi du 16 septembre 1807.
(2) Loi du 17 juillet 1856.
(3) Article 2111.
(4) Article 2109.

cription peut s'opérer valablement tant que l'immeuble demeure entre les mains de l'acquéreur, il peut se faire qu'il s'écoule un temps fort long, entre le jour où le privilège est né, soit le jour de la vente, et celui où il est rendu public, soit le jour de la transcription.

Poursuivant mon exposé, j'arrive maintenant à la publicité hypothécaire. Il s'en faut que la règle de la publicité ainsi que celle de la spécialité soient rigoureusement observées.

Pour l'hypothèque conventionnelle, ces principes sont suffisamment respectés. Cependant à l'occasion on leur a fait quelques brèches. Ainsi, l'article 2130 autorise l'hypothèque des biens à venir en cas d'insuffisance dûment exprimée des biens présents. L'acte constitutif d'hypothèques, je l'ai déjà dit, doit être authentique (1). Quant aux bordereaux, ils doivent satisfaire aux conditions énumérées dans l'article 2148, c'est-à-dire être rédigés sur papier timbré, et contenir les nom, prénoms, profession et domicile du créancier, son élection de domicile, les nom, prénoms, profession et domicile du débiteur, la date et la nature du titre, le montant du capital des créances exprimées dans le titre ou évaluées par l'inscrivant, l'indication de l'espèce et de la situation des biens fournis en hypothèque.

Mais il n'en est plus de même pour l'hypothèque légale et l'hypothèque judiciaire.

La première, établie en faveur des femmes mariées, des mineurs et des interdits, est dispensée de toute inscription, soit quant au droit de préférence, soit quant au droit de suite. Elle est générale et occulte.

---

(1) Article 2127.

Alors que sous l'empire du Code civil, cette dispense était perpétuelle, l'article 6 de la loi du 23 mais 1855, à l'imitation de l'Edit de Colbert de 1673, on a ordonné l'inscription dans l'année qui suit la cessation de l'incapacité du bénéficiaire de l'hypothèque légale. Enfin, l'article 9 de la même loi, complétée par celle du 13 février 1889, a organisé la publicité des cessions de l'hypothèque légale de la femme mariée et des renonciations à cette même hypothèque.

Certaines personnes sont bien invitées par le Code à faire inscrire cette hypothèque légale (1). L'intention est certes louable, mais dans la pratique on n'y correspond guère. La disposition pour être à l'honneur des principes, reste généralement lettre morte, les maris, tuteurs et subrogés-tuteurs, se gardant bien d'accomplir une formalité qui du moins pour les deux premières catégories de ces personnes, nuirait à leur crédit. Aussi la loi a-t-elle dû organiser une purge spéciale pour faire apparaître ces hypothèques légales. Ce sont les articles 2193 et 2194 qui l'ont prévue. Sans anticiper toutefois sur la critique que j'aurais à en faire plus loin, je puis dire que cet expédient bien que coûteux, est plutôt platonique, puisqu'il fait apparaître à peine une inscription sur 500 procédures de purge, en moyenne.

M. Ferron rapporte sur ce sujet un fait qui démontre très bien, que le Gouvernement lui-même ne s'est jamais fait illusion sur les mérites de la purge des hypothèques légales. « Quand on discutait, dit-il, la loi du 3 mai 1841, sur l'expropriation pour cause d'utilité publique, le gouvernement demandait que pour l'Etat la purge des hypo-

(1) Articles 2136, 2137, 2138.

thèques légales fût facultative dans tous les cas. MM. Persil et Barthe s'y opposaient. Ils représentaient qu'on ne pouvait exposer l'Etat au danger de payer deux fois. Le Commissaire du Roi, répondit alors que depuis 27 ans on avait acheté pour 100 millions de biens et qu'on n'avait été exposé à payer une seconde fois que 10.000 francs, tandis que l'on aurait dépensé plus de 6 millions pour remplir les formalités de la purge » (1).

L'hypothèque judiciaire, prévue par l'article 2123, résulte, soit des jugements de condamnation, soit des jugements de reconnaissance d'écriture, soit enfin des sentences arbitrales. Elle est générale, mais elle doit être inscrite. Elle arrive à créer, à l'encontre de la loi, une véritable cause de préférence au profit de créanciers chirographaires qui devraient être traités comme leurs pareils.

Tel est, esquissé en quelques mots rapides, le fonctionnement de notre régime foncier. J'ajouterai au point de vue spécial de l'inscription hypothécaire que ses effets, sont temporaires. L'inscription, en effet, est périmée au bout de 10 ans. Si elle n'est pas renouvelée dans les délais, les inscriptions suivantes avancent d'un rang. C'est pour parer à ce danger que le décret organique du Crédit Foncier de 1852, a dispensé du renouvellement décennal toutes les inscriptions prises au profit de cet établissement financier.

Les effets de la transcription, par contre, se manifestent toujours. Une fois accomplie, elle n'a plus besoin d'être renouvelée.

En indiquant sommairement, le mécanisme de notre

(1) Ferron, *op., cit.*, p. 194, note 1.

organisation hypothécaire, j'ai déjà laissé entrevoir quels sont les principaux reproches qu'on lui adresse.

Je vais maintenant les reprendre un à un avec quelques détails.

En ce qui concerne les privilèges, tout d'abord, il est permis de se demander le motif pour lequel les privilèges généraux de l'article 2101, en tant qu'ils portent subsidiairement sur des immeubles, sont dispensés de toute publicité.

On dit bien : ce sont des créanciers particulièrement intéressants qui les obtiennent ; le privilège que la loi leur donne garantit une somme minime. Si on les forçait à accomplir les formalités coûteuses de la publicité, leur gage risquerait d'en être considérablement amoindri.

A tout cela la réponse est facile. Que ces créanciers soient particulièrement intéressants, je suis le premier à le reconnaître, mais j'estime, en tous cas, que des créanciers hypothécaires inscrits le sont encore davantage. Pourquoi dans ces conditions là, les premiers passeraient-ils sur le corps des seconds pour être payés de préférence à ceux-ci sans avoir besoin de prendre aucune inscription ? C'est là, diminuer sans droit et par une pure raison de sentiment, les garanties que des créanciers hypothécaires sérieux ont justement stipulées. J'admets très volontiers aussi que les différentes sommes garanties par ces privilèges sont minimes. Mais il peut se faire que les créanciers ayant privilège en vertu de l'article 2101, soient nombreux, et dans ces conditions là, la somme globale qu'ils prélèveront risquera d'être importante. En ce qui concerne les frais, l'objection atteint plutôt le législateur ; c'est à lui qu'il faut s'adresser pour en obtenir la réduction. On voit donc qu'en définitive l'objection ne porte pas. La Faculté de Paris, dans la grande enquête de 1841, avait bien raison de demander une retouche de la loi sur ce point.

La loi belge de 1851 a heureusement résolu le problème. Les créanciers munis d'un privilège général, s'il y a insuffisance de l'actif mobilier, ne peuvent se faire payer sur le prix des immeubles, qu'une fois les créanciers hypothécaires désintéressés. Il n'y a d'exception que pour le privilège des frais de justice, qui ne peut être opposé, en tout cas, qu'aux créanciers dans l'intérêt duquel les frais de justice ont été faits.

En ce qui concerne maintenant le privilège du vendeur, il semble au premier aspect, qu'il n'y ait rien à reprocher à la loi. Elle en a, en effet, assuré la publicité par un double moyen, la transcription de la vente et l'inscription d'office.

Ce système a néanmoins des inconvénients. Tout d'abord, alors que la transcription une fois accomplie, n'a plus besoin d'être renouvelée, l'inscription, même d'office, ne conserve son effet que pendant dix ans (1). Ceci dit, et comme j'ai déjà eu l'occasion de le faire observer, le vendeur peut, tant que l'immeuble demeure entre les mains de son acheteur, en faire opérer la transcription et l'inscription d'office. Il faut, bien entendu, qu'il ne soit survenu aucun des événements arrêtant le cours des inscriptions, la mort du débiteur suivie de l'acceptation bénéficiaire de sa succession, sa faillite ou encore la revente de l'immeuble. Si donc aucun de ces trois événements ne s'est produit, le vendeur peut faire

___

(1) Baudry Lacantinerie et de Loynes. *Privilèges et hypothèques*, T. III, n° 1751, p. 73, Dalloz *suppl. au Rép.* V°, priv. et hyp., n°s 351 et 352.

opérer la transcription de la vénte qu'il a faite. Il conservera ainsi son privilège. Bien plus ce privilège rétroagira au jour où la vente a eu lieu et primera toutes les hypothèques consenties *medio tempore*. Les créanciers hypothécaires se verront donc primés par une inscription de privilège qu'ils étaient en droit d'ignorer complètement. Il est aisé de reconnaître que dans de pareilles hypothèses, la rétroactivité qui est de l'essence même du privilège, nuit considérablement au crédit public.

Un inconvénient de même nature, moins important, mais qui existe cependant, se retrouve dans les privilèges des copartageants et de séparation des patrimoines. Ils doivent, sous peine de dégénérer en hypothèques légales ne prenant alors rang qu'à leur date d'inscription, être inscrits le premier dans les soixante jours du partage, et le second dans les six mois du décès.

Mais ces délais sont encore bien longs, et les tiers créanciers peuvent, malgré toutes leurs précautions, se voir primés par un privilège de cette nature qu'il leur était absolument impossible de prévoir. De plus les actes, qui donnent naissance à ces privilèges restant occultes, il est aisé de comprendre que les tiers sont complètement désarmés.

Si l'on passe maintenant aux hypothèques, il est facile de voir que malgré les bonnes intentions du législateur les principes fondamentaux de publicité et de spécialité sont souvent sacrifiés.

Tout d'abord, comme je l'ai indiqué plus haut, alors que la loi se montre d'une sévérité sinon excessive, du moins inconséquente, en exigeant le caractère authentique pour l'acte constitutif d'hypothèque, elle laisse les parties libres de rédiger comme elles l'entendent les deux bordereaux qui constituent la mise en œuvre de l'acte d'obligation et en provoquent la publicité. La loi n'exige pas même que le créancier signe le bordereau. On me dira : ce sont les notaires qui les rédigent; de quoi vous plaignez-vous dans ces conditions-là? Fort bien! Mais on sait comment cela se passe en pratique. Ce sont des clercs, parfois inexpérimentés, qui les dressent, et avec l'interprétation draconienne que fait la jurisprudence de l'article 2148, il est aisé de prévoir ce qui peut arriver, et ce qui arrive malheureusement trop souvent.

Ensuite, il est permis de se demander pourquoi aux termes de l'article 2154, les inscriptions de privilèges et d'hypothèque se périment-elles au bout de 10 ans (1). Ne vaudrait-il pas mieux qu'elles produisissent leur effet, tant que dure l'obligation hypothécaire tant que la somme prêtée n'a pas été remboursée? Il semblerait plus logique que le droit du créancier fût conservé aussi longtemps, par l'acte d'obligation hypothécaire, que par sa mise en œuvre. Après tout un renouvellement d'inscription n'ajoute rien à la publicité première. « Théoriquement, ont dit de savants auteurs, on ne comprend pas la nécessité de la réitération de cette formalité. Le renouvellement d'une inscription n'ajoute rien à la publicité primitivement opérée : il n'y a pas lieu de le prescrire » (2).

On justifie pratiquement la péremption décennale, en disant qu'elle constitue un moyen commode d'arriver

---

(1) Article 2154. « Les inscriptions conservent l'hypothèque et le privilège pendant 10 années à compter de leur date. Leur effet cesse, si ces inscriptions n'ont pas été renouvelées avant l'expiration de ce délai. »

(2) Baudry Lacantinerie et de Loynes, *op. cit.*, T. iii, No 1748.

à la radiation des inscriptions hypothécaires. On ajoute que sans elle, les conservateurs auraient eu une responsabilité écrasante, obligés qu'ils auraient été de remonter indéfiniment dans leurs recherches.

Mais les partisans de la péremption décennale ne font pas attention que leur première observation est la condamnation même du système. Si, en fait, la péremption supplée parfois à la radiation effective, il n'en est pas moins vrai que le registre du conservateur demeure chargé de la dite inscription une fois les 10 ans écoulés. Or, ne serait-il pas préférable d'opérer une véritable radiation dont les frais du reste seraient minimes, que de s'en rapporter à ce système essentiellement primitif, où l'inscription, bien que périmée, demeure toujours sur le registre du conservateur et embarrasse les recherches qu'il peut avoir à faire.

On ajoute, ai-je dit, que si la péremption décennale des inscriptions n'existait pas, les recherches seraient sinon impossibles du moins dangereuses pour les conservateurs, à cause des responsabilités qu'ils encourraient. Ceci est, je crois, une erreur; je n'en veux pour preuve que ce que disait à la séance du 16 Juillet 1891 de la sous-commission juridique du Cadastre, un conservateur dont les travaux sur la matière font autorité, M. Flour de St-Genis. « Les inscriptions périmées, dit-il, ne figurent pas dans les états. Quant à l'encombrement supposé des registres, ce n'est nullement un embarras pour la manutention hypothécaire, et le principe du non renouvellement s'il était voté, serait au contraire une simplification. D'ailleurs, si l'on adopte les Livres Fonciers, il faudra bien se résoudre à rendre obligatoire la radiation d'une inscription dont la cause serait éteinte. Il n'est pas de quittance qui ne soit suivie de mainlevée. Si la radiation n'est pas requise, la faute en est aux notaires qui devraient être rendus responsables de leur négligence à terminer le règlement d'une affaire pour économiser des frais dont la plupart du temps, il leur a été tenu compte. Des débiteurs libérés n'ont-ils pas tout intérêt à ce que leur situation soit nette (1). »

Mais il y a mieux. Le décret de 1852 dispense le Crédit Foncier du renouvellement décennal à cause des chances des pertes qu'il pourrait ainsi courir. Il est alors permis de dire, que s'il y a des faveurs et des avantages pour un puissant établissement de finance qui, mieux que personne, peut s'entourer de toutes les garanties voulues, il semblerait juste qu'il en fût de même pour les simples particuliers. Si donc les conservateurs peuvent, sans danger pour eux, faire des recherches pour le Crédit Foncier, dont les inscriptions, je le reconnais, sont marquées d'un signe spécial, pourquoi ne les feraient-ils pas aussi pour les simples particuliers ?

On nous dit que les recherches seraient presque impossibles si elles s'étendaient à toutes les inscriptions et que la situation des conservateurs serait intenable à cause de leur responsabilité.

Mais la phrase de M. Flour de St-Genis, mieux placé que personne pour en connaître, s'inscrit en faux contre cette assertion.

Si néanmoins les partisans de la péremption décennale persistent dans leur aveu, j'en prends volontiers bonne note. Je puis dire que si les conservateurs, chargés de tenir à jour les registres hypothécaires ne peuvent utilement les dépouiller sans danger pour dresser un état,

(1) Procès verbaux du Cadastre, F. I, p 298.

c'est que notre régime hypothécaire doit être bien inférieur sur ce point, puisque l'on en avoue ouvertement l'insuffisance.

Un autre de ses vices et non des moindres, consiste dans l'absence de spécialité pour les hypothèques légales et judiciaires et de publicité pour les premières.

Les hypothèques légales, on le sait, sont destinées à protéger les incapables, femmes mariées, mineurs, interdits, etc. Or, qui veut trop protéger ne protège rien du tout. Le législateur du Code a jugé nécessaire à la sûreté des incapables de leur donner hypothèque sur tous les biens présents et à venir de leurs représentants légaux.

Bien que plusieurs personnes fussent invitées par la loi à procéder à l'inscription des hypothèques légales, aucun terme de rigueur n'était assigné à cet effet. C'est l'article 8 de la loi du 23 mars 1855 qui, à l'exemple de l'édit de 1673, a enjoint aux incapables, à leurs héritiers ou ayants cause, de prendre inscription dans l'année qui suit la cessation de leur incapacité. Prise dans ces délais, l'hypothèque retroagit, pour le mineur au jour de l'ouverture de la tutelle, pour la femme au jour du mariage, ou à différentes dates en cours du mariage, dans le détail desquelles je n'ai pas à rentrer ici. Si l'inscription n'est pas prise dans ces délais, elle ne rétroagit pas et ne date plus à l'égard des tiers que du jour où elle a été inscrite.

Il est facile de se rendre compte de la brèche importante que l'hypothèque légale fait au Crédit Public. Avec son caractère de clandestinité et de généralité, elle grève à l'état de charge occulte la moitié du sol de la France.

J'aurai à étudier plus tard les diverses solutions qui ont été proposées pour remédier à cet état de choses.

8

J'en dirai autant de l'hypothèque judiciaire. Elle surtout, a fait son temps. Elle constitue en faveur du créancier chirographaire qui avait dédaigné tout autre sûreté en contractant avec son débiteur, un privilège vraiment trop fort.

J'aurai, du reste, plus loin, à l'apprécier à son juste mérite.

IV. — **Organisation pratique de la publicité.** — Après avoir exposé d'une manière sommaire comment notre Code entend la publicité, des transferts, des causes de résolutions, des charges, des privilèges et des hypothèques, après en avoir fait également la critique impartiale, il me reste maintenant à indiquer et apprécier la mise en œuvre de cette publicité, son organisation pratique

L'esprit conçoit à priori deux types de mise en œuvre de la publicité foncière. Le premier, appliqué en Allemagne, et que j'exposerai plus loin, fait graviter autour de l'immeuble qui reste immuable, tous les actes constitutifs, déclaratifs, modificatifs le concernant. Chaque fond de terre est immatriculé sur un livre terrier dénommé " *Livre Foncier* ", en concordance constante avec le cadastre ; c'est sur lui que la publicité s'opère et par lui que l'on arrive à la connaissance du propriétaire. *C'est la publicité réelle.* On peut aussi concevoir un second système où tout serait ramené à la personne, au nom du propriétaire, où les différents actes seraient inscrits sous son nom, et non pas à un compte ouvert à l'immeuble. *C'est la publicité personnelle,* celle du système Français.

Voici comment il est mis en œuvre. Il existe au chef-lieu judiciaire de tout arrondissement, un bureau des hypo-

thèques, où sont centralisées toutes les formalités relatives
à la consolidation des propriétés foncières de l'arrondissement et à la constitution ainsi qu'à la conservation des
privilèges et hypothèques grevant ces mêmes immeubles.

Un conservateur des hypothèques, recruté parmi les
agents de l'Enregistrement, est à la tête de chaque bureau ;
il en assure le service avec l'aide de ses commis.

La publicité, j'ai eu déjà l'occasion de le dire, s'opère
par la transcription ou par l'inscription.

Sont transcrits les actes translatifs et les saisies immobilières. Les privilèges et les hypothèques, ainsi que les
mentions diverses résultant d'actes ou de jugements sont
inscrits.

L'inscription, consistant en un simple extrait analytique,
est bien plus expéditive et moins coûteuse que la

L'acte à transcrire ou à inscrire, dès qu'il est présenté
au conservateur, est mentionné sur un registre tenu à
double, dénommé le *registre des dépôts*. Sa tenue a été
réglementée en dernier lieu par la loi du 5 janvier 1875.
C'est le livre d'entrée des actes. Comme, d'une part, avec
notre système foncier, la transcription et l'inscription ne
peuvent s'opérer instantanément, et que les parties,
d'autre part, ont grand intérêt à ce que les formalités
soient accomplies le plus rapidement possible, pour que
leur rang soit promptement fixé, on a été amené à établir
ce registre des dépôts qui permet de savoir le jour même la
date et le rang des formalités qui ont été effectuées. Chaque soir le conservateur arrête le registre des dépôts.

Le conservateur remet aussitôt à la partie présente
récépissé sur papier timbré à 0 fr. 60 de l'acte à transcrire
ou du bordereau à inscrire, avec indication du volume et

du numéro du registre de dépôt mentionnant la remise (1).

Il existe en outre des registres séparés pour les *transcriptions* d'actes de vente, pour les *transcriptions* de saisie immobilière et pour les *inscriptions hypothécaires*.

Chacune d'elles est inscrite sur le registre qui la concerne, à mesure qu'elle se présente, c'est-à-dire par ordre chronologique.

Mais comme il serait fort difficile, pour ne pas dire impossible, au conservateur de s'y retrouver quand on lui demande un état individuel ou un état sur transcription, la loi du 21 Ventose an VII a mis à son service un répertoire intitulé : *répertoire des comptes individuels*. Le compte établi par nom de personne, est à feuille ouverte. La page gauche énumère les titres de transfert, les antichrèses et les saisies, et la page droite contient les inscriptions d'hypothèque. Une ligne est consacrée à chaque mention, qui indique, s'il s'agit d'une vente, le prix, le numéro du registre où la transcription a été opérée, le numéro du registre contenant l'inscription d'office, etc.; s'il s'agit d'une créance hypothécaire, le montant de la somme garantie, le numéro du registre contenant l'inscription, etc.

Mais pour le service de ce répertoire, deux autres registres sont nécessaires : *la table alphabétique des noms* et le *registre indicateur des noms patronymiques*.

Tels sont les rouages, plutôt compliqués, on en conviendra, de notre régime hypothécaire.

Tous les registres sont en papier timbré ; les réquisitions d'état, les bordereaux également.

Si maintenant, je désire, par exemple, connaître les

(1) Art. 2200, 2° paragraphe modifié par la loi du 5 janvier 1875.

inscriptions hypothécaires de tel immeuble que je viens d'acheter voici comment j'opèrerai. Je ferai tout d'abord procéder à la transcription de mon acte d'acquisition. Celle-ci une fois accomplie, j'adresse au conservateur une *réquisition d'état*. J'indique sur une feuille de papier timbré dont je n'ai qu'à remplir les blancs, l'immeuble dont je requiers l'état, les noms de ses différents propriétaires depuis 30 ans ainsi que celui du propriétaire actuel. Le conservateur recherche sur son registre des noms patronymiques, puis sur sa table alphabétique des noms, les noms du vendeur et de ses auteurs. Il retrouve les pages correspondantes des comptes individuels et là, il voit les indications et références aux registres d'inscription, de transcription ou de saisies immobilières. Il se réfère alors aux volumes et aux numéros indiqués des dits volumes et n'a plus qu'à copier les mentions qu'il y trouve pour dresser l'état demandé. Telle est l'opération qu'il doit faire.

Le conservateur des hypothèques a un rôle essentiellement passif. Il est tenu par les termes mêmes de la réquisition d'état dont il ne saurait s'éloigner. Il n'a pas à s'enquérir de la valeur ou des vices des actes qu'il transcrit ou des bordereaux qu'il inscrit.

Cependant, aux termes de l'article 2198 : « L'immeuble à l'égard duquel le conservateur aurait omis dans ses certificats une ou plusieurs des charges inscrites, en demeure, sauf la responsabilité du conservateur, affranchi dans les mains du nouveau possesseur pourvu qu'il ait requis le certificat depuis la transcription de son titre ».

Le système Français est à la fois plus large et plus étroit que les systèmes Allemand et Australien dont j'indiquerais plus loin le fonctionnement au point de vue spécial de la communication des renseignements fonciers.

Il est plus large, en ce qu'il n'y a besoin de justifier d'aucun intérêt juridique, pour connaître les mentions contenues dans tel ou tel volume. Il n'y a qu'à dresser une réquisition d'état à cet effet.

Mais il est plus étroit, en ce que la communication directe des registres n'existe pas comme en Allemagne ou en Australie, mais se fait par l'intermédiaire de réquisitions auxquelles accède le conservateur.

Ce procédé est fort long. Dans les villes importantes où les conservations sont chargées, il faut parfois attendre un mois et plus avant d'obtenir des états. D'autre part, notre système est très coûteux. En effet, le conservateur, devant mentionner dans un état toutes les inscriptions grevant un immeuble, remplit souvent un nombre très respectable de feuilles de papier timbré, si surtout il rencontre en chemin une inscription au profit du Crédit Foncier. De la sorte, la somme à verser est tout à fait hors de proportion avec le service rendu.

Aussi les parties s'abstiennent-elles souvent malgré l'avantage qu'elles pourraient en retirer, de demander des états. La connaissance d'une seule inscription, par exemple, leur serait utile ; mais, sachant que le conservateur, les leur délivrera toutes, elles préfèrent se passer d'un état, courir un certain risque, plutôt que de payer plus qu'il ne vaut, un renseignement qui leur serait néanmoins avantageux. En définitive la perte est pour le Trésor qui aurait été plus avisé, en autorisant la délivrance d'états partiels.

Si comme nous l'avons vu, notre régime foncier appelle

deš réformes, il en est de même de son organisation pratique.

Pourquoi tout d'abord, cette double publicité, transcription c'est-à-dire copie littérale pour les actes translatifs, et inscription, soit extrait analytique pour les bordereaux d'hypothèque?

Ce qui est bon dans un cas, doit l'être aussi dans l'autre et l'on se demande avec raison, puisqu'il est reconnu maintenant que dans beaucoup de conservations on ne sait plus où caser les registres, pourquoi l'on n'userait pas pour réaliser la publicité, du seul mode de l'inscription analytique plus court, plus rapide et surtout plus économique.

La publicité, je l'ai déjà dit, et j'aurai l'occasion d'y revenir en étudiant les législations étrangères, peut être basée sur la personne ou sur l'immeuble.

Basée sur l'immeuble, elle a comme lui un caractère de fixité absolue et durable.

Basée sur la personne, elle est comme elle essentiellement relative et temporaire.

Chez nous, la publicité est basée sur la personne. M. Flour de Saint-Genis, la justifie en disant que « dans les pays de race latine c'est autour de l'homme que viennent se grouper tous les accidents de la vie sociale et de la vie civile, le droit de propriété et les différentes manifestations de la fortune n'y étant que les accessoires de l'initiative et de la volonté de l'individu.

Chez les peuples d'origine germanique où les traditions du régime féodal se sont maintenues, c'est l'inverse : le sol est tout, l'homme est l'accident (1). »

(1) Flour de Saint-Genis, *l'hypothèque judiciaire en France et à l'étranger*, p. 33.

Est-ce là, la vraie raison ? C'est possible : Il n'en est pas moins vrai qu'avec cette base, notre publicité est essentiellement complexe et ne joue nullement le rôle qu'on est en droit d'exiger d'elle à l'heure actuelle.

N'est-ce pas une complication inouïe que ces trois répertoires, destinés à s'éclairer l'un et l'autre, et permettant ensuite, Dieu sait au prix de quelles peines, de faire les recherches dans les registres qu'ils indiquent ?

Et puis avec ces registres basés sur la personne on aboutit, dans les grandes villes surtout, à des difficultés souvent inextricables. Les similitudes de noms et de prénoms même parfois, font apparaître sur les états fournis par les conservateurs, des inscriptions qui n'auraient jamais dû y figurer puisqu'elles concernent d'autres personnes et vice-versa.

Le conservateur lui-même est souvent fort embarrassé et pour mettre sa responsabilité à couvert, il préfère que les états contiennent le plus grand nombre d'inscriptions possible.

C'est en vain que dans les réquisitions d'états, les notaires indiquent les différents propriétaires d'un même immeuble depuis 30 ans. Il suffit que le nom d'un seul des intermédiaires manque, ce qui aura lieu par exemple si l'immeuble a été transmis par succession, pour que la généalogie soit interrompue et l'état délivré dans ces conditions nécessairement incomplet.

Il faut bien le reconnaître. Deux choses ont pu jusqu'à l'heure actuelle, rendre moins éclatants les défauts de notre régime foncier : l'attention que les notaires apportent dans la rédaction des actes de vente et aussi les capacités professionnelles des conservateurs. M. Garnier, député au Corps Législatif, le reconnaissait très bien dans la séance du 26 mai 1864. « ...Voilà le secret, disait-il, de la régularité vraiment exceptionnelle, je serais presque tenté de dire extraordinaire, que les conservateurs apportent dans l'accomplissement des formalités hypothécaires. Il réside tout entier dans le choix que l'on fait d'employés d'élite et dans la force morale du corps des fonctionnaires (1). »

Mais si l'on s'en rapporte aux capacités et aux soins des praticiens pour faire fonctionner un système, n'est-ce pas là en prononcer indirectement la condamnation ?

D'autre part, si l'on consulte les conservateurs eux-mêmes, sur l'état juridique d'un immeuble, il n'est pas rare que ceux-ci, malgré toute leur bonne volonté, soient impuissants à fournir les renseignements qu'on leur demande. Je n'en veux pour preuve que ce passage de l'excellent ouvrage que M. Flour de Saint Genis a consacré au *Crédit territorial* : « Il n'est pas de jour dans notre pratique déjà assez longue, dit-il, où des particuliers, ou même des gens d'affaires, ne soient venus nous demander, si telle maison, telle propriété rurale, était ou non grevée d'hypothèque, pour quel chiffre et quelle était sa valeur vénale. A leur grand étonnement, nous étions obligés de leur répondre : nous ne le savons pas. Donnez l'état civil du possesseur actuel de cette maison, ses noms, prénoms, profession et domicile, le nom de sa femme s'il est marié, et nous vous dirons, non pas quelles sont l'origine de propriété et la situation hypothécaire de la maison ou de la terre, que vous voulez acheter ou qu'on vous offre en gage, mais celle de l'individu qui, d'après les

(1) *Moniteur universel*, 1864, p. 773.

registres du bureau, en est le propriétaire apparent. N'est-ce pas le renversement de toute logique ? » (1)

Notre publicité est donc loin d'être parfaite. Elle a encore un défaut très grave surtout par le temps qui court, où la terre se morcelant, s'émiettant de plus en plus, les héritages arrivent à n'avoir qu'une étendue des plus restreintes et une valeur des plus réduites. Les services qu'elle est censée rendre, coûtent trop cher. Tous les registres des bureaux des hypothèques sont en papier timbré. Il en est de même des réquisitions d'état et des récépissés. Les droits fixes viennent se superposer les uns aux autres. Les états délivrés étant généraux, sont fort chers, de telle sorte que les particuliers qui auraient avantage à connaître telle inscription et non pas les autres, se dispensent de les demander parce qu'ils en devinent le coût. De la sorte, en définitive, la perte est pour le Trésor. Les obligations hypothécaires entraînent des frais d'autant plus élevé, que l'importance des prêts est plus faible. Il semblerait logique que le contraire dût exister, et que les frais fussent en proportion du service rendu.

Il est aisé de se rendre compte, à l'aide des statistiques communiquées par M. Neymarck (2) à la sous-commission juridique du Cadastre dans la séance du 23 février 1894,

---

(1) Flour de Saint-Genis, le *Crédit territorial*, p 9.
(2) Le tableau suivant résume l'exercice 1890 :

VALEUR DES PRÊTS	NOMBRE	SOMMES EN MILLIONS
Au dessous de 100 fr.	5.107	475.000
De 101 fr. à 500 fr.	60.550	21.000 000
De 501 fr. à 1.000 fr.	69.200	57.000.000
De 1.001 fr. à 2 000 fr.	67.073	105.000.000
Au dessus de 2.000 fr.	94.000	785.000.000
	295.930	968 475.000

du grand nombre de petits prêts hypothécaires. L'éminent statisticien ajoutait encore : « Les frais sont exagérés. Un petit prêt de 500 fr. et au dessous, coûte 30 ou 35 fr. de frais plus l'intérêt. Quand ces petits prêts hypothécaires sont renouvelés, les frais se renouvellent également... Mêmes dans les départements les plus riches, on trouve des communes où les petits prêts sont renouvelés depuis dix, vingt ou vingt-cinq ans » (1).

J'extrais également du savant ouvrage de M. Besson, dont on ne saurait trop s'inspirer en pareille matière, le tableau suivant, qui montrera d'une manière bien exacte, une des plaies dont souffre le crédit agricole.

		Coût d'une Obligation Hypothecaire de			
		100 fr	300 fr	500 fr	10.000 f.
FRAIS D'ACTES	Timbre de la minute.	0.60	0.60	0.60	0.60
	» de l'expédition	1.80	1 80	1.80	1 80
	Droit d'enregistrement	1.25	3.75	6.25	125 »
	Honoraires du (minute	3. »	5 »	6. »	100. »
	notaire... (expédition.	3. »	3. »	3 »	3. »
FRAIS D'INSCRIPTIONS	Timbre (des bordereaux d'inscription.	1.20	1.20	1.20	1.20
	du registre des dépôts	0.24	0.24	0 24	0.24
	du registre d'inscription	1.80	1.80	1.80	1.80
	Droit d'inscription pour le trésor.	0.32	0.38	0.63	12.50
	Honoraire du notaire . vacation..	3 »	3. »	3. »	3. »
	Salaire du conservateur.	1.20	1.20	1.20	1 20
	Etat individuel supposé négatif et délivré contre un seul débiteur..	1.60	1 60	1 60	1.60
	TOTAUX	19 01	23.57	27.32	251.94

(1) Procès verbaux du Cadastre F. V., p. 502.

et l'on arrive au pourcentage suivant. Tandis que les frais d'une obligation hypothécaire de 10.000 francs sont de 2.51 0/0 du montant du prix, ils deviennent de 5.42 0/0 s'il s'agit d'un prêt de 500 francs. Ils passent à 7.86 0/0 si le prêt est de 300 francs, et atteignent 19.01 0/0 si le prêt est de 100 francs (1).

Et encore, l'évaluation que donne M. Besson est des plus modestes, Il suppose, par exemple, que l'expédition de l'acte d'obligation n'aura qu'un rôle. C'est bien rare : elle en aura toujours davantage. La minute, souvent, ne pourra pas tenir sur une feuille de papier timbré de 0 fr. 60. Si le notaire perçoit un courtage sur le placement qu'il fait faire, les frais augmenteront encore de 1 0/0. On voit donc que l'évaluation faite par l'estimable auteur est des plus modérées.

Toujours sur le même sujet des frais exhorbitants des hypothèques, M. Flour de Saint-Genis, cita à la séance de la sous-commission juridique du Cadastre du 23 juillet 1891, le fait suivant : « Par acte du 31 mai 1891, dit-il, passé devant Me X..., je vous demande la permission de ne pas citer de noms propres, Mlle Y... contracte un emprunt de 100 francs, à 5 0/0, échéance 1895, moyennant une constitution d'hypothèque. Cette hypothèque est prise sur trois corps de ferme d'une contenance dépassant quinze ares, libres de toute dette.

L'inscription est requise le 8 juillet 1891 à la conservation des hypothèques.

Les frais s'élèvent à . . . . . 42 fr. 57
La radiation s'élèvera à. . . . 16 fr. 50
Total des frais . . . 59 fr. 07

(1) Besson, *op. cit.*, p. 172, 173.

Il est juste d'ajouter qu'il y a dans l'espèce, exagération des frais par suite de formalités inutiles. Le notaire
aurait pu économiser 17 fr. 70. Il n'en resterait pas moins
41 fr. 37 de frais. Je répète ces chiffres sans les commenter.
41 francs de frais perçus, soit par le notaire, soit par le
Trésor pour un prêt de 100 francs ! (1) »

Cet exemple, qui malheureusement n'est pas isolé, se
passe de tout commentaire, comme le dit fort bien
M. Flour de Saint-Genis.

Joint aux diverses statistiques que je reproduisais plus
haut, il indique une des causes les plus sérieuses de la
crise agricole que nous traversons (2).

(1) Procès-verbaux du Cadastre F I. p. 328.

(2) Au moment de mettre sous presse, je prends connaissance d'un projet
de loi, déposé au nom du Gouvernement sur le bureau de la Chambre des
Députés par M. Caillaux, ministre des Finances (annexes n° 1429).

Ce projet, qui vient à la suite de deux autres conçus dans le même ordre
d'idées, en date du 20 janvier 1896 (annexe 1729) et 5 avril 1897 (annexe 2399),
demande la suppression des droits fixes de timbre, grevant les registres et
les formalités hypothécaires. Il entraîne un déficit de 13 millions.

Il propose la suppression du timbre :

1° Des registres de toute nature tenus dans les bureaux d'hypothèque ;

2° Des bordereaux d'inscription ;

3° Des pièces produites par les requérants pour obtenir l'accomplissement
des formalités hypothécaires et qui restent déposées à la conservation,

4° Des reconnaissances de dépôt, remises aux requérants en exécution de
l'article 2200 du Code civil, et des états, certificats, extraits et copies, dressés par les conservateurs.

Les droits d'inscription et les droits fixes de transcription sont également
supprimés.

Si les actes ne mentionnent pas la valeur de l'immeuble, les parties la
déclareront.

Le déficit de 13 millions se trouve largement couvert par la taxe proportionnelle de 0 fr. 30 0/0 sans décimes d'aucune sorte. qui remplace les droits
fixes abrogés.

Ce système, bien préférable à celui actuellement en usage, plus loyal et
plus démocratique, est beaucoup plus équitable puisqu'il grève toutes les
transactions proportionnellement à leur valeur.

« En introduisant la proportionnalité, dit avec raison l'exposé des motifs.
dans une matière où elle fait complétement défaut, nous n'obtiendrons pas

J'en ai ainsi fini avec l'étude du système français. J'ai montré ses points faibles, ses inconvénients et ses défauts. J'ai à accomplir maintenant une des parties les plus intéressantes de mon travail, je veux parler de l'étude des législations étrangères. Ici plus qu'en tout autre matière le droit comparé est utile.

Quoi qu'on en dise, mieux vaut après tout, une fois instruits des défauts que notre système foncier peut avoir, étudier l'organisation législative de nos voisins sur ce point, et se pénétrer de ses avantages. Les progrès réalisés, les résultats obtenus, nous indiqueront la route à suivre. Comme le disait Héraclite tout passe, tout évolue, tout se transforme. Il en est de même pour les institutions humaines. Le pire pour elles c'est de rester stationnaires. L'arrêt dans la marche en avant est le signe certain de la décrépitude, présage de l'anéantissement final.

Je bornerai mes explications à l'étude de quelques types des principaux régimes fonciers contemporains, systèmes de transcription, de livres fonciers et de l'act Torrens.

seulement une répartition plus équitable de l'impôt, nous arriverons à un dégrèvement appréciable des petites transactions dont la propriété immobilière est l'objet, et ce dégrèvement ne peut manquer d'être fécond au point de vue du développement de la richesse du pays. » (exposé des motifs, p. 4).

CHAPITRE DEUXIÈME

LA PUBLICITÉ A L'ÉTRANGER

SECTION PREMIÈRE. — **Pays de transcription.**

I. — Le système Belge. — C'est sûrement pour nous Français, un des systèmes fonciers les plus intéressants à connaître.

Reposant sur les mêmes principes que la nôtre, la publisité Belge, suffisamment améliorée par la loi du 16 décembre 1851, nous donne une idée de ce qui aurait pu être fait chez nous, si le projet de la commission de 1850 avait abouti.

C'est d'elle que se sont inspirés les divers projets de revision de notre législation foncière, qui ont vu le jour depuis un demi-siècle. Celui de M. Darlan, garde des sceaux, déposé sur le bureau du Sénat le 26 octobre 1896, que j'aurai à étudier plus loin, lui a fait aussi plusieurs emprunts.

Le législateur belge, se trouvait pour accomplir cette revision de notre Code civil, dans une situation privilégiée. Les anciennes coutumes de nantissement dont les traditions étaient restées vivaces, lui offraient un grand nombre de matériaux, qu'il s'est fait un devoir d'employer à la reconstruction de l'édifice de la publicité en partie détruit par le Code civil.

L'article premier de la loi du 16 décembre 1851, soumet à la transcription « tous actes entre vifs, à titre gratuit ou à titre onéreux, translatifs ou déclaratifs de droits réels immobiliers... les jugements passés en force de chose jugée, tenant lieu de conventions ou de titres pour la transmission de ces droits, les actes de renonciation à ces droits et les baux excédant neuf années ou contenant quittance d'au moins trois années de loyer. »

La loi Belge, à l'exemple de la notre, exclut donc du bénéfice de la transcription, les transmissions *mortis causa*.

Mais elle lui est supérieure à un double point de vue. D'abord, elle emploie pour indiquer les actes soumis à la transcription une formule générale au lieu d'une énumération ce qui est bien plus avantageux, et puis elle soumet à la transcription les actes déclaratifs, partages, transactions, etc. Elle a compris que l'intérêt des tiers demande aussi bien la publicité des actes déclarant, définissant la propriété, que de ceux par lesquels elle se transmet. Cette décision respecte pleinement le caractère déclaratif de ces actes.

La loi Belge, encore à la différence de la nôtre, soumet à la transcription les baux de plus de neuf années. Cette disposition prévoyante est bien préférable à celle de la loi du 23 mars 1855, n'ordonnant que la transcription des baux de plus de 18 ans. Elle a encore un autre avantage que j'indiquerai plus tard : elle cadre avec les dispositions générales du Code relatives aux baux dits d'administration.

La loi du 16 décembre 1851 a omis l'antichrèse parmi les contrats à transcrire, sous le prétexte que le droit naissant de ce contrat n'est pas un droit réel. C'est

possible : en tout cas, comme il est admis que l'antichrésiste a le droit de conserver l'immeuble tant qu'il n'est
pas désintéressé, les tiers avaient le plus grand intérêt à
être renseignés sur l'existence de ce contrat.

Une remarque encore : c'est le même article, l'article
1er, qui soumet à la transcription les actes entre vifs à
titre onéreux et à titre gratuit, à la différence de ce qui
a lieu chez nous. Les effets de la transcription sont donc
les mêmes dans les deux cas.

Toujours au point de vue de la transcription, la loi du
16 décembre 1851 a pris une mesure dont j'aurai plus
tard à indiquer les avantages. Elle n'a admis au bénéfice
de la transcription que les actes authentiques ou les
actes sous seing privé reconnus en justice ou devant
notaires (1).

C'est là une excellente disposition, d'autant plus recommandable, que la transcription en Belgique comme chez
nous, ne consolide pas d'une manière définitive le titre
de l'acquéreur, mais n'a qu'une valeur purement documentaire. Raison de plus pour prendre toutes les précautions pour rédiger ce titre avec le plus de soins possible
et de la manière la plus satisfaisante.

La loi belge prend aussi plus de soins que la nôtre de
publier les actes ou faits révocatoires de la propriété.

Elle ne s'est pas contenté, comme la loi du 23 mars
1855, de rendre publique l'action résolutoire du vendeur
en la solidarisant avec le privilège. Elle étend par son
article 28 cette disposition à l'action en reprise de l'objet
échangé et à l'action en révocation de la donation pour
inexécution des charges.

_____

(1) Loi du 16 décembre 1851, article 2.

Cette extension se comprend très bien. De plus, l'intérêt des tiers l'exigeait.

Elle ordonne ensuite que les demandes en nullité ou en révocation de droits réels soient rendues publiques, et le résultat judiciaire de ces demandes également.

Pour assurer l'accomplissement de l'inscription préalable de toute demande révocatoire ou autre, le législateur Belge a pris un moyen radical : Il interdit au juge de recevoir une demande de cette nature tant que l'inscription n'a pas été prise.

Cette publication préalable est avantageuse, que la révocation ainsi annoncée ait lieu avec ou sans rétroactivité.

S'agit-il d'une révocation *ex nunc*, c'est-à-dire sans effet rétroactif, les tiers n'ont qu'à se tenir sur leurs gardes en voyant l'inscription. Les créanciers nouveaux du défendeur, prendront les mesures qu'ils jugeront utiles à la sauvegarde de leurs droits.

S'il s'agit d'une révocation *ex tunc*, c'est-à-dire avec effet rétroactif, les tiers connaîtront aussitôt l'amoindrissement éventuel du crédit de leur débiteur. Quant à celui-ci, l'inscription lui apprend qu'il ne peut plus disposer du droit réel en question.

Une fois le jugement rendu, mention en est faite à la suite de l'inscription de la demande.

Chez nous, l'avoué qui ne fait pas mentionner le jugement en marge de la transcription de l'acte qu'il concerne, encourt une amende de 100 francs. En Belgique, le greffier ne peut délivrer aucune expédition du jugement sans qu'on lui ait justifié que l'inscription a réellement été prise.

Les réformes les plus intéressantes de la loi du 16 Décembre 1851, touchent à la partie dont je vais maintenant m'occuper, la publicité des privilèges et des hypothèques.

Les privilèges généraux sur les immeubles de notre article 2101, frais funéraires, frais quelconques de dernière maladie, salaire des gens de service, etc., étant dispensés de toute publicité, ne peuvent plus s'étendre sur le produit des immeubles, qu'une fois tous les créanciers hypothécaires désintéressés (1).

Quant aux frais de justice, ils sont privilégiés sans publicité, mais ils ne peuvent être opposés qu'aux créanciers dans l'intérêt desquels ils ont été faits (2).

Les privilèges spéciaux sur les immeubles, des échangistes, des vendeurs, des copartageants, des donateurs, sont rendus publics, par la transcription des actes qui leur donnent naissance, mais à une condition, c'est que la somme garantie soit spécialisée. La somme fixée à titre de dommage-intérêts pour le cas d'éviction, constitue le privilège des co-échangistes; le privilège du donateur est représenté par la somme évaluant les charges imposées au donataire. Quant au privilège des copartageants, il garantit la somme stipulée pour le cas d'éviction.

En plus de la transcription de l'acte constitutif, le conservateur est tenu sous sa responsabilité propre de prendre dans ces diverses hypothèses, une inscription d'office.

Ce système, quelque excellent qu'il paraisse, laisse néanmoins à désirer Les privilèges rétroagissant à la date de l'acte qui leur a donné naissance, risquent de venir primer des créanciers hypothécaires inscrits « *medio tempore* ». L'objection, je le reconnais, est plutôt théorique. En fait une espèce analogue se présentera rarement.

(1) Article 17.
(2) Article 19

Néanmoins, « mieux eut valu, comme le dit M. Besson, décider que le créancier hypothécaire, de l'acheteur, de l'échangiste ou des copartageants, ne sera pas admis à s'inscrire sur l'immeuble affecté avant que l'emprunteur ait consolidé lui-même par la transcription son titre de propriété, et du même coup porté à la connaissance du public le privilège que grève son immeuble (1) ».

La publicité du privilège de séparation des patrimoines est assurée comme chez nous. Quant à celle du privilège du constructeur, elle est organisée d'une manière préférable. Le premier procès-verbal doit être inscrit avant le commencement des travaux et le second quinze jours après leur réception.

Toutes les hypothèques sont soumises à la double règle de la publicité et de la spécialité.

Le législateur belge, ne connaît plus du reste que l'hypothèque légale et l'hypothèque conventionnelle. Quant à l'hypothèque judiciaire, elle a été supprimée par la loi du 16 Décembre 1851. Personne ne se plaint de cette suppression. M. Flour de Saint-Genis citait à ce sujet, à la sous-Commission du Cadastre ces quelques mots du célèbre jurisconsulte Belge M. Laurent : « trois mots suffiront : on ne s'aperçoit pas en Belgique de l'abolition de l'hypothèque judiciaire. Quand la loi ne veille pas aux intérêts des particuliers, ils y veillent eux-mêmes ce qui vaut beaucoup mieux (2). »

J'ai dit que les hypothèques devaient être aussi spécialisées. Toutefois celle grevant les biens des tuteurs, maris, comptables, quoique spécialisée, quant à la somme et

---

(1) Besson, op , cit , p. 195, 196.
(2) Procès verbaux du Cadastre, F II. p. 311.

quant à l'inscription, puisque l'on est obligé d'indiquer au conservateur les différents immeubles sur lesquels elle doit porter, est générale. Elle atteint tous les immeubles du débiteur, même les biens à venir.

La spécialisation de l'hypothèque légale du mineur, est opérée par le conseil de famille. Celui-ci est convoqué par les parents, les créanciers, ou même d'office par le juge de paix. Il fixe la somme jusqu'à concurrence de laquelle l'hypothèque sera prise, suivant l'importance de la fortune du pupille et la nature de ses capitaux. Il indique ensuite chacun des immeubles du tuteur sur lesquels portera l'inscription. Ce dernier est entendu.

Tous les intéressés, y compris le tuteur et le subrogé-tuteur, peuvent attaquer, par le moyen de l'opposition, cette délibération, au cas où les garanties données au pupille seraient excessives ou illusoires.

Les articles 52 et 53 de la loi Belge indiquent les personnes chargées de faire inscrire cette hypothèque légale. Il y a d'abord le tuteur. Défense lui est faite, sous peine de destitution, de s'immiscer dans la tutelle, si l'inscription préalable le concernant n'a pas été prise. Le législateur n'a pas fait attention, qu'il donnait là au tuteur un moyen commode de se débarrasser de la tutelle qu'il pourrait trouver gênante.

La loi charge en second lieu le subrogé-tuteur de requérir l'inscription, au cas où le tuteur ne l'a pas fait, et cela sous sa responsabilité personnelle. Un délégué du conseil de famille, pris parmi ses membres ou en dehors, peut encore être chargé de ce soin.

Enfin défense est faite aux greffiers de justice de paix, de délivrer aucune expédition autre que celle relative aux nominations de tuteurs ou subrogé-tuteurs et détermination de l'hypothèque, avant qu'il lui ait été justifié de la prise de l'inscription.

La loi du 16 Décembre 1851, pour parachever son œuvre sur ce point, a emprunté à notre projet de loi de 1850, son article 2131. Elle a mis le conseil de famille ainsi que le juge de paix et le greffier, sous le contrôle direct du tribunal.

A cet effet, tout greffier de justice de paix, doit tenir un état de toutes les tutelles ouvertes dans le canton. Il y indique les nom, prénoms, profession, domicile, des pupille, tuteur, subrogé-tuteur ; il y résume les délibérations des conseils de famille concernant l'hypothèque légale du mineur. Enfin les numéros des inscriptions prises doivent y être relatées avec soin. Chaque trimestre le registre est soumis au conservateur des hypothèques, qui est spécialement chargé de contrôler, compléter ou redresser ces dernières mentions. Enfin, chaque année, en décembre, le greffier en adresse une copie au procureur du Roi, sous peine de 100 francs d'amende. Le tribunal l'examine dans le courant de janvier, et prend toutes les mesures, que cette étude attentive peut lui suggérer dans l'intérêt des mineurs.

Au cas où le tuteur n'a pas d'immeubles ou des immeubles insuffisants, le conseil de famille peut ordonner le versement total ou partiel des capitaux des incapables à la Caisse des Dépôts et Consignations.

Enfin, en cours de tutelle, et suivant les nécessités qui peuvent se présenter, l'hypothèque légale sera augmentée ou diminuée.

Une fois inscrite, elle dure autant que la tutelle ainsi que l'année qui suit.

Pour l'hypothèque légale de la femme mariée, la garantie était plus difficile à établir. La loi belge y a pourvu de deux manières : d'abord en spécialisant l'hypothèque dans le contrat de mariage s'il y en a un, et ensuite en spécialisant cette même hypothèque en cours de mariage, toutes les fois que se manifesteront des droits nouveaux ou des créances de la femme à sauvegarder.

La spécialisation dans le contrat est faite par les parties elles-mêmes. A elles d'indiquer les immeubles sur lesquels l'hypothèque portera, la somme jusqu'à concurrence de laquelle on prendra inscription. Cette inscription est prise avant le mariage à la diligence du mari.

Si le secours d'une inscription devient nécessaire en cours de mariage, elle est prise à la requête de la femme et arbitrée par le président du tribunal. C'est lui qui arrête la somme en constituant le montant. On la répartira entre les différents immeubles dans les bordereaux d'inscription.

L'article 70 ordonne au mari de requérir cette inscription. Mais la loi a reconnu elle-même, qu'il était un peu naïf de compter sur son zèle pour accomplir une formalité qui peut nuire à son crédit. Aussi, invite-t-elle les parents et alliés des époux, le greffier du juge de paix et même le procureur du Roi à requérir l'inscription.

Le mari est autorisé par l'article 72 à demander judiciairement la réduction des inscriptions qui seraient devenues excessives.

L'inscription une fois prise dure autant que le mariage et en plus l'année qni suit.

L'hypothèque légale de l'Etat, des provinces, des communes et des établissements publics est générale. Elle n'est spécialisée que dans l'inscription c'est-à-dire qu'elle ne porte que sur les immeubles nominativement désignés, mais elle reste générale quant à la somme garantie qui est indéterminée.

L'hypothèque légale que le testateur peut établir pour garantir l'exécution des legs mis à la charge des héritiers ou du légataire universel, est spéciale quant à la somme et quant à l'inscription.

L'inscription des hypothèques conventionnelles n'est périmée qu'au bout de 15 ans.

Enfin, les irrégularités commises dans les formalités hypothécaires, n'entraînent la nullité de l'inscription que lorsqu'il en résulte un préjudice pour les tiers.

L'organisation pratique de la publicité Belge est la même que chez nous ; c'est dire que les difficultés auxquelles sont aux prises nos conservateurs s'y renouvellent également.

La transcription Belge est semblable à celle qu'organisa plus tard chez nous la loi du 23 mars 1855 ; elle produit les mêmes effets : elle rend le titre opposable aux tiers.

Cependant l'article 1er de la loi du 16 décembre 1851 se termine par ces mots, que la loi du 23 mars 1855 a laissé dans l'ombre avec raison : « ... jusque là (jusqu'à la transcription) ils (les actes à transcrire), ne pourront être opposés aux tiers qui auront contracté sans fraude. »

C'est là, il faut bien le reconnaître, un souvenir plutôt malheureux des coutumes de nantissement, où comme j'ai eu l'occasion de l'indiquer, quand le second de deux acheteurs du même immeuble, parvenu le premier à se faire nantir, connaissait en contractant la vente consentie au premier acheteur, celui-ci avait une action en révocation de nantissement contre son coacheteur qui s'était fait réaliser en fraude de ses droits.

Mais ce n'est pas précisément cette fraude que la loi

Belge a voulu punir. Voici l'espèce qu'elle prévoit.

Le second acquéreur d'un même immeuble, par le seul fait qu'il a eu connaissance de l'acte de vente du premier acheteur, non encore transcrit, contracte en fraude aux termes de l'article 1er.

C'est aller bien loin. Il semble qu'il faudrait que cette connaissance de l'acte précédent, fut accompagnée de manœuvres dolosives qui caractériseraient le délit. Pourquoi en effet, donner l'exception de dol contre quelqu'un qui, après tout, est censé ignorer légalement un acte qui n'a pas été transcrit.

Mieux aurait valu, semble-t-il, laisser la question de fraude sous l'empire du droit commun. L'action Paulienne serait alors venue au secours des véritables victimes.

Le législateur belge, ne devait pas être lui-même enchanté de cette disposition. Ce qui le prouve, c'est qu'il ne l'a pas étendue aux cas de deux inscriptions hypothécaires successives. La situation était pourtant la même et la logique aurait commandé une solution identique (1).

I.— **Le système Italien.** — En 1804, notre Code civil fut appliqué en Italie, qui était alors soumise à la France. Il y resta en vigueur jusqu'aux traités de Vienne (1815). A ce moment, chacune des nationalités qui composaient l'Italie, reprirent leur loi propre en reconquérant leur indépendance.

---

(1) Le gouvernement Belge procède actuellement à la révision du cadastre. Une commission prépare de son côté la refonte du Code Civil de 1804. Elle désire que la publicité soit *réelle* et repousse le principe spiritualiste de la distinction du transfert entre les parties et du transfert à l'égard des tiers. Elle estime néanmoins que la proposition d'établir les livres fonciers doit émaner du gouvernement. Pour plus de détails voir Magnin, *op. cit.*, p. 82.

Ces divers Etats retouchèrent successivement leurs législations. Il est facile d'y reconnaître l'empreinte des lois Françaises.

Le Code civil de Parme fut publié le 1er Juillet 1820. celui des Etats Romains date du 10 Novembre 1834, celui de Toscane du 2 Mai 1836 et celui de Sardaigne de 1837.

Ces différentes législations, inspirées, je l'ai déjà dit, du Code civil, faisaient cependant une part beaucoup plus large que ce dernier à la transcription.

Celle-ci était ordonnée par ces divers Codes, et la loi hypothécaire des Etats de l'Eglise, disait notamment dans son article 184 : « l'aliénation ne produit pas d'effet, quant aux tiers tant que l'acte public ou privé n'est pas transcrit sur les registres hypothécaires ».

L'unité législative suivit de près l'unité Italienne. Le nouveau Code civil du 2 Avril 1865 fut appliqué à dater du 1er Janvier 1866. Depuis l'invasion des Etats Pontificaux en 1870, il a été étendu à toute la Péninsule.

Ces quelques renseignements historiques étaient nécessaires avant d'indiquer sommairement le régime foncier de l'Italie.

L'article 1932 énumère les actes ou contrats devant être transcrits. Son énumération se rapproche des deux premiers articles de la loi du 23 Mars 1855. Deux différences sont à noter. A l'exemple de la Belgique, le législateur Italien exige la transcription des baux excédants neuf années. De plus, à la différence de notre loi qui ordonne la transcription des contrats de société où figure un apport immobilier quelle qu'en soit la durée, la loi Italienne ne soumet à la transcription que les contrats de société avec apport d'immeuble dont la durée excède neuf ans ou est indéterminée.

Les actes déclaratifs, les transmissions *mortis causa*, ne sont pas assujettis à cette formalité tout comme chez nous.

L'article 1933 énumère les demandes en révocation, nullité ou rescision qui doivent être mentionnées en marge des actes qu'elles concernent. Ce sont les suivantes : 1o action en révocation des donations pour cause d'inaccomplissement des charges, d'ingratitude ou de survenance d'enfant ; 2° Action Paulienne; 3° Action en rescision pour cause de lésion ; 4° Action en résolution de vente pour inexécution des engagements de l'acheteur; 5° Action en résolution d'échange pour défaut de propriété chez le co-échangiste ou à cause d'éviction; 6° Action en reprise pour cause d'inexécution des charges au cas où un immeuble a été aliéné moyennant une rente.

Ces diverses résolutions n'opèrent qu'«*ex nunc*», soit à dater de la mention de la demande. De la sorte, le crédit de l'ancien propriétaire se trouve donc suffisamment protégé.

Bien entendu, les jugements rendus sur ces différentes demandes doivent être également mentionnés en marge des actes auxquels ils se rapportent.

S'il s'agit au contraire d'une résolution opérant «*ex tunc*», soit avec effet rétroactif par exemple une action fondée sur une condition résolutoire expresse, une action basée sur l'un des vices du consentement (erreur, dol, violence), une action pour atteinte à la réserve; la loi n'exige plus que la demande en justice soit préalablement publiée. Il n'y a à mentionner que le jugement une fois intervenu. Il semble que la publication préalable de la demande, serait surtout avantageuse dans ces cas, les droits des tiers risquant d'être bien plus compromis que dans les espèces précédemment citées.

Si la publicité que le législateur italien donne aux actions en résolution laisse à désirer, il en est autrement de celle des privilèges et hypothèques : elle est bien plus complète que chez nous.

Il n'y a comme privilégiées sur les immeubles et dispensées d'inscription que les créances suivantes : les frais de justice, l'impôt foncier de l'année courante et de l'année échue et la créance de l'Etat pour droits d'enregistrement non payés en suite d'une mutation.

Les hypothèques conventionnelle, légale et judiciaire doivent être inscrites et spécialisées quant à la somme et quant à l'inscription.

L'hypothèque judiciaire ne résulte que des jugements de condamnation. Elle doit être spécialisée quant aux immeubles grevés. Elle ne frappe pas les biens à venir. Elle ne les atteint qu'au fur et à mesure de leur acquisition par le débiteur, à condition que le créancier prenne inscription spéciale sur chacun d'eux.

Les privilèges du vendeur et du copartageant sont remplacés par des hypothèques légales spécialisées elles aussi. Elles sont conservées par la transcription de l'acte qui leur a donné naissance. Mais le conservateur est, de plus, tenu sous sa responsabilité personnelle, de prendre une inscription d'office pour garantir l'hypothèque légale du vendeur.

L'hypothèque légale du mineur et de l'interdit est déterminée quant à son chiffre et aux immeubles sur lesquels elle doit porter, par la délibération du conseil de famille. Cette sûreté est du reste *subsidiaire*, car elle ne vient qu'à défaut ou en plus de la caution que le tuteur doit fournir.

L'hypothèque légale du mineur peut être augmentée ou diminuée en cours de tutelle suivant les circonstances.

Dans les vingt jours de la délibération du Conseil de famille, elle doit être inscrite à la requête du tuteur, du subrogé-tuteur, ou du greffier, sous peine d'une amende de 1000 francs au maximum.

Le mineur, l'interdit, leurs parents, peuvent également requérir l'inscription de l'hypothèque légale.

Une disposition de la loi italienne est intéressante à noter. A partir de l'âge de 18 ans, le mineur assiste à toutes les délibérations du Conseil de famille où se débattent ses intérêts.

L'hypothèque légale de la femme mariée est établie par son contrat de mariage. Si elle n'a pas été cantonnée sur certains immeubles, elle porte sur tous les biens du mari séparément indiqués. Le mari et le notaire doivent faire procéder à l'inscription de cette hypothèque dans les vingt jours du contrat sous peine d'une amende de 1.000 francs au plus. La femme elle-même, ainsi que celui qui lui a constitué sa dot, peuvent également requérir l'inscription.

Si, en cours de mariage, une inscription devenait nécessaire, ce serait au mari et à la femme à la prendre. Le procureur du Roi en est également chargé. Si l'on en juge par ce qui se passe chez nous, il est à supposer que ces diverses mesures doivent rester lettre morte.

L'inscription conserve à l'hypothèque conventionnelle son rang durant trente ans. Quant à l'hypothèque légale du mineur et de la femme mariée, elle dure autant que la tutelle ou le mariage, et en plus l'année qui suit.

La transcription et l'inscription produisent en Italie, les mêmes effets que chez nous. La transcription rend le titre de l'acquéreur opposable aux tiers ; elle arrête le cours des inscriptions du chef du précédent propriétaire. Mais elle ne consolide pas le titre de l'acquéreur d'une manière définitive, et ne lui donne pas plus de droits que n'en avait son auteur.

Toutefois, la publicité des demandes en révocation et des jugements y relatifs étant poussée plus loin que dans notre législation, la situation des tiers acquéreurs et des créanciers est plus avantageuse que chez nous. Que l'on intente l'action Paulienne, l'action rescisoire pour cause de lésion, l'action en répétition de l'objet échangé, l'action en révocation d'une donation pour cause d'ingratitude, survenance d'enfants, inexécution des charges, dans toutes ces hypothèses, la révocation de la propriété survenant, ne saurait nuire aux tiers ayant acquis des droits sur l'im-meuble, depuis la vente jusqu'à l'inscription de la demande en révocation. Le crédit des tiers acquéreurs ou des créanciers est bien sauvegardé, trop peut-être, au détriment du précédent propriétaire dont la situation sera considérablement ébranlée.

Peut-être, ici comme ailleurs, le mieux a-t-il été l'ennemi du bien, et en voulant trop fortifier le crédit des propriétaires fonciers a-t-on dépassé la mesure et rendu leur situation pire.

J'ai dit que la publicité italienne était réalisée par la transcription et par l'inscription. L'indication est exacte, mais la transcription, au lieu d'être comme chez nous, la reproduction textuelle de l'acte, n'est constituée que par la copie d'un extrait analytique de celui-ci.

La partie requérant la transcription doit présenter une expédition du titre, titre qui doit être authentique, ou s'il est sous seing privé, dont les signatures doivent avoir

été authentiquées par un notaire ou par l'autorité judiciaire, et deux bordereaux. Ces bordereaux contiennent :
1° les noms, prénoms des parties, ceux de leur père, leur domicile respectif ; 2° la nature et la date du titre ; 3° le nom de l'officier public qui a reçu l'acte ou en a authentiqué les signatures, ou l'indication de l'autorité judiciaire qui a rempli cet office ; 4° enfin l'indication exacte de l'immeuble avec au moins trois confronts, ainsi que les numéros du cadastre.

Le conservateur recopie sur son registre le contenu aux bordereaux et conserve dans ses archives l'expédition de l'acte pour s'y référer si besoin est.

Les bordereaux de transcription ne sont pas les seuls qui doivent contenir l'indication des parcelles cadastrales. Il en est de même de ceux servant à l'inscription des créances hypothécaires. Cette disposition rigoureusement observée, est très avantageuse. Elle permet au conservateur de se reconnaître plus facilement dans ses registres, et les recherches y gagnent en rapidité et en certitude.

Les registres hypothécaires italiens sont plus accessibles aux particuliers que chez nous. Non seulement les parties peuvent se faire délivrer des états, mais encore, elles peuvent aux heures fixées par les règlements, consulter les registres qui les intéressent.

Les quelques explications, que je viens de donner sur le fonctionnement du système italien, montrent que la publicité hypothécaire y est poussée beaucoup plus loin que chez nous. De plus, la simple obligation de mentionner sur tous les actes, le numéro exact des parcelles cadastrales, facilite singulièrement la manutention hypothécaire.

Néanmoins, comme en France et en Belgique, la

transcription joue toujours son rôle négatif et ne consolide pas le titre de propriété de l'acquéreur. Il faut
pourtant reconnaître que la publicité donnée, tant aux
demandes en résolution « ex nunc », qu'aux jugements
les concernant, permet aux tiers de se protéger contre
leurs dangereux résultats.

L'Italie procède en ce moment-ci à la révision de son
cadastre, pour en faire, dit l'article Ier de la loi du
1er mars 1886 introductive de cette réforme, « la base
de la constatation de la propriété (1) ».

La lecture de l'exposé des motifs de cette loi permet
de conclure que le Gouvernement Italien veut faire
accomplir à la publicité actuelle une évolution complète.

Dans le même ordre d'idées, on fait essayer dans la
ville de Civitanova, un nouveau système hypothécaire
proposé par M. Ariani, conservateur des hypothèques
à Macerata.

Des bordereaux imprimés, que les parties remplissent
et qui sont ensuite reliés en volumes, remplacent les
registres de transcription et d'inscription. Le principal
registre qualifié *index hypothécaire communal,* indique
tous les noms des propriétaires de la commune, les
actes qui concernent leurs biens. Un *répertoire communal des numéros de mappe,* soit un répertoire des
parcelles cadastrales, correspond au précédent. Ces
répertoires sont dépourvus de toute force probante,
mais le conservateur peut refuser tout bordereau
insuffisant (2).

(1) Voir *Bulletin de statistique et de législation comparée,* Année 1886,
p. 329.
(2) Voir plus de détail, Besson, *op cit.,* p. 214 et seq., et Magnin, *op. cit.*
p. 86 et seq.

III. — Le Système Hollandais.— La Hollande, quelque temps soumise à l'empire du Code civil Français, a sa législation foncière actuellement réglementée par deux arrêtés royaux des 1er août 1828 et 8 août 1838, ainsi que par la loi du 8 août 1838.

Les formalités des *devoirs de loi* avaient poussé de trop profondes racines dans les anciennes provinces des Pays-Bas, pour en disparaître tout d'un coup. Aussi aurai-je plusieurs fois l'occasion de montrer dans ce court exposé, que le système actuel de publicité s'en rapproche par plus d'un côté.

Le législateur Hollandais, à l'exemple de la loi Romaine, distingue le contrat de vente et la tradition. Le contrat est par lui-même incapable d'assurer le transfert de la propriété. Pour arriver à ce résultat, il faut la tradition (1), un juste titre, ainsi que la transcription (2) de ce juste titre. La transcription consomme donc le transfert tant entre les parties qu'aux yeux des tiers.

Tout acte translatif ou constitutif de droits réels immobiliers, doit donc être transcrit. Il en est de même des subs= titutions testamentaires permises.

Le législateur Hollandais, exigeant préalablement à la transcription, une convention translative, ne peut pas ordonner et n'ordonne pas en effet la transcription des transmissions *mortis causa*.

La publicité hypothécaire repose sur les principes suivants : Aux termes de l'article 1226, les hypothèques, quelles qu'elles soient, n'ont de rang que du jour où elles sont inscrites. Une hypothèque non inscrite, est sans effet, même par rapport aux créanciers chirographaires (3).

(1) Loi 8 Août 1838, art. 639.
(2) Loi 8 Août 1838, art. 671.
(3) Loi 8 Août 1838, art. 1207.

La spécialité est également requise, aussi bien dans l'acte de constitution, que dans le jugement établissant l'hypothèque à défaut d'acte préalable.

Les bordereaux doivent nettement indiquer le montant de la créance, la désignation précise de l'immeuble grevé, sa nature, sa situation, ses confronts, ses numéros au cadastre.

Jamais l'hypothèque ne peut grever les biens à venir.

La législation Hollandaise ne connaît pas l'hypothèque judiciaire. Quant à l'hypothèque légale, elle n'existe pas à proprement parler.

L'hypothèque garantissant la sécurité du mineur est stipulée dans une délibération du conseil de famille. Quant à celle de la femme mariée, c'est le contrat de mariage qui la fixe, sinon un jugement vient désigner les biens qui doivent lui être soumis.

Les privilèges ne sont pas si bien placés en Hollande que chez nous. Ils n'occupent pas le même rang et ne passent qu'après les hypothèques et le gage. Ils ne sont pas inscrits, puisque comme je viens de le dire, ils sont sans danger pour les créanciers hypothécaires.

Quelques uns, ceux du vendeur, du copartageant, du bailleur de fonds, sont-devenus de véritables hypothèques, qui doivent être consenties dans le contrat de vente ou dans l'acte de partage, et inscrites dans la huitaine de la transcription des actes qui leur ont donné naissance. Prises dans ces délais, elles rétroagissent à la date des contrats qui les ont établies.

L'inscription une fois prise conserve indéfiniment le rang à l'hypothèque. La péremption décennale et le renouvellement qui en résulte sont par conséquent inconnus.

L'organisation pratique de la publicité est autrement bien comprise en Hollande que chez nous.

La publicité est basée sur le cadastre continuellement tenu au courant.

Les services du cadastre et des hypothèques sont réunis dans les mêmes mains et dépendent de la régie de l'Enregistrement. Il existe un bureau au chef-lieu judiciaire de chaque arrondissement.

Les conservateurs des hypothèques tiennent les registres qui suivent : d'abord, *le livre journal*, analogue à notre registre des dépôts. Il sert à fixer la date exacte et le rang de chaque formalité. Puis le *registre des transcriptions* et celui *des inscriptions*. Ils jouent le même rôle que chez nous. Il y a en outre, *le registre général*. C'est une sorte de livre foncier personnel, si l'on veut, où sont ouverts des comptes spéciaux à chaque propriétaire. Immédiatement au-dessous du nom de chacun d'eux, sont indiquées toutes les références cadastrales relatives aux immeubles qu'ils possèdent. De brèves mentions relatent les ventes, les achats, les emprunts, les affectations hypothécaires survenues. C'est un véritable compte courant de la fortune immobilière de l'inscrit.

Dans son registre général, le conservateur doit tenir également une *table indicative des parcelles*, munie de renvois à tous les feuillets ou cases du registre général où elles figurent.

Les recherches dans le répertoire, sont facilitées par une *table alphabétique des noms de propriétaires*.

Comprise de la sorte, la publicité est à la fois *personnelle* comme en France et *réelle* comme en Allemagne. Quelles que soient les indications qu'on lui donne, le conservateur est à même de fournir des renseignements rapides et sûrs. L'indication de la personne lui permet de retrouver le numéro de la parcelle, et par le numéro de celle-ci, il arrive aussi facilement au nom du propriétaire.

Les intéressés peuvent non seulement se faire délivrer des extraits des transcriptions ou inscriptions, mais encore consulter eux-mêmes les registres qui les concernent.

Les conservateurs des hypothèques, j'ai déjà eu l'occasion de le dire, ont aussi dans leurs mains, la direction du cadastre. A eux de veiller à ce que les plans soient toujours en rapport avec l'état du sol (1). Pour faciliter le travail, le plan primitif reste toujours intact. On se borne à dresser de nouvelles planches des parcelles dont le tracé s'est modifié.

Cette centralisation dans les mêmes mains du cadastre et de la consolidation de la propriété, doit être très avantageuse, la manutention hypothécaire singulièrement accélérée et bien des à coups évités.

La transcription Hollandaise diffère donc de la nôtre ; elle produit des effets bien plus étendus, puisqu'elle opère le transfert de la propriété même entre les parties ; l'inscription diffère aussi de la nôtre, puisqu'elle conserve indéfiniment leur rang aux hypothèques.

L'organisation des conservations hypothécaires est bien mieux comprise que chez nous. La publicité est plus complète et plus sûre. Elle repose en effet sur un cadastre complètement tenu à jour. Malheureusement, les conservateurs Hollandais, tout comme les nôtres, ont un rôle passif. Comme le dit très bien M. Besson, « ils trans-

(1) Il convient de remarquer que pour un territoire fort restreint, la Hollande compte environ 500 000 propriétaires fonciers, et que les mutations y sont très fréquentes.

crivent indifféremment tout ce qu'on leur présente aux risques et périls des requérants. » (1).

Le système hollandais est certainement le plus complet et le plus perfectionné des systèmes de transcription. Par certains côtés, tel le transfert de la propriété même entre parties par la transcription, il se rapproche des systèmes germaniques. Mais il en diffère sensiblement à d'autres points de vue. Les principes de force probante et de légalité que j'aurai à étudier plus tard avec les systèmes de livres fonciers, y sont inconnus.

L'exposé succint que je viens de faire des législations Belge, Italienne et Hollandaise, montre clairement que s'il y a des degrés dans le perfectionnement des systèmes fonciers basés sur la transcription, le nôtre occupe malheureusement le plus bas.

Ce qu'il y a de triste, et ici je fais surtout allusion à la loi belge et un peu aussi à la loi italienne, c'est que les réformes qu'elles ont réalisées ont été préparées en France. Les documents si importants et si complets de l'enquête hypothécaire de 1841, ceux de la commission de réforme de 1850, les ont servies à souhait. Qu'on lise le rapport de M. de Vatimesnil et qu'on compare son projet de révision à la loi belge du 16 décembre 1851 et l'on sera aisément convaincu ! Les étrangers ont su habilement profiter de ce dont nous n'avons presque pas su tirer parti.

Si nous voulons, au sujet de notre système foncier, continuer nos anciens errements, nos voisins nous ont indiqué la route. A nous de la suivre pour les dépasser.

Mais il y a lieu de continuer notre enquête, de voir

(1) Besson *op. cit.*, p. 224.

d'autres législations qui reposent sur des principes tout différents des nôtres, je veux parler des pays de *livres fonciers* et de l'*act Torrens* et de ses dérivés.

Etudions-les avec soin ; nous verrons ensuite si de leur contact ne se dégage pas pour nous quelque utile enseignement.

SECTION DEUXIÈME. — **Pays de Livres fonciers.**

I. — Le Système prussien d'après les lois du 5 mai 1872.

Il est possible de suivre à travers les siècles la filière formaliste des transactions immobilières en Allemagne. Les cérémonies solennelles que les parties accomplissaient jadis devant le *thunginus* précédaient l'investiture officielle que ce dernier conférait à l'acquéreur. Apparaissent ensuite les *tabulæ terræ ou landtafeln* que l'on retrouve également en Moravie et en Bohême, où sont inscrits, en même temps que les jugements, la plupart des actes intéressant la propriété foncière. Elles datent du xiiie siècle.

Au xvime une réaction en faveur du droit Romain se manifeste. On abandonne partout les anciennes formalités de l'investiture, sauf dans les villes Hanséatiques.

Puis au siècle suivant, un mouvement se dessine à nouveau en faveur des antiques coutumes et l'investiture renaît. Divers édits ordonnant l'inscription des immeubles sur un registre spécial sont publiés en 1693 et 1722. Vient ensuite, le plus important de tous ces documents législatifs, l'ordonnance de Frédéric II, du 20 Décembre 1783. Elle admettait les principes de publicité

et de légalité et instituait près les tribunaux les livres destinés à contenir l'état-civil de la propriété foncière.

Dans le cours de ce siècle, les différents pays de l'Allemagne, votèrent eux aussi des lois hypothécaires, la
Bavière en 1802, le Wurtemberg en 1825, la Saxe en 1843.
Mais le système législatif foncier le plus remarquable est
celui des quatre lois Prussiennes du 5 Mai 1872.

C'est celui que je vais étudier. Je dirai ensuite quelques mots du nouveau Code civil Allemand du 18 Août
1896, entré en vigueur le 1er Janvier 1900. Je dois ajouter
qu'en ce qui concerne le sujet que je traite, il reproduit
fidèlement la doctrine des lois Prussiennes de 1872

Le système Prussien, comme tous les systèmes de
livres fonciers actuels, est basé sur le cadastre. Le cadastre et le livre foncier, placés chacun sous la direction
d'une administration différente, se complètent l'un l'autre
et se consolident réciproquement

Je ne saurais donner une meilleure définition du livre
foncier que celle qu'en a fournie M. Challamel à la sous-
commission juridique du Cadastre : « On appelle ainsi,
dit-il, tout organisme qui groupe autour d'un feuillet unique, les documents juridiques concernant une propriété
ou même une série de propriétés appartenant à la même
personne dans une circonscription déterminée (1) ».

Le livre foncier est réel ou personnel.

Le livre foncier réel *réalfolien*, remplit mieux le but
que le législateur prussien se propose d'atteindre. La
publicité au lieu d'évoluer autour de la personne du propriétaire qui peut varier, disparaître, est tout entière con-
centrée sur la terre qui est immuable.

---

(1) *Procès verbaux du Cadastre*. Séance du 19 novembre 1891. F. ii, p. 154.

Une feuille est affectée à chaque corps de biens ou *Grundstuck*.

Elle porte un titre et est divisée en trois sections. Le titre, s'il s'agit d'un domaine rural, est accompagné du nom de ce domaine, de l'indication de sa contenance, de ses confronts et de son revenu imposable ; si c'est un immeuble urbain, on donne en plus le nom et le numéro de la rue. Dans les deux cas, le ou les numéros du cadastre sont indiqués.

Les diverses sections comprennent : la première les noms, prénoms, profession et domicile du propriétaire de l'immeuble, ainsi que l'origine juridique de son droit ; la seconde, les charges permanentes du bien fonds, et la troisième, les hypothèques et les dettes foncières qui le grèvent (1).

Il est certain que cette feuille du livre foncier, semblable à un tableau synoptique de l'immeuble, constitue une combinaison très ingénieuse et doit être d'une lecture aussi rapide que commode, tout en étant très exacte.

Mais dans quelques régions de la Prusse, le livre foncier est personnel à cause du morcellement du sol. Chaque propriétaire a une feuille du registre qui lui est consacrée. On groupe autour de son nom les différents immeubles qu'il possède dans le ressort du Tribunal. Les numéros du cadastre sont inscrits ainsi que les renseignements juridiques les concernant. Il ne faudrait pas croire cependant que ces livres fonciers personnels soient identiques aux répertoires individuels de nos conservateurs. Ils en diffèrent grandement. Ils possèdent en effet des références

(1) Besson *op. cit.*, p 260.

cadastrales très exactes, entretenues au jour le jour avec
le plus grand soin et revues toutes les années.

Je viens d'indiquer que, suivant l'état de fractionnement
du sol, les livres fonciers étaient établis à feuillets personnels *personalfolien* au lieu de l'être à feuillets réels.

Il y a en effet certaines parties de la Prusse où le sol
est très morcelé par suite de la division de grands
domaines. Les parcelles s'émiettant et devenant difficiles
à distinguer, on les a rattachées au nom de leur propriétaire et l'on a ainsi créé des livres fonciers personnels.

M. Magnin dans son excellent ouvrage sur *la publicité
des droits réels immobiliers*, cite un extrait du journal
officiel de l'empire Allemand, transmis dans le courant de
l'année 1891 par M. le consul de France à Dusseldorf et
publié dans le *Bulletin du ministère de l'agriculture* (1891,
p. 393), duquel il résulte que la Prusse comptait cette
année-là 1.559.712 propriétés privées se répartissant
comme suit :

Qualité des propriétés	Nombre des propriétés en hectare	Soit pour 100
Grande propriété........	92.448	2.1
Moyenne propriété... ..	182.410	11.7
Petite propriété	266.187	17.1
Propriété parcellaire....	1.078.627	69.1
Totaux........	1 619.672	100.0

En considérant comme grande propriété, les biens
ruraux payant un impôt foncier supérieur à 1.500 marks,
moyenne propriété ceux payant de 300 à 1.500 marcks et
propriété parcellaire, les biens morcelés dont le produit

ne suffit pas à l'entretien des propriétaires obligés de rechercher encore un salaire comme journaliers (1).

Ces indications préliminaires données sur ce que j'appellerais l'élément matériel du système foncier prussien, je passe à l'élément moral, le juge foncier.

Le législateur prussien désirant assurer à ses registres une valeur sérieuse, permettant de consolider la propriété foncière, devait employer tous les moyens voulus pour arriver à cette fin. Il a donné pleins pouvoirs à un juge capable et instruit qui est chargé d'ordonner les mentions à inscrire sur le registre foncier.

Ce juge est choisi parmi ceux du tribunal du ressort. Les sentences qu'il rend sont de véritables jugements : elles peuvent en conséquence être attaquées comme telles. On peut en appeler devant le président du tribunal dont il fait partie, de celui-ci au président de la Cour d'appel et de celui-ci enfin au ministre de la justice.

Il est vrai que le juge foncier n'a plus, comme l'indiquait l'ordonnance de 1783, « à examiner si les conditions requises pour la perfection des contrats ont été observées, si les actes ont été rédigés avec clarté et rectitude, s'ils sont revêtus des formes extérieures exigées pour les actes qu'ils concernent (2) ».

Mais il doit encore aujourd'hui, s'il s'agit d'une aliénation à titre onéreux, se renseigner pour rechercher notamment si le vendeur est bien inscrit comme propriétaire au livre foncier; s'agit-il d'un immeuble transmis par succession, le juge foncier n'ordonne l'inscription que si les certificats établissant la propriété ou les extraits du testament ou de la donation, certifiés par le juge, sont con-

(1) Magnin, *op. cit.*, p. 108 et seq. note.
(2) Ordonnance de 1783, T II, article 13.

formes. En tous cas, la loi lui ordonne de s'assurer que les contractants ont la capacité voulue par la loi pour aliéner, que l'immeuble est dans le commerce, et que les parties consentent réellement à l'acte en question.

Il y a loin, on le voit, du rôle sinon très actif, du moins assez complexe du juge foncier, à celui purement passif du conservateur des hypothèques Français.

L'ensemble des justifications particulières que les parties sont obligées de réunir devant le juge foncier et les vérifications que ce magistrat est tenu de faire, constituent le *principe de légalité*. C'est au surplus ce qu'a très bien mis en lumière M. Ferron, dans l'intéressante étude qu'il a consacrée à *la publicité des droits réels immobiliers*. « Le système de légalité ne consiste point, dit-il, à donner une autorité plus ou moins forte aux diverses mentions des livres fonciers. Par cette expression, les Allemands veulentdire qu'un fonctionnaire qui est en même temps un magistrat, ne procède point à une inscription sur le registre foncier, sans avoir procédé à une vérification préalable sur la légitimité du droit à inscrire (1) ».

Maintenant que j'ai indiqué les deux principaux rouages du système foncier Prussien, il est facile d'analyser l'opération de l'inscription.

Les parties, le vendeur et l'acquéreur, après s'être entendues, se rendent devant le juge foncier. Là d'une part, le vendeur déclare consentir à ce que l'acquéreur devienne propriétaire, et, d'autre part, l'acquéreur demande au juge de procéder à son inscription comme tel sur le registre foncier.

Le juge accomplit alors les vérifications que j'ai

---

(1) Ferron, *op. cit.*, p. 295.

énumérées plus haut, et tout comme dans l'ancien temps, procède à l'investiture *auflassung* de l'acquéreur.

Jadis l'investiture était destinée à manifester l'état de dépendance du vassal vis-à-vis de son suzerain. C'était le juge seigneurial qui l'accomplissait. Maintenant elle est exigée pour que la publicité ait une zone d'application plus étendue et c'est le juge foncier royal qui y procède.

Telle est la première phase du transfert immobilier. Ensuite le juge foncier le *grundbuchrichter* accomplit la seconde qui consiste dans l'inscription de l'acquéreur comme propriétaire au livre foncier. L'inscription à ce livre, à la différence de notre transcription, transfère la propriété non seulement à l'égard des tiers, mais encore entre les parties.

Ce système que la sous-commission juridique du Cadastre a rejeté avec raison, comme trop contraire à nos idées sur la liberté des conventions et sur la perfection de la vente entre les parties par le simple consentement, a cependant son bon côté au point de vue de la publicité. Non seulement la présence du juge foncier qui devient pour ainsi dire partie au contrat, rassure les tiers qui n'ont plus de surprise à redouter ; mais surtout, ceux-ci savent pertinemment quel est le véritable propriétaire de l'immeuble. N'est propriétaire, en effet, que celui qui est inscrit comme tel au registre foncier.

Je viens d'examiner le cas de mutation volontaire entre vifs. Il me reste à étudier maintenant celui de transmission, par succession, donation, testament, expropriation forcée ou pour cause d'utilité publique. Il fallait arriver à obliger le propriétaire à se faire inscrire comme tel au livre Foncier. Mais, dans ces différents cas, il ne saurait être question d'investiture, la transmission n'étant plus simplement volontaire, mais ayant lieu en vertu de la loi.

Le législateur prussien a pris un excellent moyen. Dans ces différentes hypothèses, il a frappé en quelque sorte la propriété d'interdit, tant que l'inscription au livre foncier n'est pas faite, et par l'article 5 d'une des lois foncières de 1872 il a décidé que « même dans le cas d'aliénation forcée, l'acquéreur ne peut consentir d'investiture, ni constituer de droit réel sur l'immeuble, qu'à condition de s'être fait inscrire préalablement au livre foncier comme tel. »

Tout crédit lui est retiré, s'il ne se soumet pas aux prescriptions légales. Le principe est radical mais il est bon.

Ainsi donc, au cas de vente, le transfert de propriété n'est consommé que par l'inscription au livre foncier. Il en est de même pour l'acquisition des autres droits réels, hypothèque, gage, etc. ; mais dans ces différents cas, cela va de soi, il n'est nul besoin d'investiture.

Ce système de publicité absolue, d'après lequel le droit réel ne résulte que de l'inscription, exclut par conséquent les privilèges et les hypothèques tacites. L'un est, en effet, la négation des autres.

Le principe de la spécialité est, lui aussi, scrupuleusement respecté, car la loi dans ses articles 23 et 24 ordonne que la demande d'inscription contienne la désignation exacte de l'immeuble et l'estimation du montant de la créance en monnaie légale.

Il existe une conservation de livre foncier auprès de chaque tribunal de bailliage, conservation placée sous la direction du " *Grunbuchrichter* ". Celui-ci est, durant trois années, responsable envers les parties de toute faute par lui commise dans l'exercice de ses fonctions, si les parties n'ont aucun autre moyen de se faire indemniser (1). S'il est insolvable, la victime a alors un recours contre l'Etat.

Tout bureau comprend également un dépôt des titres, classés par dossiers correspondant aux feuillets des livres Fonciers qu'ils ont permis d'établir.

Dans chaque conservation se trouve un *registre d'entrée* analogue à notre registre des dépôts, où le juge inscrit la date, le jour, l'heure et la minute de chaque demande d'inscription. Dans la législation prussienne, cette mesure est de la plus haute importance, puisque la priorité dépend, non pas de la date de l'inscription, mais de celle de la demande.

Une des lois du 5 mai 1872 a pris soin de régler elle-même comment doit se faire la communication des registres. Elle en fait juge le *Grundbuchrichter*, et l'autorise à les communiquer à tous ceux qui justifient de l'intérêt juridique nécessaire à cet effet.

Enfin l'harmonie la plus complète existe entre le livre foncier *Grundbuch* et le cadastre *Flurbuch*. Toute inscription de propriété au livre foncier est aussitôt notifiée à l'administration du cadastre. Chaque année, de son côté, le directeur du Cadastre avertit le *Grundbuchrichter* des changements matériels survenus dans les propriétés de son ressort. Le *Grundbuchrichter* communique encore à la direction du cadastre un état des mutations inscrites dans le courant de l'année précédente.

Telles sont les formes de la publicité prussienne. Les effets qu'elle produit sont les suivants. Tout d'abord le premier inscrit prime les autres. L'article 4 de la première

(1) Deuxième loi du 5 mai 1872, art. 29.

loi prussienne du 5 mai 1872, indique que peu importe
que ce premier inscrit ait eu connaissance d'un titre
d'acquisition antérieur au sien ; cela ne fait nul obstacle
à son inscription. La loi Belge, j'ai eu l'occasion de le
dire, résout la question d'une manière inverse (1).

Le second effet le plus important, c'est *la foi due au
registre, la force probante.* L'inscription de propriété portée au livre foncier, purge le droit de l'acquéreur des
différents vices légaux qui pourraient l'infester, résolution, rescision, etc. Par conséquent toute inscription portée
au livre foncier, fait foi absolue à l'égard des tiers de
tout ce qu'elle contient. C'est là ce que M. Ferron qualifie
très bien de *effet positif* de l'inscription (2), par allusion
au simple *effet négatif* que produit chez nous la transcription ou l'inscription, soit que tout droit réel non inscrit n'existe pas à l'égard des tiers.

Mais puisque les effets de l'inscription au livre foncier
prussien sont si importants, le législateur n'a admis à ce
bénéfice que des mentions bien nettement vérifiées et
réunissant toutes les garanties voulues par la loi. Voilà
pourquoi le principe de légalité que j'indiquais plus haut
existe, venant prêter à celui de force probante un appui
que ce dernier lui rend du reste.

La publicité n'étant établie qu'en faveur des tiers acquéreurs et surtout des créanciers, la force probante, qui
en est un des principaux effets, devait exister spécialement pour eux. C'est pour cela que les mentions du livre
foncier font preuve absolue en faveur des tiers, à condition, bien entendu, que ces tiers soient de bonne foi et
aient contracté à titre onéreux.

(1) Voir plus haut, p. 136.
(2) Ferron, *op. cit.*, p. 280.

M. Ferron cite sur ce sujet une phrase de l'exposé des motifs des lois de 1872 qui ne laisse aucun doute à cet égard : « Une inscription fausse, y est-il dit, et qui résulte d'une méprise du conservateur, ne peut transférer la propriété. La personne ainsi inscrite n'est qu'un faux propriétaire. Sans doute, l'intérêt public exige que cette inscription fasse foi et que par conséquent les droits concédés par ce faux propriétaire soient inattaquables. Mais, cette foi due à l'inscription, ne saurait être invoquée par celui-là même qui en connait la fausseté (1) ».

Ce dernier membre de phrase exclut évidemment les tiers de mauvaise foi; mais il n'y est pas question de la seconde condition à savoir que les tiers aient contracté à titre onéreux. La force probante qui risque de compromettre des droits très respectables, n'existe qu'en faveur du Crédit Public : on doit donc l'y cantonner. Par suite, c'est hors de sa sphère que se trouve un tiers acquéreur à titre gratuit. Lui, après tout, mérite une protection moins grande qu'un tiers créancier et qu'un tiers acquéreur à titre onéreux qui eux ont payé, alors qu'il reçoit un avantage sans faire aucun débours.

Mais si le livre foncier fait preuve complète, par rapport aux tiers qui ont contracté de bonne foi et à titre onéreux, il n'en est plus de même entre les parties. De vendeur à acheteur, l'acte reste soumis à toutes les causes de caducité qui lui sont propres. Aussi l'article 9 de la première loi du 5 Mai 1872, décide-t-il que « toute inscription pourra être attaquée conformément au droit civil ».

Ainsi donc l'inscription portée au livre foncier au nom de l'acquéreur pourra tomber, mais les tiers acquéreurs

(1) Ferron, *op. cit.*, p. 279.

ou créanciers hypothécaires ne seront en rien lésés. En leur faveur l'effet de la force probante est absolu. Seul l'acquéreur pourra être atteint, car par rapport à lui ce principe n'existe pas.

Le législateur prussien n'a admis la force probante que dans l'intérêt limité des tiers. Cet intérêt cessant de se manifester, la force probante cesse, elle aussi. Mais même contenue dans ces limites, elle peut parfois causer des mécomptes. Aussi, pour en atténuer les inconvénients, le système prussien comprend-il en outre une théorie fort ingénieuse, celle de la *prénotation Vormerkung*.

La prénotation est une inscription préventive et conservatoire, que peut prendre toute personne avec l'autorisation du juge, pour la sauvegarde de ses droits.

Je suppose un vendeur et un acheteur. Le vendeur a bien consenti à la vente, mais il ne veut pas se rendre devant le juge foncier pour faire procéder à l'investiture de l'acquéreur. Celui-ci se trouve simple créancier de l'immeuble. Il n'a pour le moment aucun droit réel. C'est ce qu'indique d'abord l'article 1er de la première loi de 1872 : « en cas d'aliénation volontaire, la propriété d'un immeuble n'est acquise que par une inscription au livre foncier faite à la suite d'un acte d'investiture (1) ». Une phrase de l'exposé des motifs de la loi, annonce de son côté que « celui qui par suite d'une vente, d'un échange ou d'une convention quelconque est en droit d'exiger l'investiture d'un immeuble, ne peut agir que par voie d'action personnelle contre son cocontractant. Il ne peut revendiquer l'immeuble contre les tiers (2) ».

(1) *Bulletin de la Société de législation comparée.* Année 1873, p. 30.
(2) *Ibid. loc.*, p. 55.

L'acquéreur dans ces conditions, demandera au juge l'autorisation de faire inscrire une prénotation pour la sauvegarde de ses droits. Par l'action personnelle, il forcera le vendeur à faire procéder à l'accomplissement de l'investiture de l'immeuble. Mais si ce dernier concédait à d'autres des droits réels, plus tard l'investiture survenant en faveur du bénéficiaire de la prénotation, tous ces droits réels seraient caducs, précédés qu'ils seraient par la prénotation qui sortirait alors son plein et entier effet.

Ce procédé dont les avantages sont évidents, corrige fort bien le système un peu trop formaliste et rigide de l'investiture, qui pourrait à l'occasion léser des droits très légitimes.

Quoiqu'il en semble, la prénotation n'est nullement inconnue du droit Français. L'article 958 de notre code civil, la prévoit pour le cas de révocation des donations pour cause d'ingratitude. Il décide qu'un extrait de la demande en révocation, doit être inscrit en marge de la transcription de la donation effectuée conformément à l'article 939. Tout droit réel concédé postérieurement à cette mention est caduc, si le jugement prononce ensuite la révocation.

A la différence de ce que j'indiquerai plus loin en faisant l'étude du système foncier autrichien, la prescription acquisitive n'est pas admise contre le propriétaire inscrit. Cette conséquence de la loi est logique : il ne peut y avoir en effet comme vrai propriétaire de l'immeuble par rapport aux tiers, que celui qui est mentionné comme tel au feuillet correspondant du livre foncier.

Toujours, dans le même ordre d'idées : une inscription hypothécaire, portée au livre foncier, n'est pas susceptible de péremption. Elle persiste jusqu'à sa radiation.

La sous-commission juridique du Cadastre a voté dans son avant-projet, un article identique, qui est ainsi libellé: « Les inscriptions de privilège et d'hypothèque ne sont point susceptibles de péremption : elles conservent leur effet jusqu'à la radiation (1). »

Bien que l'étude du Crédit Foncier ne rentre pas dans le cadre de mon sujet, je crois néanmoins utile de donner quelques indications sur son fonctionnement en Prusse. Elles compléteront l'étude sommaire qui précède sur la forme et les effets de la législation foncière de ce pays.

Le crédit foncier est mis en œuvre, au moyen des bons fonciers et des bons hypothécaires.

Le bon foncier *Grundschuldbrief* peu usité, puisque sur 18.000 hypothèques inscrites dans une année à Berlin, il n'y a que 200 dettes foncières, réalise la mobilisation du sol. Ce n'est pas une invention de la législation prussienne. L'idée provient probablement des *Handfesten* de Brême et peut-être même des cédules de notre loi de l'an III si discréditées dans un certain milieu. Il est assez piquant de constater que d'autres ont su introduire chez eux une théorie juridique, la faire même entrer dans le domaine de la pratique, alors que chez nous, à tort ou à raison, elle a toujours été considérée comme une dangereuse utopie.

Le bon foncier représente donc un fragment de la propriété. Il mentionne la valeur de l'immeuble dont il dépend, le nom du propriétaire, l'assurance, les hypothèques inscrites, et porte un numéro d'ordre qui, en cas d'expropriation, servira à fixer le rang de chacun. Le propriétaire qui ne peut jamais renoncer au droit de s'en

(1) Procès verbaux du Cadastre, F. V., p. 582.

faire délivrer, fait donc inscrire sur le feuillet de son immeuble, et sous la garantie de celui-ci, une série d'obligations foncières à son nom sans limitation de somme, et
en représentation, il reçoit les bons fonciers correspondants. Il les cèdera au mieux de son crédit. Les bons
sont cessibles au porteur ou par endossement. Ils existent indépendamment de toute obligation personnelle
préexistante. Quand ils passent en d'autres mains, il n'y
a pas besoin d'en faire mention au livre foncier, car la
purge n'existe pas dans la législation prussienne, sauf au
cas de vente forcée.

La dette foncière a une vie propre par elle-même. Elle
existe indépendamment de toute obligation personnelle.
Elle n'est pas limitée en valeur à la différence de la
cédule de notre loi de Messidor an III, dont le montant
ne pouvait dépasser les 3/4 de la valeur de la propriété.

Les lettres de gages ou bons fonciers que le *Grundbuchrichter* délivre en représentation de la dette foncière, contiennent, je l'ai déjà dit, tous les renseignements
que peut exiger la sécurité des prêteurs à venir. Le bon
foncier porte en outre des coupons d'intérêts qui sont
payables au porteur.

Possédant en portefeuille, cet instrument de crédit
dont on ne saurait méconnaître les avantages, le propriétaire peut, grâce à lui, trouver rapidement de l'argent dans
un moment de crise passagère. Au surplus, ces différents
bons fonciers étant numérotés, il peut les engager dans
l'ordre qu'il veut, réserver les premiers numéros pour les
mauvais jours et engager les derniers tout d'abord.

Quant au porteur du bon foncier, il a le droit, en cas de
non paiement des coupons, de poursuivre l'expropriation
de l'immeuble. S'il a besoin d'argent, il cède et transfère,

son bon, et en réalise ainsi sur le champ le montant. Ce
sont là, on en conviendra, de précieux avantages.

Si maintenant l'immeuble garantissant les bons fonciers
en circulation, vient à être vendu, l'acquéreur qui succède
à toutes les obligations de son auteur, tant personnelles
que réelles, ne pourrait les rembourser avant leurs
échéances. Néanmoins, celles-ci survenant, s'il ignore les
noms des créanciers, il n'aura qu'à faire procéder aux
publications légales et à consigner ensuite le capital et
les intérêts des dettes échues.

Ainsi donc le bon foncier circule tout comme un effet
de commerce. Mais, il n'est pas le seul à être négocié
ainsi. Il en est de même du bon hypothécaire ou *pfand-
brief*. Celui-ci mobilise l'hypothèque, tout comme le
bon foncier mobilise la dette foncière.

Cependant il y a des différences notables entre les deux.
La première est palpable et ressort des indications précédentes. Le bon foncier mobilise le sol, le bon hypothécaire mobilise l'hypothèque. Ensuite, je l'ai déjà dit, le
bon foncier peut être émis sans qu'aucune obligation
personnelle préexiste. Il en est autrement du bon hypothécaire, dont une obligation personnelle doit précéder
la naissance. Bien plus, cette obligation doit toujours
être annexée et scellée au bon hypothécaire qui ne peut
circuler qu'avec elle. Enfin, alors que les parties ne peuvent renoncer au droit de faire inscrire des dettes foncières et d'émettre par conséquent des bons fonciers,
elles peuvent fort bien renoncer au droit de faire inscrire
des hypothèques et par suite d'émettre des bons
hypothécaires (1).

(1) Article 122, 2me loi du 5 Mai 1872 « Les parties pourront renoncer à
l'émission des bons hypothécaires, mais elles ne pourront renoncer à
l'émission des bons fonciers ».

L'inscription hypothécaire une fois prise, le juge délivre en représentation de cette dernière, les bons hypothécaires correspondants. Pour le surplus, il suffit de se reporter aux explications que j'ai fournies sur le bon foncier.

Tel est dans ses grandes lignes le système foncier prussien des lois de 1872. On ne saurait sans injustice méconnaître ses avantages considérables, ainsi que l'incontestable supériorité qu'il a sur le nôtre. La publicité y est organisée avec le plus grand soin. La garantie que donnent aux tiers les registres fonciers consolidés par les principes de force probante et de légalité, est aussi complète que possible. La sécurité la plus entière préside aux transactions pour le bien commun des différents intéressés.

La seule objection sérieuse qu'on pourrait lui faire, porte sur son formalisme un peu trop accentué. Je reconnais très bien que pour donner à la publicité tout son développement, un certain formalisme est nécessaire, mais précisément, il y a là une mesure à savoir garder que le législateur prussien a peut-être un peu dépassée. Cette cérémonie de l'investiture notamment, serait-il bien nécessaire de la renouveler à chaque mutation ?

Pourtant, il ne faut pas le dissimuler, les avantages du système foncier prussien sont très réels. Dans le chapitre suivant, j'étudierai la question de savoir s'il ne conviendrait pas d'en proposer l'application chez nous.

II. — Le nouveau Code Civil Allemand et la loi sur l'organisation des livres fonciers. — Le nouveau Code

Civil allemand promulgué le 18 août 1896, est entré en vigueur le 1ᵉʳ janvier 1900.

Sur le point spécial qui nous intéresse, il a consacré pleinement les principes contenus dans les lois foncières du 5 mai 1872.

L'article 891, notamment, met en relief le principe de force probante : « Si un droit est inscrit au profit de quelqu'un sur le livre foncier, on présume que ce droit lui appartient (1). »

L'article 900 du nouveau code contient une disposition intéressante qui consacre la prescription tabulaire ; la voici : « Celui qui est inscrit en qualité de propriétaire de l'immeuble sur le livre foncier sans avoir acquis la propriété, devient réellement propriétaire si l'inscription a duré trente ans et si pendant ce temps, il a eu l'immeuble en sa possession. Ce délai se calcule de la même manière que pour la prescription des meubles, Il est suspendu tant que le bien fondé de l'inscription est contesté (2). »

Toutefois, il ne faudrait pas s'y méprendre et du reste le législateur allemand ne s'en n'est pas caché. Le nouveau Code Civil, tout en étant une œuvre dont on ne saurait méconnaître ni la grandeur, ni surtout la haute portée politique, n'est sur de nombreuses questions qu'une sorte d'écran. C'est une belle et grande façade, destinée à masquer des constructions plus petites et qui n'appartiennent pas au même style

Qu'on le parcoure, et l'on verra, maintes fois répétée, la phrase consacrée : « A moins que la loi n'en dispose

---

(1) Raoul de la Grasserie, *Traduction du Nouveau Code civil Allemand*, p. 191.

(2) R. de la Grasserie, *op. cit.*, p. 192.

autrement ». C'est dire nettement que pour le dehors, pour les apparences, le Code Civil Général est là, mais qu'ensuite, chacun reste maître chez soi et libre d'agir à sa guise. Il pourrait fort bien se faire, mais c'est là une simple hypothèse que j'émets, que les différents États confédérés de l'empire Allemand n'aient sacrifié leur indépendance législative qu'à ce prix et dans cette limite.

L'article 3 de la loi d'introduction au Code Civil réserve nettement le droit législatif de chaque État : « Lorsque dans le Code Civil… le droit de la législation est réservé ou qu'il est dit que les dispositions de ces lois restent en vigueur, ou qu'il peut en être émis par les États, les dispositions existantes des lois des États demeurent obligatoires et ceux-ci pourront faire des lois nouvelles (1) ».

La loi sur l'organisation des Livres Fonciers promulguée le 24 mars 1897 et applicable elle aussi depuis le 1er janvier 1900, ne diffère pas sensiblement dans ses dispositions des lois prussiennes du 5 mai 1872, c'est ce que reconnait très bien M. de La Grasserie dans son introduction : « Dans son ensemble, dit-il, la loi fédérale sur les livres fonciers ne s'écarte pas sensiblement de la loi prussienne de 1872 (1) ».

III. — Lois foncières de l'Alsace-Lorraine. — L'expérience législative que poursuit le Gouvernement Allemand au point de vue du système foncier, dans nos anciennes provinces Françaises, est pour nous pleine d'enseignements. Aussi vais-je brièvement étudier les différentes lois foncières qui ont été successivement mises en

(1) R. de la Grasserie, *op. cit.*, p. 518.
(1) R. de la Grasserie, *op. cit.*, p. CXXXII.

vigueur dans l'Alsace-Lorraine pour préparer l'établissement des livres fonciers.

Je dois ajouter que le nouveau Code Civil allemand qui est entré en usage depuis le 1ᵉʳ janvier 1900, y est applicable dans les communes dont le cadastre est rétabli et le livre foncier dressé.

Ces indications nous seront d'autant plus utiles que c'est notre loi même qui a été transformée. De plus, le morcellement en Alsace-Lorraine est peut-être encore plus prononcé qu'en France. Quant au cadastre, son état est des plus défectueux (1).

Une première loi du 31 mai 1884 (2) a ordonné la révision ou la réfection du cadastre suivant l'état de ce dernier dans la commune (3).

Cette opération se poursuit peu à peu. En 1892, 143 communes contenant 103.700 hectares et 417.090 parcelles, avaient eu leur cadastre révisé. Dans 48, il avait été refait ; celles-ci avaient une superficie de 28.473 hectares et comptaient 147.743 parcelles. On a calculé que 40 années seraient nécessaires pour mener l'entreprise à bonne fin.

Ces opérations cadastrales sont obligatoires. Elles sont effectuées aux frais des parties. Les limites assignées aux immeubles par les opérations, deviennent définitives si elles n'ont pas été attaquées dans les deux ans.

Les documents cadastraux doivent être tenus au courant avec le plus grand soin. Toute modification des parcelles est rapportée sur le plan dans le mois.

(1) Le rapport présenté à la Délégation en 1885, indique que les erreurs varient de 43 à 52 0/0.
(2) *Annuaire de législation étrangère*, 1885, p. 262.
(3) La révision coûte 7 marks l'hectare, la réfection 17.

Une fois la réforme primordiale du cadastre mise en train, une seconde loi consacrée à la réforme hypothécaire a été promulguée le 24 juillet 1889 (1). Cette loi était destinée à préparer la venue des livres fonciers en modifiant le système hypothécaire de notre Code Civil et de la loi du 23 mars 1855.

La transcription est dorénavant exigée tant pour les actes translatifs que pour les actes déclaratifs. Elle est obligatoire (2). Pour arriver à ce résultat, l'article 1er de la loi décide que les ventes de propriété et les partages, ne pourront être faits que par acte authentique. Les notaires sont donc chargés sous leur responsabilité personnelle de l'accomplissement de la formalité. La loi de 1889 exige aussi des notaires dressant une vente, un partage, un acte de constitution d'hypothèque, qu'ils fassent connaître les précédents propriétaires et en analysent exactement les titres.

L'action résolutoire du vendeur reste, comme chez nous, solidarisée avec le privilège ; mais, sous peine de dégénérer en une simple hypothèque prenant rang à sa date, elle doit être inscrite dans les 45 jours de la vente. L'intérêt de tous est, de la sorte, bien mieux sauvegardé.

Pour les autres actions en résolution, fondées sur la non exécution d'obligations contractuelles, elles ne peuvent êtres exercées que si l'acte porte que la non exécution entraînera la résolution, et si l'acte a été transcrit.

Tous les privilèges et les hypothèques sont soumis à la double règle de la publicité et de la spécialité. Le mon-

---

(1) *Annuaire de législation étrangere*, 1890, p. 305.

(2) A la suite de cette réforme, le nombre des transcriptions a plus que doublé ; de 29 000 avant la loi, il a dans l'année 1891 atteint le chiffre de 78.394.

tant de la créance doit être nettement indiqué, ainsi que le ou les immeubles constituant la garantie, aussi bien dans l'acte d'obligation que dans l'inscription à prendre.

Des précautions spéciales ont été édictées pour la sauvegarde des droits des incapables.

L'hypothèque légale du mineur est inscrite sur la réquisition du tribunal de bailliage. Le Conseil de famille, convoqué par le subrogé-tuteur, les parents, alliés, créanciers du mineur ou le ministère public, détermine le *quantum* de l'hypothèque et les immeubles qu'elle grèvera. On peut surseoir à l'inscription, si le tuteur fournit un cautionnement en valeurs de la nature de celles que prévoit l'article 1er de la loi du 16 juin 1887 sur la tutelle (1).

En cours de tutelle, les inscriptions peuvent être augmentées ou diminuées suivant les besoins, par le juge de bailliage après réunion du Conseil de famille. L'hypothèque légale s'éteint une fois écoulée l'année qui suit la majorité du pupille.

L'inscription de l'hypothèque légale de la femme mariée est confiée aux mêmes personnes que chez nous, à l'exclusion toutefois du ministère public qui n'en est pas chargé.

Si dans le contrat de mariage une hypothèque est spécifiée, elle sera prise aussitôt. Il ne peut y être convenu qu'aucune hypothèque ne sera prise, mais la stipulation qu'elle ne portera que sur des immeubles désignés est valable. La femme peut consentir à cette spécialisation qu'elle soit majeure ou mineure, à la différence de ce qui a lieu chez nous (2).

(1) *Annuaire de législation étrangère*, 1888, p. 383.
(2) Voir article 2140 du Code Civil et Çass., 18 août 1856.

En cours de mariage, on prendra les inscriptions qui pourront être utiles.

L'hypothèque légale de la femme mariée s'éteint avec l'année qui suit le mariage.

L'hypothèque judiciaire, dont le gouvernement allemand demandait la suppression, a été maintenue. Mais elle ne résulte plus que des seuls jugements de condamnation, et ne porte que sur les immeubles indiqués nominativement dans l'inscription.

La loi de 1889, dans un but louable, a également réduit d'une manière très sensible les tarifs et droits fiscaux ainsi que les honoraires des notaires pour les actes à transcrire ou à inscrire.

Il résulte d'un tableau que M. Besson emprunte au *Bulletin de statistique et de législation comparée du Ministère des Finances*, que les frais des ventes de 100, 300, 500 marcks qui avant la loi du 24 juillet 1889 représentaient respectivement 19,10 %, 10,03 % et 8.62 % du capital, ont été réduits à 9,15 %, 7,45 %, 7,07 % (1). L'économie varie donc de 18 à 52 %. C'est à considérer.

Cette seconde réforme une fois accomplie, la loi du 22 juin 1891 (2) est venue introduire les livres fonciers en Alsace-Lorraine (3).

A la différence du régime prussien, dont le livre foncier n'est personnel que lorsque le morcellement du sol est poussé trop loin, comme j'ai eu l'occasion de l'indiquer plus haut (4), le livre foncier alsacien est exclusivement

(1) Besson, *op cit.*, p. 231.
(2) *Annuaire de législation étrangère*, 1892, p. 331
(3) Cette loi a été elle-même modifiée par celle du 14 juillet 1895 rapportée aussi dans l'*Annuaire de législation étrangère* 1896, p. 234.
(4) Voir plus haut, p. 152.

personnel. Un compte ouvert au nom du propriétaire contient tous les immeubles qu'il possède dans la commune. Deux répertoires facilitent les recherches, un *index alphabétique des noms de propriétaires* et un *répertoire parcellaire.* Il résulte des travaux préparatoires de la loi, que seul le livre foncier personnel était possible à tenir à cause du morcellement extrême du sol et de la faible étendue des parcelles.

La tenue du livre foncier alsacien est confiée au juge cantonal. Le livre foncier est, je l'ai dit, établi par communes. Les intéressés et leurs notaires peuvent le consulter gratuitement. Quant aux autres personnes, elles doivent payer un droit de 1 mark par heure et par feuillet consulté.

La loi de 1891, par une disposition inspirée des lois prussiennes du 5 mai 1872, décide qu'aucun acquéreur par acte entre vifs ne peut être inscrit au livre foncier comme propriétaire, si son auteur immédiat ne l'est pas lui-même.

La loi de 1891 donne au juge cantonal un pouvoir d'examen assez étendu. À lui de rechercher, si le droit prétendu existe ou non, s'il est de nature à être inscrit ou radié, si les conditions de forme ont été remplies, si les différentes pièces nécessaires ont été produites. Il y a là tout autant de questions à examiner.

L'acquéreur, pour qu'il soit procédé à l'inscription, présente au juge un extrait de son titre d'acquisition, contenant l'origine de propriété complète, ainsi que la désignation cadastrale.

L'héritier prouve sa qualité conformément à la loi. S'il s'agit de l'héritier légitime, il produit un extrait de partage ou un certificat d'hérédité dressé conformément à la loi du 10 mai 1886 (1). Le successeur irrégulier ou le légataire fournit son jugement d'envoi en possession.

Une fois ces vérifications achevées, le juge procède à l'inscription. Toute personne lésée est directement indemnisée par le Trésor Public.

Les effets de l'inscription, différencient encore le livre foncier alsacien de celui de la Prusse. Le principe de la force probante n'y a pas été admis. Les tiers qui ont contracté de bonne foi et à titre onéreux, peuvent encore être évincés. Toutefois, il y a lieu de distinguer. Comme je l'ai indiqué plus haut, une action en résolution, pour inexécution d'obligations résultant du contrat, ne peut réfléchir contre les tiers que si mention de cette cause de résolution a été faite dans l'acte, et si elle a été inscrite au livre foncier. Si toutefois l'action se base sur un principe d'ordre public, atteinte à la réserve, incapacité du disposant, etc., les tiers risqueront d'être évincés, bien que la mention n'en n'ait pas été faite.

L'exposé des motifs indique, néanmoins, qu'étant donné la perfection du mécanisme de la loi, ces évictions seront fort rares. En tous cas, le Trésor Public en indemnisera les victimes.

Des mesures spéciales ont été prises en vue de la première inscription au livre foncier. Une ordonnance ministérielle du 20 septembre 1891, est venue compléter la loi du 22 juin 1891 sur ce point important.

Dès que les opérations cadastrales sont achevées dans une commune, un arrêté ministériel ordonne d'y confectionner le livre foncier.

(1) Cette loi, pour assurer la sincérité des déclarations nécessaires, punit celles qui sont fausses d'une peine variant de un mois à trois ans de prison.

A cet effet, le Tribunal fait apposer des affiches et insérer des avis dans les journaux annonçant l'opération. Chaque propriétaire inscrit à la matrice cadastrale est ajourné à une audience spéciale, pour y fournir ses titres de propriété et y indiquer clairement ses auteurs (1).

Une fois les explications données par les comparants, un triple avis est fait dans les journaux pour que les personnes intéressées fassent valoir leurs droits dans un délai de 28 jours.

Procès verbal de toutes les opérations précédentes est rédigé. Il permet au greffier d'établir un canevas du livre foncier que le tribunal vérifie.

Les registres sont ensuite dressés et déposés à la mairie pendant 14 jours. Un dernier délai est imparti pour les oppositions. Toutes ces opérations terminées, avis en est donné au ministre qui ordonne enfin d'établir le livre foncier définitif

Il faut reconnaître que la loi prend toutes les précautions possibles pour mener à bien cette délicate opération.

Depuis le 1er janvier 1900, le nouveau Code Civil allemand est appliqué en Alsace-Lorraine. L'article 5 de la loi d'introduction du Code, mentionne spécialement l'Alsace-Lorraine, et la considère comme Etat Confédéré au sens du Code Civil.

Bien entendu les dispositions contenues dans la loi réglementant l'organisation des livres fonciers du 24 mars 1897 (2) ne s'appliquent qu'aux seules communes dont

---

(1) Les comparants sont exemptés du paiement du droit d'inscription. Le paiement de ce droit constitue l'amende des défaillants.
(2) Voir à ce sujet R. de la Grasserie *op. cit.*, p. 518 et seq.

le cadastre est achevé. Là, les effets de l'inscription sont ceux que prévoit la loi nouvelle et le Code Civil Général.

IV.— Le Système Autrichien (1).— Dès le treizième siècle apparaissent en Bohême et en Moravie les registres dénommés *Landtafeln* ou *Tabulæ terræ* (2), qui peu à peu se répandirent dans tout l'empire. Les différents actes concernant les transferts immobiliers y étaient rapportés, et ce n'est qu'après l'inscription sur ces registres que la transmission de propriété se trouvait accomplie. Les droits réels n'étaient irrévocablement fixés sur la tête de l'inscrit qu'une fois le délai de 3 ans et 18 semaines, écoulé.

Ces registres, dépourvus d'organisation, furent transformés par les lettres patentes du 22 avril 1794. Au lieu de mentionner simplement les actes d'après leur ordre chronologique comme par le passé, ils ouvraient un compte à chaque parcelle. Cinq registres, dont le principal était le *hauptbuch*, servaient à la manutention du nouveau régime.

Le Code Autrichien de 1811 ne changea nullement l'organisation précédente. Il se borna à définir légalement le rôle du livre foncier, et à indiquer que la propriété ne se transfère même entre parties que par l'inscription sur le registre. De plus, le législateur semblait laisser de côté la force probante, l'article 442 du Code n'était, en effet, que la traduction de la règle : *nemo plus juris ad alium*

(1) Consulter sur la législation autrichienne : *Annuaire de législation étrangère*, année 1875, p. 232 et 286 et *Bulletin de la Société de législation comparée*, année 1876, p. 343, année 1879 p. 464 et année 1881, p. 515.
(2) Voir l'étude de Randa : *du développement historique des livres fonciers en Autriche dans le Bulletin de la Société de législation comparée*, de l'année 1879, p. 464.

transferre potest quam ipse habet. Il s'exprimait ainsi :
« Nul ne peut céder à autrui plus de droits qu'il n'en
a lui-même. »

Il paraît que la concordance du *Hauptbuch* et du
cadastre était loin d'être parfaite. Elle avait peu à peu
disparu. Les réclamations des propriétaires fonciers, qui
étaient d'abord restées sans écho, amenèrent enfin le
Gouvernement à déposer un projet de loi sur la matière
à la Chambre des Seigneurs le 24 décembre 1869. Il
devait aboutir à la loi foncière du 15 février 1872.

Il existe en Autriche trois livres fonciers distincts :
Le *Grundbuch* sur lequel figurent les immeubles qui
sont dans le commerce, *L'Eisenbahnbuch* sur lequel
sont mentionnés les immeubles appartenant aux chemins de fer et le *Bergbuch* où figurent les mines et
les différentes propriétés minières.

Le " *Grundbuch* " est le seul dont j'ai à m'occuper. Il
n'est pas tenu comme en Prusse par un magistrat
spécial le *Grundbuchrichter* (1), mais il dépend du greffe
des différents tribunaux, tribunaux de canton *Bezirksge-
richte* ou cours de première instance *Gerichtshöfe ersten
Instanz.* Le tribunal tout entier discute l'inscription à
y porter.

Chaque bureau a autant de livres fonciers à tenir
qu'il compte de circonscriptions cadastrales.

Les registres fonciers sont les suivants : Il y a d'abord
le *hauptbuch*, c'est le registre principal, et le registre
des titres *Urkundenbuch.* Vient ensuite le livre journal
Tagebuch où sont portées les demandes d'inscrip-

(1) Voir plus haut p. 154.

tion (1). Un répertoire parcellaire *parcellen-register* et un index des noms de propriétaires *personen-register* facilitent les recherches.

Le livre foncier autrichien est exclusivement réel. Le *hauptbuch* ouvre un compte à chaque unité foncière. Bien entendu, en Autriche comme en Prusse, toute parcelle qui vient s'ajouter à une autre sur le même feuillet, se trouve aussitôt soumise aux mêmes charges que la précédente.

Les diverses parcelles d'un même immeuble situées dans la même circonscription cadastrale, sont d'ordinaire l'objet d'un seul compte au livre foncier. Il en est ainsi quand elles sont assujetties aux mêmes charges. Néanmoins le propriétaire reste toujours libre de se faire ouvrir un compte spécial pour celles de ses parcelles qui seraient soumises à des droits réels différents.

Le compte de chaque immeuble comprend plusieurs feuillets. Le premier *Gutbestandblatt* est consacré à l'état matériel de l'immeuble. Y figurent sa description, sa contenance, sa nature, les références cadastrales ainsi que l'indication des parcelles qui peuvent y avoir été ajoutées ou retranchées. Les servitudes actives y sont également portées.

Le second *Eigenthumsblatt* concerne le droit de propriété. Il contient l'énumération des propriétaires successifs de l'immeuble, l'indication de leurs titres, les dates de leurs inscriptions, etc.

Le troisième *Lastenblatt* est la feuille des charges. Les

(1) Il convient de remarquer que la priorité des droits réels résulte non pas de la date de l'inscription au registre foncier, mais de celle de la mention de la requête au *Tagebuch*.

droits réels grevant l'immeuble, servitudes passives, usufruit, hypothèque, rentes foncières y figurent. Les restric-
tions au droit de disposer, minorité, saisie, faillite,
substitution y sont également indiquées.

Le livre foncier autrichien est *réel* quel que soit l'état
du morcellement du sol (1).

Maintenant que nous connaissons le *hauptbuch*, voyons
comment s'opèrent les inscriptions.

Les articles 4 et 9 de la loi nouvelle prennent soin de
nous dire que l'inscription est indispensable pour opérer
l'acquisition, la transmission, la restriction et l'extension
des droits réels sur les immeubles (2).

Le contrat n'a pas besoin d'être authentique mais s'il
est sous seing privé, il doit être légalisé.

Le contrat suivi de tradition, produit des effets plus
importants que dans la législation prussienne. Les risques
passent à l'*accipiens* qui peut exercer l'action *fondée
sur la présomption de propriété*, et opposer au propriétaire inscrit l'exception *rei venditæ et traditæ*, si
c'est de lui qu'il tient la chose. M. Ferron fait remarquer avec raison, que cette réglementation de la propriété amène un dualisme analogue à l'ancienne distinction des propriétés quiritaire et bonitaire romaines (3).

La requête en inscription est adressée non plus comme

(1) M. Boutin a donné à la sous-commission juridique du Cadastre des
renseignements précis sur cette question : « En Moravie, dit-il, la contenance moyenne des parcelles est de 41 ares, alors qu'en France cette contenance est de 33 ares, si l'on considère la superficie imposable. Dans
l'Istrie elle est de 31 ares, et dans le pays de Trieste, elle est de 17 ares
seulement. Cet état de morcellement n'a pas empêché le Gouvernement
d'adopter le régime des livres par immeubles. »
Voir pour plus de détail *Procès verbaux du Cadastre*, T. ii, p. 171.
(2) L'article 873 du nouveau Code Civil allemand contient l'expression des
mêmes idées sous une forme différente.
(3) Ferron, *op. cit.*, p. 232.

en Prusse au *Grundbuchrichter,* seul, mais au tribunal tout entier *Grundbuchgericht.* C'est à lui a statuer ; il doit se rendre compte des quatre points suivants : la requête n'est-elle pas en opposition avec les mentions du livre foncier et l'aliénateur y figure-t-il comme propriétaire ? Les titres produits justifient-ils la demande ? Les formes prescrites ont-elles été observées ? Les parties sont-elles capables ?

Si le tribunal .ordonne l'inscription, sa décision en indique la teneur, que le greffier n'aura plus qu'à copier sur le registre.

Si la demande est rejetée, mention en est néanmoins faite au livre foncier. Cette précaution a pour but de ménager les droits des parties qui peuvent exercer un recours contre cette décision.

Le principe de *légalité* reçoit, comme on le voit, une large application.

L'inscription, une fois accomplie, opère le dessaisissement du cédant et transfère la propriété à l'acquéreur.

Mais le droit qu'elle a fait acquérir peut être attaqué et tomber avec elle.

Deux recours sont possibles pour ceux qui se croient lésés : d'abord un recours direct contre la décision judiciaire, tant qu'elle n'est pas passée en force de chose jugée (1), puis l'action en nullité tant que les délais de la prescription ne sont pas expirés (2).

Pour comprendre le mécanisme de l'action en nullité, il faut savoir que dès que l'inscription a été faite sur le livre foncier, le greffier la notifie à tous ceux que le tribunal lui a indiqués dans sa décision, le requérant, l'admi-

(1) Loi de 1872, art. 26.
(2) Loi de 1872, art. 62.

nistration du cadastre, enfin les différentes personnes, dont l'inscription peut restreindre, altérer ou modifier le droit de propriété.

Donc, le demandeur en nullité averti de l'inscription, a un délai de 30 à 60 jours pour faire mentionner au livre foncier son action. Un nouveau délai de 60 jours lui est donné pour la former. Si l'action en nullité réussit, l'inscription tombe et avec elle les droits réels consentis postérieurement à l'inscription. Si elle a été intentée après le délai de 60 jours et qu'elle réussisse quand même, les seuls droits réels consentis postérieurement à la mention tomberont.

Si maintenant le demandeur en nullité n'a pas été averti de l'inscription, il peut attaquer celle-ci tant qu'une prescription ne vient pas la couvrir, et, si l'action réussit, avec l'inscription tombent tous les droits réels qui avaient pu être consentis depuis lors.

Il est facile de voir que la législation autrichienne, tout en donnant aux prêteurs et acquéreurs moins de garanties que la loi prussienne, protège bien davantage que celle-ci les droits du véritable propriétaire. Les effets de la *force probante* sont beaucoup moins étendus qu'en Prusse.

J'ai parlé tantôt de l'inscription *Einverleibung* au livre foncier. Ce n'est pas la seule insertion qui y soit faite. Il y a aussi la prénotation *Vormerkung* analogue à celle de la loi prussienne, et la simple mention *Anmerkung* dont le but est de porter à la connaissance des tiers certaines situations spéciales (minorité, faillite, interdiction) ou des circonstances de fait comme un procès.

Ces différentes mentions permettront de renseigner complètement les tiers.

La législation autrichienne diffère encore des lois prussiennes de 1872, au point de vue de la prescription acquisitive. L'article 6 de la première loi du 5 février 1872, décide que la prescription ne peut avoir lieu contre le propriétaire inscrit. En Autriche par contre la prescription acquisitive, tant de la propriété que des autres droits réels, est possible. Mais le législateur exige, une fois les délais de prescription accomplis, la réunion de deux conditions : l'acquéreur par prescription, devra requérir de la justice son inscription à la place du propriétaire inscrit et il sera tenu de respecter les droits acquis à titre onéreux sur l'immeuble par des tiers de bonne foi (1).

Telle est la législation autrichienne ; le principe de force probante y est poussée moins loin que dans la loi prussienne. C'est peut-être un bien. De la sorte, en effet, les intérêts du véritable propriétaire risqueront moins d'être sacrifiés à ceux des tiers acquéreurs ou créanciers.

La loi foncière de la Hongrie date du 15 décembre 1855. Elle est basée sur les mêmes principes que la loi autrichienne qui lui a fait, du reste, d'assez nombreux emprunts.

Le régime foncier de Dalmatie date du 10 février 1881. Il reproduit presque textuellement la loi autrichienne du 15 février 1872.

Section troisième. — **L'act Torrens et ses dérivés.**

I. — Le système australien. — *L'act Torrens*, comme toutes les choses nouvelles et peut-être en raison même

---

(1) Le nouveau Code Civil Allemand a en partie détruit cette différence. Voir plus haut p. 167, l'article 900 du nouveau Code.

de son exotisme, avait tout à fait séduit les économistes
et les vulgarisateurs au début de ce dernier quart de
siècle.

M Charles Gide fit paraître sur le régime australien
une consciencieuse étude dans le *Bulletin de la Société
de législation comparée* de 1886. M. Alfred Dain, professeur à l'Ecole de droit d'Alger, l'étudia à son tour, sur
l'ordre du Gouverneur Général de l'Algérie, pour rechercher s'il y aurait lieu d'en appliquer éventuellement les
principes dans notre colonie. MM. Paul Leroy-Beaulieu,
Yves Guyot, Cauwès s'en occupèrent également. Enfin,
M. Worms en faisait la base de son système dans son
ouvrage : *La propriété consolidée*.

Il faut reconnaître qu'actuellement, on en est un peu
revenu. « Une étude plus approfondie et la réflexion
aidant, ont, comme dit M. Ferron, calmé cette belle
ardeur . On a proclamé ce qu'avaient déjà reconnu
dès l'origine dans une certaine mesure des esprits pratiques..... qu'il y avait là surtout un article d'exporta-
tion, bon pour les pays neufs, et il est à constater que
dans les délibérations de la sous-commission juridique
du Cadastre..... l'exemple du régime australien a été
assez rarement invoqué (1) ».

Un point particulier de l'histoire de *l'act Torrens*,
tout à son honneur du reste, puisqu'il indique les obsta-
cles qu'il a eu à surmonter, et qui a été, je le crois du
moins, peu mis en relief jusqu'à cette heure, consiste
dans la situation particulièrement difficile de l'Australie
au moment où il a été lancé.

C'était en pleine fièvre de l'or. La lutte entre les

(1) Ferron, *op. cit.*, p. 350.

Squatters et les *free Selectors* (1) venait d'être un moment abandonnée, pour la course échevelée vers les districts aurifères du Ballarat.

Le système *Torrens* apparut. Dès lors la propriété foncière se consolida. Elle acquit un supplément de valeur considérable et prit le développement que l'on sait.

Les terrains cultivables, qui couvraient une superficie de 1.900.000 hectares avant son établissement, en occupent actuellement 5.900.000. Sur ce nombre, 4.500.000 hectares sont placés sous l'égide de l'*Act Torrens*.

Les sept états de l'Australie y trouvent eux aussi leur compte, car bon an mal an, il vendent pour 180 millions de francs de terres, et comme l'a dit M. Noël Pardon, à la notice si intéressante duquel j'emprunte les détails ci-dessus, « la valeur de la propriété a augmenté en raison de sa sécurité et le taux de l'argent a diminué en proportion de la réalisation et de la circulation du crédit » (2).

Ces indications préliminaires données, j'arrive à la

---

(1) Les *Squatters* étaient les premiers colons libres employant assez la main-d'œuvre pénale. Leurs ressources limitées ne leur permettaient pas d'acheter des terres. Aussi préféraient-ils les louer pour en occuper une plus grande étendue afin de pouvoir se livrer sur une plus vaste échelle, à l'élevage du bétail.

Mais cela ne faisait pas l'affaire des Etats Australiens qui auraient bien voulu tirer un parti plus avantageux des immenses territoires dont ils disposaient. L'Australie encouragea généreusement et subventionna l émigration. Des colons nouveaux arrivèrent. On leur accorda des faveurs. On les autorisa à faire un triage parmi les terres des *Squatters*, et on leur vendit celles qu'ils avaient choisies ; c'était la *free selection*.

Dès ce moment, les *Squatters* comprirent qu ils n'étaient plus seuls. Des barrières se dressèrent pour enclore ces jeunes propriétés particulières · des limites furent également établies.

Il y avait, à cette époque, environ 1.900 000 hectares occupés C'est alors que se découvrirent les premiers gisements aurifères. Au même moment, Torrens lança son système.

(2) Discussion des *Rapport et projet de décret pour la Nouvelle Calédonie,* par M. Noel Pardon, dans Procès verbaux du Cadastre, F. II, p. 312 à 325, passim.

loi établissant en Australie le système Torrens. Le *real property act* date du 2 juillet 1858. Elle a été successivement modifiée en 1861, en 1878 et le 10 juillet 1890.

Sir Robert Richard Torrens, en sa qualité de directeur de l'Enregistrement de la colonie du *South Australia*, était mieux à même que personne de se rendre compte du du système plus que défectueux des *deeds* Anglais qui était également appliqué dans la Colonie (1).

(1) Le *deed* constitue une partie intégrante du système foncier Anglais depuis un *act* de 1865. La propriété foncière en Angleterre comprend deux grandes catégories de biens, les *copyholds* et les *freeholds* Le *freehold* est le bien noble, le *copyhold* la tenure roturière.

La vente du *copyhold* s'opère de la manière suivante. Le vendeur se présente devant le seigneur dont son bien dépend ou son *steward* ou intendant, pour lui rétrocéder l'immeuble. Un *mémorandum* en ce sens dressé par les parties, signé par elles et le *steward*, est aussitôt inscrit au registre du manoir. Le *steward* délivre ensuite à l'acquéreur copie de l'inscription signée et timbrée de lui. C'est là le titre de l'acquéreur Quant aux *freeholds*, l'investiture est complètement tombée en désuétude. La transmission qui avait eu lieu d'abord par le *Livery of saisin*, ou délivrance de la saisine, se fit ensuite au moyen du *Lease and release*.

Celui qui voulait acheter un *freehold* commençait par le prendre à bail pour en obtenir la possession légale du vendeur. Il pouvait aussi l'obtenir au moyen d'un marché *bargain*. Puis le vendeur abandonnait à l'acheteur le droit de propriété lui-même

C'était bien compliqué. Aussi, depuis 1845, un *act* a-t-il décidé que les *freeholds* se transmettraient par un acte de concession *deed of grant*. Les transactions se sont multipliées mais n'en sont pas devenues pour cela plus sûres.

Les *deeds*, sans aucune espèce de publicité, produisent leurs effets tout aussi bien entre les parties qu'à l'égard des tiers. Les autres droits réels constitués sur un immeuble, sont également occultes. Les actes qui les constituent, prennent rang à leur date. C'est déjà un pis aller, mais il y a plus

Là dessus viennent se superposer à l'occasion la *soudure* et la *consolidation*. La *soudure* ou *tacking* se produit quand un créancier qui a déjà prêté sur un immeuble, prête une seconde fois. Le second *mortgage* vient se souder au premier et prime par conséquent tous les *mortgagistes* intermédiaires. La *consolidation* a lieu quand un même créancier a prêté sur différents immeubles Il y a alors soudure, non plus entre les créances, mais entre les immeubles servant de garantie Il faut, cela va sans dire, que les différents immeubles appartiennent au même débiteur. Le dernier donné en gage sert tout aussi bien à la garantie de la première créance que

Une curieuse question d'histoire juridique est celle de savoir à quelle source le législateur australien a puisé ses premières idées. Bien entendu, autant d'auteurs, autant d'opinions. Sir Richard Torrens déclare s'être inspiré des coutumes hanséatiques. M. Maxwell, son continuateur, celui qui plus tard a établi le système dans les *Straits Settlements de Malacca*, estime que ce sont les ventes de navires qui lui en ont fourni les premiers éléments. Pour M. Yves Guyot, Richard Torrens a conçu son système après la lecture d'un journal local *The South Australian Registra*, qui signalant les frais et les complications inhérentes à tout transfert de propriété immobilière, demandait s'il n'y aurait pas moyen de transmettre la propriété foncière d'une manière plus expéditive

de la deuxième ou de la troisième. C'est, on en conviendra, une curieuse extension de l'indivisibilité de l'hypothèque, et il est piquant de constater que tous ces imbroglios législatifs se trouvent chez le peuple qui passe pour le plus affairé et le plus ami de la liberté de la terre.

Un projet de réforme déposé à la chambre des communes par le Lord Chancelier le 23 février 1888, a été modifié par la chambre des Lords. Grâce à l'influence considérable des *sollicitors* il dort paisiblement dans les cartons de l'Assemblée en attendant des jours meilleurs

Trois comtés font exception à la règle. Ce sont ceux de *Middlesex, York* et *Kingston upon Hull*. Quelques Statuts datant de la reine Anne et de George II de 1704, 1708, 1709 et 1735 y établissent un registre foncier local où doivent être inscrits à peine de nullité, les différents actes de mutations foncières ainsi que les concessions de droits réels.

Aussi est-il très difficile à un acquéreur sérieux de se renseigner sur la situation juridique de l'immeuble qu'il achète. Il lui faut se confier pleinement aux *sollicitors* dont l'industrie est des plus florissantes, grâce aux inconvénients du système. Le procès d'un *sollicitor* par trop entreprenant *Dimsdale*, en a montré les inconvénients. Il eut lieu en 1846. Ce triste personnage avait acheté à une de ses complices pour 28.000 livres soit 700 000 francs d'immeubles qu'il trouva moyen de revendre 11 fois à différents acquéreurs dans 15 années. Il parvint ainsi à extorquer 36.000 livres soit 900.000 francs.

On a bien voté tour à tour différents bills de réforme, tous basés sur l'act Torrens, proposés par Lord Westbury en 1863, Lord Selborne en 1873 et Lord Cairns en 1878. Mais le résultat de chacun d'eux a été des plus restreints.

et plus sûre. MM. Dansaert et Brunart pensent que
Torrens a puisé son idée dans le droit germanique (1).
Enfin M. Besson estime avec raison, je crois, que peut-
être l'*act Torrens* n'est que le développement de notre
ancienne appropriance de Bretagne : « Publication préalable à l'investiture de l'acquéreur, dit-il, période de purge
aboutissant à la délivrance d'un titre de propriété désormais inattaquable, il n'est pas une de ces données
caractéristiques du *real property act*, dont il n'eût
retrouvé l'idée initiale dans les dispositions de
l'appropriement (2) ».

Quoi qu'il en soit, l'origine de l'*act Torrens* importe
peu ; je vais donner une esquisse sommaire du système.
Chaque propriétaire, sauf celui qui achète un bien de la
Couronne, est libre de placer ou non sa terre sur le régime
de l'act Torrens, mais il faut reconnaître que le système
ne compte que des partisans puisque sur 5.900.000 hectares cultivés 4.500.000 ont été immatriculés (3).

Reste à savoir si cette faculté laissée aux parties est
bonne ou mauvaise. M. Maxwell qui a établi le système
dans les *Straits Settlements* de Malacca, y a rendu
l'immatriculation obligatoire au fur et à mesure de la
confection du Cadastre dans un territoire déterminé.
« ...Quelle chance avons-nous, dit-il, d'impressionner nos
tenanciers Malais, Chinois ou Indiens, par le bienfait si in-
discutable qu'il soit d'un titre inattaquable, formé d'un seul
document sur lequel sont inscrits de temps à autre toutes
les conventions ? Dans une Société Asiatique, la mesure

---

(1) Dansaert et Brunart, *Rapport sur l'immatriculation*, p. 11.
(2) Besson, *op. cit.*, p. 338 et 339.
(3) Noël Pardon. *Rapport et projet de décret pour la nouvelle Calédonie*,
p. 6.

doit être obligatoire, comme le sont tant d'autres lois édictées pour le bien des populations (1) ».

Ailleurs M. Maxwell fait remarquer aussi que cette dualité de régime, nécessite un service d'enregistrement spécial pour chacune des deux méthodes, et par conséquent, deux administrations distinctes, deux séries de registres et de tables, et une énorme accumulation d'archives.

Dans l'idée de Torrens, cette dualité de régime était nécessaire pour calmer les légitimes susceptibilités des propriétaires, ignorant les bienfaits que la réforme foncière allait leur procurer, et ménager les *sollicitors* dont l'industrie allait être gravement compromise, Torrens le croyait du moins.

Ici encore l'événement n'a pas répondu aux prévisions. Torrens aurait désiré qu'à l'aide des *mémorandums*, dont il avait du reste dressé les premières formules, tout homme muni de connaissances moyennes, put arriver à faire ses affaires par lui-même. Il s'est trouvé que malgré toutes ces facilités offertes aux parties, ces dernières ne s'occupent pas de rédiger les *mémorandums*. Ce soin est abandonné aux *sollicitors* dont l'industrie a pris ainsi un développement considérable. Bon exemple à citer à ceux qui croient que si l'on établissait en France des systèmes analogues, ce serait décréter par là même, la ruine des notaires à bref délai.

Il faut croire en définitive que la ligne de conduite suivie par Torrens lui était dictée par les circonstances, car si l'on avait voulu brusquer les choses, on ne serait arrivé à aucun résultat.

(1) *Rapport sur le système Torrens* par M. Maxwell traduit par M. de France de Tersant, p 71.

Voici donc un propriétaire qui veut faire immatriculer son immeuble. Il adresse sa demande au bureau des titres, d'après une formule établie par la loi. Il indique quels sont ses voisins, les actes par lesquels la propriété lui est arrivée, actes qu'il annexe également. Il y joint ensuite un plan de son immeuble, dressé et certifié par un géomètre breveté. Puis, il signe sa demande et fait certifier sa signature par un témoin.

Le bureau d'enregistrement vérifie l'ensemble des pièces, tant au point de vue de l'individualité matérielle de l'immeuble dont le géomètre attaché au bureau s'assure, que du contrôle juridique des titres qu'étudient successivement le vérificateur, les *sollicitors* et enfin les commissaires des titres présidés par le *registrar général*.

La Commission, après mûre réflexion, et une fois en possession de tous les renseignements voulus, admet ou rejette la demande, puis ceci semble un lointain souvenir de l'appropriance de Bretagne (1), fixe un délai pouvant varier de deux mois à trois ans, qui doit s'écouler entre la première publication de la demande et la délivrance des certificats de titres. Une notification est faite à tous les propriétaires voisins, ainsi que des insertions dans les journaux.

Si après l'ensemble de ces formalités aucune opposition ne se présente ou que celles qui se sont présentées aient été rejetées, le *registrar* délivre le certificat de titres.

Il est dressé en double sur papier fort ou sur parchemin. Au verso, on indique le nom du propriétaire, les charges réelles pesant sur l'immeuble, les rentes foncières, les baux, etc. Au recto, l'immeuble est figuré par un plan.

(1) Voir plus haut, p. 11 et seq.

Un exemplaire signé et scellé du *registrar,* est remis à la partie et lui servira désormais d'unique titre de propriété, car les titres de propriété précédents restent dans les archives du bureau.

Voilà le trait original, l'empreinte particulière du système Torrens, *le certificat de titres, pièce unique, destinée à remplacer tous les titres anciens.* C'est la nouveauté véritable du régime.

Quant au second exemplaire du certificat de titres, on le conserve au bureau où il est inséré dans le registre matrice le *Register book,* dont il forme un des feuillets.

L'immatriculation est ainsi achevée. Le *Register book* constitue un véritable livre foncier réel. Mais il diffère sensiblement du *Grundbuch* prussien.

D'abord les immeubles n'y sont classés que par ordre chronologique, au fur et à mesure des immatriculations accomplies, tandis que le *Grundbuch* prussien s'appuyant sur un cadastre général, contient toutes les propriétés de la circonscription qui y figurent dans l'ordre de leur numérotage cadastral. Aussi, pour faciliter les recherches en Australie, deux registres sont-ils nécessaires. L'un contient la liste des propriétés cadastrées et l'autre celle des autres propriétaires inscrits.

Ensuite, au lieu qu'en Prusse, une fois l'inscription au livre foncier réalisée, les titres de propriété anciens sont rendus au nouvel acquéreur inscrit, en Australie on les conserve au bureau du *Registrar General* et le propriétaire nouveau ne reçoit que le certificat de titres.

Il y a enfin une troisième différence. M. Worms l'a bien mise en lumière dans la séance du 2 juin 1892 de la sous-commission juridique du Cadastre : « Tandis que l'Australie, dit-il, désintéresse le propriétaire indûment dépossédé avec de l'argent, montrant ainsi sa prédilection connue pour ce métal considéré comme le bien suprême, cet accommodement a un autre caractère en Allemagne, en Prusse notamment. Dans ce pays où l'on pratique aussi l'immatriculation..... cette immatriculation prévaut également, il est vrai, comme en Australie contre toute prescription, mais elle n'est pas à l'abri de toute *restitutio in integrum,* et le propriétaire exproprié peut y espérer une revanche en nature, ce qui est la plus complète et dans nos vieux pays amoureux de la terre, la plus enviable des revanches » (1).

Il convient toutefois de ne pas prendre au pied de la lettre cette citation dans son entier. Il faut croire que les paroles du distingué professeur de la faculté de Rennes ont légèrement dénaturé sa pensée. Que l'Australie désintéresse en argent le propriétaire dépossédé, c'est exact. J'aurai plus loin, en étudiant les effets de l'act Torrens, à indiquer comment fonctionne la caisse d'assurance. Mais en étudiant ces mêmes effets, j'aurai à montrer que l'*act Torrens* n'a pas cette rigidité, ce caractère de consolidation absolue de la propriété, qu'on lui avait prêté tout d'abord. Une espèce que je rapporterai, montrera que dans des cas forts rares, je le reconnais, le propriétaire véritable peut rentrer en possession de l'immeuble qui lui avait été volé.

J'ai eu l'occasion de dire tantôt quelques mots du *registrar ;* j'en profite pour résumer maintenant le rôle essentiellement actif qu'il joue à la différence de notre conservateur.

Le *registrar* n'appartient pas à la hiérarchie judiciaire.

(1) Procés verbaux du Cadastre, F. II, p 525.

Néanmoins, comme je l'ai dit, il doit étudier avec tous les soins voulus, les titres qui lui sont soumis, s'assurer de la capacité des parties, voir si aucun obstacle légal ne s'oppose à l'inscription, etc. Sinon, il peut surseoir au cours de l'opération, tant que les parties ne produiront pas les pièces régulières et nécessaires, tant que l'obstacle qui s'oppose à l'immatriculation n'aura pas été enlevé.

On peut appeler de sa décision.

L'article 82 de *l'Act* du 10 juillet 1890, énumère une partie de ses pouvoirs. Il indique qu'il peut mander auprès de lui des créanciers qui refusent de comparaître, leur demander leurs titres, leur déférer le serment, etc. Sa signature donne aux actes un cachet spécial, ils font foi en justice.

Son rôle important se rapproche donc de celui du *Grundbuchrichter* prussien. Mais alors que celui-ci est un juge appartenant à la hiérarchie judiciaire, et remplissant certaines fonctions administratives, le *registrar* est un fonctionnaire de l'ordre administratif qui remplit certaines fonctions judiciaires.

Maintenant que j'ai indiqué comment s'accomplit l'immatriculation, il me reste à montrer quels en sont les effets.

L'article 33 du *real property act* les indique bien nettement : « Tout certificat de titres, dit-il, fait foi en justice de son contenu, et fait preuve que la personne qui y est dénommée, est réellement investie des droits qui y sont spécifiés. »

L'article 123 ajoute, toujours dans le même ordre d'idées, « qu'aucune action en éviction ne sera recevable contre le propriétaire immatriculé, et que la production en justice du titre formera un obstacle absolu à la poursuite intentée contre la personne qui y est désignée comme propriétaire. »

Ces textes, entr'autres, prouvent que tout comme dans le système prussien étudié plus haut, le principe de *force probante* vient consolider la publicité australienne.

Sans avoir ce caractère de rigidité absolue qu'on a voulu lui attribuer tout d'abord, il a sûrement une résistance encore plus grande que dans la législation prussienne.

Il convient, à ce sujet, de bien remarquer qu'aucune modification foncière concernant une propriété immatriculée, n'a de valeur légale que si elle est inscrite.

Quant au principe de *légalité*, les renseignements, que j'ai donnés sur l'examen si consciencieux et si complet des titres et des conditions légales, par les différents fonctionnaires du bureau des titres, montrent qu'il occupe aussi une place importante dans la législation australienne.

Dans ces conditions, il est facile de se rendre compte de toute la sécurité que réunit et procure le certificat de titres. A lui seul, il fait preuve *erga omnes* du droit du propriétaire et de l'étendue de ce même droit. Grâce à lui, les tiers peuvent traiter en toute sécurité.

Le titre enfin est délivré sous la garantie même de l'Etat (1), qui désintéressera le propriétaire exproprié s'il y a lieu, au moyen de la caisse d'assurances.

_____

(1) Cette responsabilité de l'Etat provoquée par le fait d'un de ses fonctionnaires, et payant par la caisse d'assurance, est encore un trait original de *l'act Torrens*. La disposition ci-dessus constitue, en effet, une brèche profonde au principe absolu du droit administratif Anglo-Saxon « *King can do no wrong* » Le principe unique est l'irresponsabilité de l'Etat, et la responsabilité du fonctionnaire en dérive on l'applique dans la pratique journalière des affaires.

« Cette jurisprudence, dit M. Laferrière dans son excellent traité de la *juridiction administrative et des recours contentieux*, T. I., p. 114, s'est affirmée

Cette caisse est alimentée par une retenue de 1/2 penny par livre sterling, soit 0 fr. 20 0/0 faite sur chaque immatriculation. Il convient de dire à l'honneur du système que l'on y a rarement recours, grâce à la vigilance et à l'habilité du *registrar general*. Le fonds d'assurance de l'état de Victoria s'est élevé dans la période décennale de 1861 à 1871 à la somme de un million et n'a eu à rembourser, d'après le rapport même de M. Maxwell, que 11.500 francs. On conviendra que c'est bien peu.

Mais, comme je l'indiquais plus haut, il ne faudrait pas croire que la rescision ne puisse jamais atteindre une immatriculation vraiment frauduleuse.

Aux termes, en effet, de l'article 82 de l'*act* du 10 juillet 1890, rapporté par M, Magnin dans son intéressant ouvrage auquel j'ai déjà eu plusieurs fois recours (1), « si le registrar acquiert la conviction qu'un certificat de titres ou un document quelconque a été délivré par erreur, qu'il contient une fausse description

en 1887 dans des circonstances particulièrement graves. En décembre 1886, le vaisseau cuirassé anglais *Le Sultan* à l'ancre dans le Tage, rompit ses amarres et dériva sur le paquebot français *La Ville-de-Victoria* qu il aborda et qui sombra aussitôt , trente personnes périrent et le chargement fut perdu. Des demandes d indemnité furent présentées au Gouvernement Britannique par les familles des victimes ainsi que par les armateurs et les chargeurs, mais elles furent rejetées par le motif que l'Etat ne pouvait pas en droit être rendu pécuniairement responsable de l'accident. Les parties furent en même temps renvoyées à se pourvoir ainsi qu'elles aviseraient contre le commodore King, commandant du *Sultan*. »

Dans le cas spécial qui m'occupe, la solution admise est identique à celle que consacre la jurisprudence française quand il s'agit d'actions en responsabilité pour dommages et pour fautes dirigées contre des fonctionnaires.

« Il résulte de cette solution, dit encore M. Laferrière, pour le citoyen lésé des garanties plus grandes au point de vue de la solvabilité de son débiteur, car l'Etat est toujours présumé solvable, tandis qu'un fonctionnaire, même en se ruinant, ne pourrait le plus souvent offrir qu'une compensation derisoire des pertes qu'il a causées. »

(1) Magnin, *op. cit.*, p. 484.

ou des limites inexactes, ou que l'inscription ou l'endossement a été fait par erreur sur un certificat, acte de concession ou document, ou que ce certificat, document ou acte de concession a été obtenu par fraude ou à tort, ou qu'un certificat, acte de concession ou document est détenu à tort ou par fraude, il peut par écrit exiger que la personne à qui ce document a été délivré ou qui l'a ainsi obtenu ou ainsi détenu, le rende pour le faire annuler ou corriger, ou le fasse restituer à son légitime titulaire, selon le cas.

Si cette personne refuse ou néglige de satisfaire à cette demande, le *registrar* peut s'adresser à un juge pour faire lancer une assignation, afin que cette personne comparaisse devant la cour suprême ou un de ses juges pour y faire valoir ses raisons de conserver le document, certificat ou acte de concession.

Si cette personne assignée refuse de comparaître devant la cour ou le juge au moment indiqué, ce juge aura le droit de lancer un mandat d'amener contre la personne pour la faire arrêter et conduire devant la cour ou le juge qui l'interrogera. »

Toutefois, dans ces différentes hypothèses, la rescision ne pourra porter atteinte aux droits des tiers de bonne foi qui auront contracté à titre onéreux.

L'action en rescision du propriétaire dépossédé, se prescrira par six ans à dater de la dépossession. S'il s'agit d'un incapable, les six années ne courront qu'à dater de la fin de son incapacité, pourvu toutefois, que l'on se trouve dans les 30 ans de la dépossession.

Ces effets se rapprochent singulièrement de ceux qui ont été indiqués plus haut, relativement à la force probante des inscriptions dans la législation prussienne.

Ils ont été récemment mis en relief dans une affaire retentissante, l'affaire *Messer*, dont le jugement final prononcé par les Lords du Conseil Privé de la Reine, est rapporté tout au long dans les procès verbaux de la Commission du Cadastre (1).

Voici ce dont il s'agissait. Une dame *Messer*, propriétaire de divers immeubles situés aux environs de *Port-Hamilton*, les avait fait immatriculer sous son nom par le bureau de Victoria.

Elle quitta la Colonie où elle laissait son mari, pour rentrer en Ecosse. Celui-ci venait l'y rejoindre en 1884, laissant en la possession d'un *sollicitor* de l'endroit nommé *Creswell*, les certificats de titres de son épouse ainsi qu'une procuration de celle-ci l'autorisant à vendre et à hypothéquer les immeubles lui appartenant.

Creswell se mit aussitôt à l'œuvre. Il confectionna un mémorandum par lequel *Messer* vendait les immeubles à un M. *Hugh Cameron*, qui n'existait guère que dans son imagination, un mythe comme l'a très bien dit le premier juge de l'affaire, M. *Justice Webb*.

Il remet l'acte et les pièces au *registrar*, qui, après examen, immatricule *Hugh Cameron* comme propriétaire et annule les précédents certificats de titre.

Nanti de ce certificat, *Creswell* agissant maintenant comme mandataire de *Hugh Cameron*, rédige un mémorandum de *mortgage* par lequel MM. *M'Intyres* avancent trois mille livres à *Hugh Cameron*. Il le signe comme témoin, après avoir contrefait la signature de *Hugh Cameron*. Il encaisse les trois mille livres de MM. *M'Intyres* et se les approprie.

(1) Procès verbaux du Cadastre, F. II, p. 145 et seq.

Sur ces entrefaites en 1886, M. *Messer* retourne en Australie. Aussitôt *Creswell* disparaît.

M. *Messer*, instruit de l'affaire, fait aussitôt intenter par sa femme un procès dirigé contre : 1° le *registrar* ; 2° MM. *M'Intyres*, créanciers hypothécaires ; 3° *Creswell* ; en vue d'obtenir la rescision des immatriculations faites au nom de *Hugh Cameron*, d'y substituer la demanderesse et ensuite d'annuler le prêt fait par MM. *M'Intyres* sinon, de rendre le *registrar* responsable du paiement de cette dette.

Dans la colonie, deux juridictions successives avaient bien prononcé la rescision de l'immatriculation, mais elles avaient maintenu le *mortgage* de MM. *M'Intyres*.

C'est alors que l'affaire fut portée devant le Conseil Privé, dont les Lords après avoir posé quelques règles relatives à l'application de *l'act Torrens*, annulèrent le *mortgage* lui-même.

Voici des extraits de ce jugement. Ils montreront très bien, jusqu'où va la foi due aux registres, soit l'étendue de la force probante dans la législation australienne.

« ...L'intention du législateur et le texte de la loi, disent-ils, leur paraissent être également clairs. Le but est de garantir les personnes contractantes avec des propriétaires immatriculés, du trouble et des frais qu'entraînent des recherches hors des registres, pour vérifier l'origine du titre de l'auteur et s'assurer de sa validité. Ce résultat est atteint en prescrivant que chaque personne qui acquiert de bonne foi et à titre onéreux d'un propriétaire immatriculé, et qui fait inscrire son contrat de transfert ou d'obligation sur le registre, acquerra de la sorte un droit irrévocable nonobstant les vices du titre de son auteur.

Dans le cas actuel si M. *Hugh Cameron* était une personne existante, dont le nom ait été frauduleusement enregistré par M. *Creswell,* ses certificats de titre, tant qu'il n'aurait pas été dépossédé par la remise de nouveaux certificats à un cessionnaire de bonne foi, auraient été exposés à l'annulation sur la poursuite de Mme *Messer.*

Mais un *mortgage* signé par M. *Cameron* lui-même en connaissance de la fraude de M. *Creswell,* aurait constitué une charge valable en faveur du créancier de bonne foi. La protection que donne la loi aux personnes traitant sur la foi du registre, est, par les termes mêmes de cette loi, limitée aux individus qui retirent et recueillent actuellement leurs droits d'un propriétaire dont le nom est sur le registre.

Ceux qui traitent, non pas avec un propriétaire immatriculé mais avec un faussaire, qui se sert de son nom, ne traitent pas sur la foi du registre. Ils ne peuvent pas par l'enregistrement d'un titre faux acquérir un titre valable en leur propre nom, bien que le fait de le faire enregistrer leur permette de transmettre un droit valable aux tiers qui acquièrent d'eux de bonne foi et à titre onéreux.

La difficulté que les créanciers rencontrent dans ce cas, naît de la circonstance que M. *Hugh Cameron,* était, comme M. *Justice Webb* l'appelle exactement, un « mythe ».

Et plus loin, les Lords du Conseil Privé indiquent nettement le terme où s'arrête la foi due aux certificats de titre : « Quoiqu'un faux transfert ou un faux *mortgage* qui sont nuls en droit commun, deviennent en vertu de la loi, quand ils sont régulièrement portés sur le registre, le fondement d'un titre valable pour un acquéreur de bonne foi, il n'y a pas de loi qui rende irrévocable le droit d'un cessionnaire ou d'un créancier enregistré en vertu d'un contrat nul ».

Ces quelques extraits constituent un excellent commentaire de l'*act Torrens*, sur ce point délicat. Comme je l'ai indiqué plus haut, la rescision ne peut atteindre, en aucun cas, les tiers qui ont contracté de bonne foi et à titre onéreux en vertu d'un contrat valable.

Les particuliers, dont les biens fonds ont été immatriculés, ont à leur disposition dans les différents bureaux des titres, des *mémorandums* ou imprimés qui leur servent quand ils veulent vendre ou hypothéquer leurs biens, ou se faire consentir des avances sur leurs certificats de titre.

S'il s'agit de vendre, le vendeur indique dans le *mémorandum* la nature du droit dont il désire opérer le transfert, la modalité et les charges réelles qui les grèvent, le prix et le nom de l'acquéreur. Il signe ensuite et fait certifier sa signature par un témoin, puis, il remet le *mémorandum* et son certificat de titres au bureau du *registrar*.

Les pièces sont examinées avec soin d'abord par les *sollicitors* et ensuite par le *registrar general* lui-même qui, suivant le désir de l'acheteur, lui remet un nouveau titre ou lui délivre le titre primitif sur lequel il mentionne la mutation de propriété accomplie. Si l'immeuble est morcelé, alors un nouveau titre est forcément créé pour l'acheteur, mais le vendeur a le choix soit de s'en faire délivrer un nouveau pour la portion de propriété qui lui reste, soit de conserver l'ancien sur lequel on indique qu'une portion du terrain a été vendue.

Une discussion assez sérieuse s'était élevée, il y a quelques années, sur ce point particulier. M. Gide, se basant sur l'article 50 du *Real property Act*, ainsi conçu : « Il (le *registrar*) délivrera à l'acquéreur.... un nouveau certificat de titres... », pensait que le 'trait caractéristique du système Torrens consistait dans la délivrance d'un nouveau titre destiné à_remplacer l'ancien.

Comme dit M. Ferron (1), M. Gide avait raison, mais ses adversaires, MM. Yves Guyot et Leroy Beaulieu n'avaient pas tort. Dans la Colonie de Victoria, en effet, un nouveau titre était établi dans tous les cas, même au cas de cession de l'immeuble tout entier. Mais, en vertu du *transfert of Land act* de 1890, cette province est revenue au droit commun.

Ainsi donc le vendeur a le choix « soit de laisser au bureau l'ancien titre annulé quant à la portion vendue, s'il a l'intention de vendre ultérieurement le reliquat, soit de réclamer un nouveau certificat pour la partie de l'immeuble qu'il conserve, l'ancien certificat étant alors complètement annulé » (2).

Les transmissions *mortis causa* sont également mentionnées au certificat de titre. L'héritier adresse au *registrar* tant le certificat de titre du *de cujus* que les pièces établissant sa qualité de successible, soit les lettres d'envoi en possession, soit l'acte de *probate* qui correspond à peu près à notre procès verbal d'ouverture et de description du testament.

Je viens d'indiquer comment s'y prend le propriétaire qui désire vendre. Il agit de la même manière, s'il veut louer son immeuble, le *mortgager*, le grever d'une annuité, etc.

---

(1) Ferron, *op cit.*, p. 357.
(2) Ferron, *op. cit.*, p. 357 et 358 citant Maxwell, *op. cit.*, p. 61.

Il dresse un *mémorandum* en double en ce sens, le signe, fait certifier sa signature par un témoin et l'envoie avec son certificat de titre au *registrar*. Celui-ci garde un des deux *mémorandums*, renvoie l'autre au créancier ou au locataire, et indique tant sur le certificat de titres qu'au folio correspondant du *register book* la nature de l'acte qui vient de s'accomplir. Quand le bail est fini ou résilié, que le *mortgage* est remboursé, le locataire ou le créancier mentionne le fait au dos de son mémorandum, signe, fait certifier sa signature par un témoin et adresse le mémorandum avec le certificat de titres au *registrar* qui raye la mention sur le certificat et à la feuille correspondante du *register book*.

La législation australienne a encore un trait original. Elle a organisé à l'exemple des avances sur titres de nos banques, les avances sur certificats de titres pour les emprunts à court terme. C'est ce que l'on appelle l'*equitable mortgage* (1).

Le propriétaire qui veut se faire consentir une de ces avances dresse un *mémorandum* en ce sens, fait certifier sa signature par un témoin et remet le *mémorandum* ainsi que le certificat de titres au prêteur. Celui-ci est

---

(1) M. A. Dain, dans son intéressante étude sur le *Système Torrens et son application en Tunisie et en Algérie*, p 7, relève une disposition analogue dans l'ancienne législation tunisienne . « Dans les usages de la Régence de Tunis, dit-il, la remise du titre est, avec la rédaction d'un acte de vente, la condition nécessaire à la perfection du contrat. Le titre en effet représente l'objet vendu , sa remise entre les mains de l'acquéreur complète la délivrance de la chose elle-même. Cette règle a donné naissance à une forme particulière de constitution de gage Au lieu de livrer au créancier l'immeuble donné en antichrèse, on se contente de lui confier en dépôt le titre de propriété. Cette remise du titre équivaut à la possession de l'immeuble ; elle rend toute aliénation impossible et constitue une sûreté suffisante dont se contentent habituellement les prêteurs et les banquiers tunisiens. L'usage de ces sortes de prêts est assez généralement répandu à Tunis ».

complètement tranquille, car l'emprunteur ne peut consentir absolument aucun droit réel sur l'immeuble, si mention n'en est pas opérée à la fois sur le certificat de titre et sur le folio correspondant du *register book*, et comme c'est lui prêteur, qui détient le certificat de titre, il est certain de ne pas être primé.

Il est évident que dans ce cas là, le crédit de l'emprunteur est par trop sacrifié au crédit du prêteur. Mais comme les avances de ce genre ne sont faites que pour une période relativement courte, l'inconvénient est alors moins sensible. De plus, ces avances, n'étant pas mentionnées sur le certificat de titre, ménagent dans une certaine mesure le crédit du débiteur.

Tel est dans ses grandes lignes le système Torrens. Il serait puéril de nier sa simplicité, la force d'expansion qui lui est propre et les bienfaits dont il a comblé l'Australie.

Reste à savoir maintenant quel est l'avenir de ce régime foncier. C'est assez difficile à dire. Il est certain qu'il s'étend tous les jours. Différentes colonies anglaises l'ont tour à tour appliqué, *Ceylan* en 1863, la *Nouvelle Zélande* en 1870, la *Tasmanie*, les *Iles Fidji*, les *Straits Settlements de Malacca*.

La France n'est pas non plus restée en arrière. Elle en a doté sa plus riche colonie la Tunisie, ainsi que Madagascar et le Congo dont j'aurai plus loin à étudier les régimes fonciers.

Mais il est à croire que ce système, excellent pour des pays neufs, où la terre est encore vierge et se présente sous de grandes étendues, puisque la valeur moyenne des parcelles en Australie est de 60.000 francs d'après M. Noël Pardon, serait inapplicable chez nous où la terre est très divisée, où les droits réels qui la grèvent sont fort nombreux et où la propriété individuelle se perd dans la nuit des temps.

Chez nous donc, il est à supposer que le système Torrens ne pourrait être introduit. De plus on lui a fait certaines objections qui méritent de fixer un instant l'attention.

Le premier inconvénient du système Torrens, et il est généralement reconnu par tout le monde, consiste en ce qu'il ne donne pas assez de garanties pour les transmissions et constitutions de droits réels. Les intérêts du véritable propriétaire ne sont pas suffisamment protégés.

Ceci est fort exact et, en dépit des *sollicitors* qui font une bonne partie des *mémorandums*, il arrive encore bien des mécomptes aux particuliers témoin, par exemple, l'affaire *Messer* dont j'ai parlé plus haut.

Il est bien certain que si la loi Foncière prenait un peu plus de précautions et ne s'en rapportait pas simplement à une pièce dont la signature est certifiée par le premier témoin venu, même pour les actes les plus graves, de pareils faits ne se produiraient pas. Que dans un pays neuf et jeune cela tire moins à conséquence que chez nous, c'est possible, mais, en tous cas, ce n'est ni une excuse ni une recommandation pour le régime.

Non seulement le système Torrens permet les dépossessions, mais il favorise peut-être un peu trop les emprunts, l'*equitable mortgage* par exemple. Il est reconnu, comme je l'indiquais plus haut, qu'il entame par trop le crédit de l'emprunteur. Celui-ci, quoi qu'on en dise, est sacrifié. On en revient au *pignus* romain, à plus de vingt siècles de distance. Un seul prêteur, et peut-être pour une somme modique, immobilise tout un immeuble. Que ce soit pour une courte période, je le reconnais, mais encore pendant cet intervalle de temps tout crédit est radicalement supprimé à l'emprunteur, et, cela est plus grave, il lui est impossible de vendre son immeuble.

Je n'insisterai pas sur le krack financier australien de 1893. Le système Torrens y est, en effet, complètement étranger. M. Neymarck l'a, du reste, fort bien expliqué à la sous-commission juridique du Cadastre. «Les banques, dit-il, ont prêté en Australie jusqu'à 5 et 6 milliards pendant plus de 50 ans... L'année dernière, il est vrai, s'est produit un krack épouvantable qui se liquide en ce moment, mais je vais vous en dire la cause. Ce ne sont pas les opérations hypothécaires qui sont le motif véritable du krack des banques australiennes. Les banques avaient oublié la prudence qu'il faut toujours observer dans ce genre d'opérations. Elles n'auraient dû effectuer des prêts à longs termes qu'avec des capitaux remboursables à long terme. Quand, recevant des capitaux remboursables à vue ou à échéance fixe, elles ont consenti des prêts remboursables dans 15 ou 20 ans, il était évident qu'à un moment donné une panique pouvait se produire et que les banques se trouveraient obligées de rembourser les capitaux empruntés, tandis que, d'un autre côté, elles ne pouvaient contraindre les emprunteurs à rembourser les capitaux qui leur avaient été prêtés » (1).

En définitive, les objections contre le système Torrens se réduisent à peu de chose. Je terminerai son étude par quelques indications sur l'organisation des bureaux de titres et le mode de recherche dans les registres.

(1) Procès Verbaux du Cadastre F. V., p. 504.

Le bureau des titres de l'État de Victoria, notamment, compte sous les ordres du *Registrar general* six vérificateurs, cinq géomètres, quarante commis et douze surnuméraires. Il coûte 8.610 livres par an, soit 215.250 fr. Le *Registrar* émarge 800 livres, soit 20.000 francs. En 1881, le bureau a délivré 13.977 certificats de titres et procédé à 46.303 inscriptions. C'est là un résultat remarquable (1).

Les recherches sont très faciles. Le premier venu peut se faire communiquer les registres sans avoir à produire aucune justification préalable. Il n'a qu'à indiquer la nature du renseignement qu'il désire. On lui donne un ticket en conséquence de 2 à 5 schillings. Ce ticket lui permet de rentrer à la salle des archives où un commis de bureau dirige ses recherches.

On ne peut s'empêcher d'approuver hautement ce procédé rapide et économique, quand on songe qu'en France les états hypothécaires ou les radiations restent souvent plus d'un mois avant de sortir de certaines conservations.

Comme conclusion de ce rapide aperçu sur le système foncier de l'Australie, je ne saurais mieux faire que de citer cette phrase de M. Charles Gide. Elle contient, je le crois, la note juste sur ce que l'on est en droit d'attendre de l'*act Torrens*, au cas où l'on voudrait en tenter l'application en France : « La France est un pays où la propriété est très divisée ; il est probable qu'elle le sera toujours davantage. Comment faire alors pour ouvrir, sur le registre qui doit constituer le grand livre de la propriété foncière en France, un compte spécial, un folio numéroté, pour

(1) Besson, *op. cit*, p. 350.

chaque domaine, alors que ce mot pompeux de domaine ne représente que d'imperceptibles lopins de terre ou des parcelles dispersées souvent à de grandes distances les unes des autres, peut-être même éparpillées dans des conservations différentes, et dont le plan, suivant la comparaison spirituelle de M. de Foville, rappelle la carte d'un archipel? Quel travail pour le conservateur ! Quelle difficulté pour les recherches pour découvrir la parcelle dont l'état doit être vérifié ! » (1).

II. — Le système Tunisien. — L'act. Torrens m'amène à parler d'une des législations les plus originales et les meilleures qu'il ait inspirées. Je veux dire la loi Foncière Tunisienne du 1er juillet 1885 due à l'initiative intelligente d'un de nos résidents du plus rare mérite, M. Paul Cambon, et successivement modifiée par les lois du 16 mai 1886, 6 novembre 1888 et 15 mars 1892.

M. Besson caractérise très bien à mon sens, la loi Foncière Tunisienne : « C'est une œuvre de sage éclectisme, dit-il, où se combinent heureusement les principes de la loi française et les améliorations dont s'honorent les systèmes fonciers de l'Etranger. » (2).

L'opération, en Tunisie, présentait des difficultés particulièrement délicates. Les Tunisiens, tout d'abord, considèrent la terre comme sacrée, tant et si bien que c'est un tribunal religieux qui tranche tous les procès qui la concernent (3). Il ne fallait donc pas les froisser dans leurs sentiments les plus chers et ne pas brusquer les choses.

(1) Etude de M. Ch. Gide sur l'*act Torrens* dans le *Bulletin de la Société de législation comparée*, année 1886, p. 328

(2) Besson, *op. cit.*, p. 379.

(3) Procès verbaux du Cadastre. Rapport de M G. Picot, F. II, p. 304 à 312.

Chez eux, de plus, il y avait à faire attention aux droits réels très rigides qui grèvent la propriété foncière, et notamment l'*enzel* (1) établi sur les biens *Habous* (2). On est parvenu, grâce à une certaine combinaison, à tourner légèrement la loi, pour arriver ainsi à une sorte d'expropriation de ces biens *Habous* dont le nombre était par trop considérable.

Il y avait encore d'autres écueils à éviter. La Régence de Tunis, comme tous les Etats Barbaresques, était soumise au régime des Capitulations. Les Consuls exerçaient sur leurs nationaux une juridiction assez étendue. On craignait donc, au début du protectorat, des complications diplomatiques, qui heureusement ne se sont pas produites, les Capitulations ayant été abolies.

Ce nouveau régime foncier a fait beaucoup pour l'avenir financier de la Tunisie. Aussi à la séance de la sous-commission juridique du Cadastre du 24 décembre 1891, M. Georges Picot, racontant son séjour en Tunisie et parlant de la séance de l'année 1890 de la Commission

---

(1) L'*enzel* consiste dans la jouissance, moyennant une rente assez faible, 5 à 10 francs l'hectare, des biens *habous* L'*enzel* est une location de longue durée Il est considéré comme un droit réel. Si l'*enzeliste* jouissant du fonds y fait des travaux et des réparations lui profitant, un usage très ancien lui reconnaît une sorte de propriété superficielle sur ces derniers En aucun cas, le titulaire du *habou* ne peut en reprendre la jouissance. Il n'a droit qu'au paiement de la rente qui grève la terre L'*enzeliste* en est en réalité le maître, et quand il transmet sa tenure à un tiers, il perçoit un prix représentant la valeur du domaine superficiel qui lui appartient.

Pour plus amples détails, voir Rougier *Législation et Economie Coloniales*, p. 330.

(2) Les biens *habous* ou de mainmorte sont en théorie inaliénables. On ne fait que les louer à long terme. Ils appartiennent à des communautés musulmanes et sont affectés soit au service des mosquées et à la rémunération du culte musulman, soit à des œuvres de bienfaisance, telles que entretien de collèges arabes, bourses pour les étudiants musulmans, hôpitaux pour les malades, entretien de puits et de chemins, soit à constituer des majorats. Voir Rougier, *loc. cit.*, p. 329.

Consultative de la Régence, sorte de Conseil Colonial, dont il est membre, disait ceci : « L'unanimité des membres (1) a rendu hommage aux résultats de la loi Foncière Tunisienne. Tous ont déclaré qu'il y avait là un bienfait considérable, un établissement très sûr de la propriété foncière, et que, quant à eux, ils considéraient parmi les lois faites depuis le protectorat Français, parmi l'ensemble de loi si remarquables que nous devons à M. Paul Cambon, et qu'on a eu soin de conserver et de développer depuis son départ, la loi foncière sur l'immatriculation était une de celles qui avaient pleinement réussi »(2).

Et maintenant, m'inspirant du compte-rendu si lumineux qu'a fait M. Georges Picot à la sous-Commission juridique du Cadastre (3), je vais indiquer d'une manière sommaire, comment s'accomplissent les diverses formalités prévues par la législation tunisienne.

Le propriétaire qui désire faire immatriculer son immeuble, adresse au conservateur de la propriété foncière une réquisition d'immatriculation. Ces réquisitions qui consistent en des formules imprimées que l'administration tient à la disposition des particuliers, contiennent les noms du propriétaire et son élection de domicile, la description générale de l'immeuble, sa situation, les droits réels s'il en existe et le nom des ayants droit. On y joint le titre de propriété.

M. Picot dit qu'en Tunisie, les titres sont d'une longueur démesurée. Ils sont, paraît-il, remplis de répétitions et il y en a qui forment un vrai volume. Pour l'immatriculation, il

(1) Ils sont au nombre de 24.
(2) Procès verbaux du Cadastre F. II., p. 304.
(3) Procès-verbaux du Cadastre F. II, p. 304 et seq.

suffit de fournir la traduction du dernier titre et des extraits des titres précédents, ce que font des experts assermentés.

Dans les dix jours qui suivent (1), la réquisition est insérée au *Journal Officiel* français et arabe. Cette insertion est aussitôt transmise au chef du service topographique, au Juge de paix et au *Caïd* (2).

Dans les 48 heures, le Juge de paix la fait afficher dans sa salle d'audience et le *Caïd* la fait publier sur les marchés.

Il est indiqué un jour pour le bornage provisoire qui ne peut avoir lieu que quarante-cinq jours après l'insertion de la requête au journal tunisien (3) et vingt jours après l'annonce du dit bornage. La clôture du bornage est également annoncée et fait courir un délai de deux mois, pendant lequel, sous peine de forclusion, les oppositions doivent être faites en mains du conservateur de la propriété foncière, du Juge de paix ou du *Caïd*.

Le bornage provisoire est accompli en présence du requérant par le *Caïd*, le Juge de paix et le Géomètre assermenté. Celui-ci écoute les explications du propriétaire et trace sur le papier une ligne représentant les limites de sa propriété avec la plus grande fidélité possible. Les ayants droit et les voisins également présents, contestent s'il y a lieu les limites et le géomètre trace une nouvelle ligne en conséquence.

Les délais ci-dessus étant écoulés, le conservateur réunit toutes les pièces et les transmet au Tribunal mixte.

(1) Loi du 1ᵉ juillet 1885, article 25.

(2) Il faut bien distinguer le *Caïd* du *Cadi*. Le *Cadi* est le Juge de paix indigène. Le *Caïd*, par contre, constitue un rouage administratif important. Il est chargé de percevoir les impôts et de maintenir l'ordre dans son ressort.

(3) Article 26 modifié par la loi de 1892.

« Ici se rencontre, dit M. Georges Picot, une organisation très ingénieuse qui est la condition même et le pivot
de l'établissement de la propriété foncière dans un pays
neuf comme la Tunisie.

On aurait pu renvoyer les contestations devant le Tribunal civil, mais on a craint que les Tunisiens ne s'inquié-
tassent de voir juger par un tribunal français des difficultés portant sur la propriété qui est pour eux une chose
sacrée, tellement sacrée que c'est un tribunal religieux qui
tranche les procès de cette sorte entre Tunisiens. On craignait vivement de porter atteinte à un sentiment aussi
enraciné.

Un tribunal mixte a été alors créé. Il est composé d'un
président français, de trois juges français et de trois
juges tunisiens.

Ce tribunal est différemment composé suivant les personnes en cause.

S'il s'agit d'un Français comme demandeur, ayant autour
de lui des Français qui contestent ses droits, c'est le
président français, assisté de deux juges français, qui
prononce. Si c'est au contraire un Tunisien demandeur,
ayant autour de lui des Tunisiens, si, en un mot, la con-
testation a lieu entre indigènes, ce sont les trois juges
indigènes seuls qui composeront le tribunal.

Si, comme il arrive le plus souvent, on est en face d'un
Français qui requiert et d'un Tunisien qui conteste, si
c'est une propriété nouvellement créée par des Français
en pays indigène, c'est un tribunal composé de deux juges
indigènes et de deux juges français, et présidés par le
président qui est Français (1). »

_____

(1) Procès v.1] aux du cadastre, F. II, p. 304.

Telle est l'organisation du tribunal mixte dont on ne saurait méconnaître la sagesse. Il a rendu du reste de très grands services à la propriété foncière.

Le tableau suivant reproduit exactement, de 1886 au commencement de 1890, le nombre d'affaires solutionnées par les différentes chambres qui le composent :

TRIBUNAL MIXTE

EXCLUSIVEMENT FRANÇAIS	EXCLUSIVEMENT TUNISIEN	FRANCO-TUNISIEN
31	57	77

Le tribunal mixte qui, en partie du moins, remplit en Tunisie le rôle du " *Grundbuchrichter* " allemand, doit prendre toutes les mesures nécessaires pour sauvegarder les droits et les intérêts des absents et des incapables. Si des oppositions se sont produites, c'est à lui de les trancher. Enfin, c'est lui qui prononce sans appel sur le rejet ou l'admission de la demande d'immatriculation.

Le dispositif du jugement ordonne l'immatriculation et énumère les différents droits réels qui pèsent sur l'immeuble.

Maintenant c'est au conservateur de la propriété foncière à agir.

Le service topographique lève le plan définitif de l'immeuble, qui est plutôt un relevé des limites qu'un véritable plan. Il place également des bornes aux endroits indiqués et mentionne leur situation sur le plan.

Pendant ce temps, le Conservateur ne reste pas inactif. Il inscrit sur la feuille du registre qui constitue le livre foncier, le nom du propriétaire, la description succincte de la propriété ainsi que le nom qu'elle porte ou que le propriétaire lui a donné et les droits réels qui la grèvent.

Il y a donc deux feuilles dressées : la feuille du plan et la feuille du livre foncier ou des droits réels. La première est conservée en minute par le chef du service topographique qui en délivre un extrait au conservateur. La seconde demeure chez le conservateur de la propriété foncière où elle constitue une feuille du livre foncier.

Il y a donc deux exemplaires authentiques. De plus, le propriétaire immatriculé reçoit une copie authentique de chacun d'eux. Mention exacte est faite au livre foncier de celui ou de ceux à qui sont délivrées des copies. Je dis les copies, car il peut se rencontrer des situations ou plusieurs copies sont nécessaires, ne serait-ce qu'au cas d'indivision.

Si par la suite un droit réel quelconque est consenti sur l'immeuble, le conservateur le mentionnera sur le livre foncier ainsi que sur les copies du titre qu'il se sera fait représenter.

Enfin une propriété immatriculée passe d'une manière définitive sous la juridiction française. Elle échappe *ipso facto* au tribunal religieux tunisien.

L'immatriculation à Tunis comme en Australie est facultative. On a dû agir ainsi pour éviter des complications de divers ordres. Il fallait d'abord, comme j'ai eu l'occasion de le dire, ménager les indigènes dans leurs susceptibilités vis-à-vis de la terre qu'ils considèrent comme sacrée. De plus, les Capitulations existant encore au moment de la promulgation de la loi du 1er juillet 1885, il ne convenait pas de se mettre à dos les puissances étrangères. Enfin les finances de la Régence n'auraient point permis une expérience faite sur une trop vaste échelle.

L'immatriculation produit des effets très nets. Le titre

est définitif et inattaquable, dit le décret du 17 juin 1888. L'effet de l'immatriculation est plus complet qu'en Australie, puisque le particulier qu'elle lèse n'aura jamais le droit de revendiquer l'immeuble. Il ne pourra que réclamer une indemnité à l'auteur du préjudice et seulement au cas de dol (1).

La loi du 1er juillet 1885 avait bien établi une caisse d'assurance alimentée par une retenue de 1 $^{00}/_{00}$ sur les immatriculations effectuées. Mais comme elle n'avait jamais rien eu à rembourser, elle a été supprimée par la loi de 1892. C'est là le meilleur éloge que l'on puisse faire, tant de cette excellente loi foncière que de ceux qui ont eu à l'appliquer.

Tout comme la loi française, la loi tunisienne admet le transfert de la propriété entre les parties par le simple consentement (2). Elle diffère en ce point de l'*act Torrens* et des systèmes germaniques.

Dans les rapports des parties et des tiers, la publicité est exigée d'une manière absolue. L'article 343 est formel en ce sens : « Tous faits ou conventions ayant pour effet de transmettre, déclarer, modifier ou éteindre un droit réel immobilier, d'en changer le titulaire ou de modifier toute autre inscription.... seront, pour être opposables aux tiers, constatés par écrit et inscrits sur le titre par le conservateur de la propriété foncière ».

Toutes les transmissions de propriété y figurent, donc les transmissions après décès. L'héritier *ab intestat* doit produire l'acte de décès de son auteur auquel il annexe

(1) Article 38 modifié par la loi de 1892.
(2) C'est le système adopté par la sous-commission juridique du Cadastre. Voir le rapport si complet de M. MASSIGLI *sur la publicité des droits réels :* Procès-verbaux du Cadastre, F. II, p 543.

un certificat constatant son état-civil et son droit exclusif à l'hérédité. Ces certificats sont dressés par le juges de paix ou par les agents consulaires pour les Européens, et par les juges de paix ou par les *cadis* pour les indigènes.

Enfin comme en Australie et en Allemagne, les principes de *force probante* et de *légalité* accompagnent la publicité. J'ai indiqué notamment que le tribunal mixte remplissait certaines fonctions dévolues en Allemagne au *Grundbuchrichter*, et qui constituent en partie l'exercice du principe de légalité. Le conservateur de la propriété foncière a vu, du reste, grandir avec le temps, ses attributions sur ce point.

En Tunisie, les notaires, tels du moins que nous les comprenons en France, n'existent pas. Il n'y a que les notaires indigènes, ignorants notre langue et fort peu instruits. Aussi les actes soumis au conservateur de la propriété foncière couraient-ils grand risque d'être imparfaits. Pour parer à ce danger, la loi du 16 mai 1886 a établi un système de légalisation des signatures (1). De plus, le conservateur est chargé par la loi de s'assurer par lui-même de l'état-civil et de la capacité des parties ; si les justifications produites par les parties lui paraissent insuffisantes, il peut surseoir jusqu'à plus ample informé. Il fixera alors au demandeur un délai de quinzaine pour produire un supplément de justifications.

Le conservateur doit également rechercher si l'auteur du demandeur en immatriculation est inscrit lui-même

(1) Peuvent légaliser les signatures . Pour les Européens, le président du Tribunal civil, les juges de paix, les consuls ou agents consulaires ; pour les indigènes, le premier Ministre ou son délégué et les *Cadis*.

au livre foncier comme titulaire du droit en question.

Il lui faut aussi se faire représenter par les parties toutes les pièces exigées par la loi, soit l'original ou l'expédition de son contrat ainsi qu'un bordereau en double, contenant l'analyse de l'acte à inscrire. Enfin la pièce la plus importante est la copie du titre de propriété du requérant. Si celui-ci ne la produit pas et que son consentement soit nécessaire, le conservateur ne procèdera pas à l'inscription. Si son consentement n'est pas nécessaire, s'il s'agit par exemple d'inscrire une hypothèque forcée, le conservateur l'inscrira sur son registre et notifiera cette inscription au porteur de la copie du titre. Tant que la mention n'aura pas été effectuée sur cette copie, son détenteur ne pourra y faire figurer aucune autre inscription.

Enfin, à l'exemple des législations germaniques, le système tunisien fait une très large place aux prénotations.

Le livre foncier tunisien, comme celui de l'Australie et à la différence du *Grundbuch* prussien, est chronologique. Aussi pour faciliter les recherches, le conservateur tient-il deux répertoires alphabétiques : le premier contient les noms des titulaires de droits réels, le second ceux des propriétés immatriculées. Le conservateur de la propriété foncière tient aussi deux autres registres : le registre des dépôts et celui des formalités préalables à l'immatriculation.

Les intéressés ne sont pas autorisés à compulser eux-mêmes les registres à la conservation. Ils ne peuvent que demander des extraits tant des registres que des actes déposés au bureau. De plus, une heureuse innovation permet au conservateur de délivrer aux parties de simples notes n'ayant que la valeur d'un renseignement et n'engageant nullement sa responsabilité.

Le conservateur, aux termes de la loi, répond des erreurs qui proviennent de son propre fait. Le recours contre le fonds d'assurance, qu'avait établi la loi du 1er juillet 1885, n'existe plus aujourd'hui, puisque comme je l'ai dit plus haut, la caisse d'assurance a été supprimée par la loi de 1892.

Le régime hypothécaire tunisien, issu de notre code, a été lui aussi profondément modifié.

L'hypothèque *judiciaire* a été supprimée. Ont été supprimés également les privilèges à l'exception toutefois des privilèges généraux de l'article 2101 qui ont été conservés sans qu'il y ait besoin de les faire inscrire à cause de leur peu d'importance, ainsi que les privilèges du copartageant et du vendeur qui sont devenus des hypothèques légales.

Il n'existe donc plus en Tunisie que deux sortes d'hypothèques : l'hypothèque *volontaire* ou *conventionnelle* et l'hypothèque *forcée* ou *légale*, qui comprend les hypothèques du mineur, de la femme mariée, du copartageant et du vendeur.

Toutes sont soumises aux règles de la spécialité et de la publicité. L'inscription produit ses effets tant qu'elle n'est pas rayée. Notre péremption décennale, que j'ai eu l'occasion de critiquer (1), n'existe donc pas dans la législation tunisienne.

Tel est le système foncier tunisien. Il est très intéressant, spécialement pour nous, Français, parce qu'il constitue, non point une juxtaposition des systèmes français, australien et prussien, mais bien un tout complet, un système original et qui a fait ses preuves.

(1) Voir plus haut, p. 110 et seq.

Cette tentative législative, couronnée de succès, complète heureusement notre œuvre civilisatrice en Tunisie. Les dernières modifications que lui a apportées la loi de 1892, sont venues lui donner un nouvel essor. Nul doute que la Tunisie dont la situation financière est des plus florissantes, puisque son dernièr exercice (1898), vient de se clôturer avec un excédent de recettes de 3 934.677 fr. 68 (1), ne lui doive une partie de sa prospérité.

Il me reste maintenant à passer en revue les différents reproches qui ont été adressés à la loi tunisienne.

Certains auteurs et notamment M. Besson (2) s'insurgent contre l'institution du Tribunal Mixte, et le considèrent comme un rouage inutile auquel il vaudrait mieux substituer, le seul conservateur de la propriété foncière, que ses hautes capacités professionnelles indiquent pour solutionner les difficultés qui peuvent se présenter.

Je répondrai tout d'abord, avec MM. Magnin (3) et Ferron (4), que les Tunisiens n'auraient certes pas eu dans les fonctionnaires de la Métropole une confiance aussi grande que dans leurs propres concitoyens, surtout en ce qui touche la propriété foncière, qui est pour eux une chose sacrée, je l'ai déjà dit (5). Et ensuite, croit-on que la législation par trop simpliste de l'Australie soit à imiter sur ce point ? Loin de moi la pensée de mettre en doute les hautes qualités professionnelles des fonctionnaires de l'Enregistrement qui se sont succédé à la conservation de Tunis. J'estime toutefois pour ma part, que les inté-

(1) *Journal Officiel* tunisien, 22 juillet 1899.
(2) Besson, *op. cit.*, p. 389
(3) Magnin, *op. cit.*, p 181
(4) Ferron, *op. cit.*, p. 373, note 1.
(5) Voir plus haut p. 206.

rêts des différents ayants droit, sont bien mieux sauvegardés par un tribunal de 3 ou 5 membres que par un
seul fonctionnaire, quels que soient du reste ses mérites.
De plus, le système tunisien permet de pousser encore
plus loin qu'en Australie le principe de la force probante.
Il suffit, pour s'en convaincre, de comparer l'article 82 du
transfer of land act de 1890, que j'ai cité plus haut (1),
avec ce que je disais tantôt sur l'effet de l'immatriculation
en Tunisie, aux termes de l'article 38 de la loi de 1892 (2).

Il est bien évident que les formalités protectrices de
tous, étant plus complètes et plus étendues, la force probante peut, sans danger pour les tiers, être poussée plus
loin. Par conséquent, ce premier reproche fait à la loi
tunisienne, n'en est pas un, bien au contraire, c'est un
mérite très réel à mon avis.

Le second grief qui lui a été fait, consiste dans la non
concordance qui peut exister entre la feuille du livre
Foncier et la copie du titre. Il suffit de supposer pour
cela, soit le cas d'une hypothèque forcée, soit encore celui
d'un immeuble transmis par succession. Dans ces deux
hypothèses, il peut se faire que la concordance n'existe
pas, si une des parties ne veut pas produire son titre.

Il y a certainement là un inconvénient, une *inelegantia
juris*.

La loi tunisienne a essayé d'y pallier par un remède
assez anodin, en somme, que j'ai indiqué tantôt (3). Le
conservateur de la propriété foncière n'opèrera plus
aucune inscription, tant que la copie du titre ne lui aura
pas été produite pour y rédiger la mention que la
mauvaise volonté de la partie a empêché.

(1) Voir plus haut, page 194
(2) Voir plus haut, page 213, note 1.
(3) Voir plus haut, p. 215.

Il est certain qu'ayant abandonné le système australien et le système allemand, au point de vue particulier du transfert de la propriété entre parties par le simple consentement, la loi foncière tunisienne devait sûrement se trouver en face de cet inconvénient. D'autre part, nos mœurs auraient été froissées, si le conservateur de la propriété foncière, à l'exemple du *registrar general* australien, avait pu décerner un mandat d'amener contre la partie récalcitrante qui refuse de produire sa copie de titre. L'article 82 du transfert of Land act de 1890, auquel j'ai déjà eu plusieurs fois l'occasion de faire allusion, donne en effet ce droit au *Registrar* (1).

Il y a là évidemment une *inelegantia juris*, puisque les mentions complètes figurent au folio du livre foncier et non pas sur la copie de titre, de telle sorte que cette dernière perd une partie de son utilité et de sa valeur. Seul, le folio du registre foncier portera donc toutes les mentions.

Il y a lieu toutefois de ne pas exagérer outre mesure ce petit défaut du système tunisien. Il est, en effet, plutôt théorique que pratique, le titre du récalcitrant étant en quelque sorte frappé d'interdit, puisque aucune mention postérieure ne peut y être inscrite, tant que celle qui manque n'y figure pas

Il n'y aurait, je crois, qu'un seul moyen pratique qui permît de tourner promptement la difficulté. Les impôts tunisiens sont très élevés. Il y a donc là un bon procédé pour punir les contribuables qui refusent de produire leurs titres. Si dans un délai donné, ils refusent de déposer leur copie de titres, on leur doublera les impôts

(1) Voir plus haut, p. 194.

ou les droits qu'ils ont à acquitter sur l'immeuble, dont la copie de titre n'a pas reçu la mention que la loi demandait, à cause de leur mauvaise volonté.

Au cas maintenant où il s'agirait simplement d'une omission, ou encore si l'inscription ne concernait qu'un droit réel autre que le droit de propriété, le plus simple serait de mettre les retardataires en demeure de produire leurs copies de titres dans un délai fixé, sinon ils se verraient infliger des amendes dont le taux varierait avec le retard apporté à la présentation des titres. Ce système serait simple et rapide. Il produirait, je crois, de très bons résultats, puisqu'il atteindrait les contribuables à leur point le plus sensible.

On a fait encore au système Tunisien, un autre reproche, c'est la cherté de l'immatriculation. Jusqu'en 1892, les droits étaient assez forts et s'élevaient à 2 fr. 17 l'hectare en moyenne. Le tarif était établi de telle sorte que toutes proportions gardées, les petits immeubles étaient plus grevés que les grands.

Tandis que l'immatriculation d'un immeuble de plus de 1000 hectares revenait à 2 piastres, soit 1 fr. 20 l'hectare, celle d'une propriété de 1 à 2 hectares pouvait coûter jusqu'à 260 et même 370 piastres, soit 156 et même 222 francs.

Aussi, les immatriculations étaient-elles peu nombreuses, les tarifs étant si élevés. C'était cependant pour un très bon motif que l'administration les avaient ainsi établis. Elle ignorait d'abord les résultats que donnerait le système nouveau et n'aurait pas voulu susciter dès le début un trop grand nombre de demandes auxquelles on n'aurait pas pu satisfaire. De plus, les crédits étaient limités ainsi que le personnel de la conservation foucière, et il ne fallait en conséquence donner à cette dernière que le travail qu'elle était à même de mener à bien.

L'expérience des premières années a été des plus profitables. Elle a indiqué nettement le sens dans lequel une réforme était nécessaire.

Aussi, le décret du 16 Mars 1892, ne s'est-il pas borné à faire simplement des modifications de détails à l'exemple de ceux qui l'avaient précédé le 16 Mai 1886 et 6 Novembre 1888. Il a également refondu les tarifs dans un sens plus démocratique et d'après le principe suivant: L'Etat prend à sa charge les frais d'immatriculation, et les intéressés lui en remboursent 25 0/0, 50 0/0 ou 75 0/0 suivant qu'il s'agit de petites, de moyennes ou de grandes propriétés.

De plus, pour les petites propriétés comme pour les grandes du reste, on a établi des forfaits pour le coût de l'immatriculation, suivant le tableau ci-après que j'emprunte toujours à la notice si intéressante et si claire de M. George Picot (1).

NOMBRE D'HECTARES	FORFAIT	TARIF PROPORTIONNEL SUR LA VALEUR VÉNALE DE L'IMMEUBLE
1 à 5	30 francs	3 00/00
10	45 »	»
100	210 »	»
1.000	780 »	»
10.000	3.000 »	»

Les résultats ne se sont pas faits attendre et les deux tableaux suivants donneront une idée de la marche croissante des immatriculations :

(1) Procès-verbaux du Cadastre, F. II, p. 306, 307.

TABLEAU I

Années	Requisitions déposées pour immeubles		Totaux annuels des Réquisitions	QUALITÉ des requérants		CONTENANCE declarée	VALEUR déclarée	JUGEMENTS					Actions en revendication jugées	HECTARES immatriculés	TITRES de propriété délivrés en exécution	
	Ruraux	Urbains		Propriétaires	Enrôlchés			d'immatriculation	en radiation	de rejet	préparatoire	d'homologation			de jugements	de tolissements
1886	17	5	22	19	3	18.824	1 402.860	—	—	—	—	—	—	—	—	—
1887	12	4	16	9	7	5.512	410.952	9	—	—	6	—	9	1 857	7	—
1888	28	5	33	17	16	21 451	1.063.063	25	—	2	12	1	37	7 277	20	17
1889	35	9	44	16	34	8 544	915 738	28	1	3	17	2	64	11 334	29	19
1890	39	6	45	20	25	26.624	1.273 309	45	1	2	35	—	63	18.071	51	15
1891	26	8	34	20	14	8.277	914 928	39	—	3	22	—	137	10 033	44	13
1892	200	93	293	216	77	89.414	7.541.090	61	—	—	21	1	176	6.562	34	15
1893	320	147	467	333	134	241.966	12 976 756	210	8	6	84	—	311	36.003	203	31
1894	211	290	501	357	144	48.134	10.949 265	330	11	4	122	1	698	13 264	265	82
1895	220	351	571	401	170	178 577	13.175.553	269	15	14	146	5	534	38.081	361	151
1896	218	403	621	425	196	79 634	10 616 129	447	14	11	380	40	992	124.297	351	236
1897	206	362	568	390	178	22 648	12.285.216	626	17	20	282	130	839	35.000	631	210
1898	355	311	666	431	207	56 851	9.878 740	499	—	19	543	—	508	116 001	678	245
TOTAUX DES 13 années	1887	1994	3881	2648	1205	806 456	83.403 599	2588	68	85	1670	197	4168	417.880	2674	1064

TABLEAU II. — NATIONALITÉ DES REQUÉRANTS

ANNÉES	Français	Tunisiens	Italiens	Anglo-Maltais	Grecs	Allemands	Suisses	Espagnols	Belges	Hollandais	Autrichiens	Divers	Totaux annuels
1886	19	1	2	—	—	—	—	—	—	—	—	—	22
1887	8	6	2	—	—	—	—	—	—	—	—	—	16
1888	20	8	4	1	—	—	—	—	—	—	—	—	33
1889	38	4	3	1	1	1	1	—	—	—	—	—	44
1890	28	12	1	1	1	1	—	1	—	—	—	—	45
1891	23	8	2	—	1	—	—	—	—	—	—	—	34
1892	154	95	31	7	2	1	1	2	—	—	—	—	293
1893	273	112	57	14	2	—	—	1	4	3	1	—	467
1894	208	134	79	27	5	—	—	7	10	18	—	13	501
1895	254	153	109	28	—	—	6	11	—	—	—	10	571
1896	230	211	104	43	4	3	—	5	—	—	—	21	621
1897	199	182	124	40	5	1	1	3	—	—	—	13	568
1898	224	236	133	40	8	—	3	10	—	—	—	12	666
TOTAUX DES 13 années	1663	1161	651	202	29	7	12	40	14	21	1	69	3981

A la date du 31 décembre 1898, les 417.880 hectares immatriculés représentaient une valeur déclarée de 54.455.902 francs.

Le mouvement ne s'est pas ralenti, et au 30 juin 1899, 4.262 réquisitions avaient été faites et 4.144 titres de propriétés avaient été établis (1).

Il est facile, grâce aux deux tableaux statistiques précédents, de se rendre compte tant de la marche des immatriculations que des qualités et nationalités de ceux qui la demandent.

On voit quel a été l'effet de la refonte des tarifs, opérée par le décret du 16 mars 1892. Les demandes d'immatriculation ont presque décuplé, et le mouvement ne s'est nullement ralenti.

La propriété bâtie, comme on peut s'en rendre compte, a spécialement bénéficié des nouveaux tarifs.

Le mouvement croissant des réquisitions a amené la création d'une nouvelle Chambre au Tribunal mixte de Tunis le 10 juin 1896. Depuis lors on s'est vu dans l'obligation d'en créer aussi une à Sousse le 26 avril 1897.

La contenance moyenne des immeubles Tunisiens immatriculés est de 111 hectares 79 ares, et leur valeur déclarée moyenne de 14.568 fr. 20. Mais comme les parties réduisent sensiblement le taux de cette dernière à cause de la taxe de 3 $°/_{oo}$ dont j'ai parlé plus haut, on peut sûrement estimer à 20.000 fr. net, la valeur moyenne des immeubles immatriculés.

---

(1) Je dois ici adresser tous mes remerciements à M. le Conservateur de la propriété foncière en Tunisie. Avec une parfaite amabilité, il m'a donné tous les renseignements que je pouvais désirer et a mis à ma disposition le numéro du *Journal officiel tunisien* du 9 avril 1898 contenant les tables des immatriculations opérées dans le cours des douze premières années.

M. Noël Pardon indiquait le chiffre de 60.000 francs, comme valeur moyenne des propriétés Australiennes immatriculées. En Tunisie, elle est donc du tiers de la précédente.

Mais elle est encore supérieure de beaucoup à la valeur moyenne des propriétés en France. En effet, si l'on se base d'une part, sur le nombre des îlots de propriété donné à la sous-commission juridique du Cadastre (1) soit 61.000.000 en chiffres ronds, et d'autre part sur l'annuité successorale de 1898 qui représente un capital de 234.000.000.000 de francs (2), on obtient pour chaque propriété une valeur moyenne de 3.850 francs.

Telle est la loi Foncière Tunisienne. Elle s'est corrigée de presque toutes ses imperfections. J'ai tenu à en reproduire les traits principaux à la suite de l'*act Torrens*, car si elle est issue du régime australien, elle a toutefois un cachet tout spécial, une originalité complète, qui sont le meilleur éloge des hommes de mérite qui ont eu le difficile honneur de l'approprier au milieu particulier auquel elle était destinée, ainsi que de ceux qui l'ont conçue et mise à exécution.

Divers projets, ayant pour but d'appliquer à d'autres de nos colonies, une législation foncière analogue à la loi tunisienne, ont été rédigés.

L'Algérie, notamment, mériterait sur ce point important la sollicitude de la Métropole. La loi du 26 juillet 1873 a bien établi une purge spéciale, destinée à abolir tous les droits réels fondés sur le droit musulman et à

---

(1) Procès verbaux du Cadastre, F. IV. 1er cartogramme. Le chiffre exact est 61.746.120 îlots.

(2) Economiste français, numéro du 1er juillet 1899.

fournir ainsi aux colons une propriété bien nette et déga-gée désormais de toute entrave.

Malheureusement cette loi pêche par la base. D'abord elle n'existe qu'en faveur des Européens. Puis, elle n'a pas pris les précautions nécessaires pour assurer au titre ainsi établi sa conservation Aussi, à la première muta-tion venue, on retombe dans le chaos, de telle sorte que l'on fait comme dit très exactement M. Gide, le travail de Pénelope.

M. Tirman, songea bien à tirer l'Algérie des difficultés financières où elle se débat toujours. Une commission fut nommée, et le 10 novembre 1886, son rapporteur M. Dain remettait au Gouverneur général le compte-rendu de ses travaux.

Ces dernières années, le Sénat nomma une Commis-sion d'étude des questions Algériennes. Le rapport de M. Franck Chauveau, au nom de la Commission, a été déposé sur le bureau du Sénat, le 29 mars 1893.

Le gouverement français a également essayé quelque chose en Nouvelle-Calédonie. Il a chargé un des gouver-neurs de l'île, M. Noël Pardon, de préparer un rapport ainsi qu'un projet de décret destiné à établir un nouveau régime foncier dans la voisine de l'Australie.

M. Noël Pardon a communiqué son travail à la sous-commission juridique du Cadastre dans la séance du 24 décembre 1891 (1). Il a été transmis ensuite au comité de rédaction et d'études, dont un des membres, M. Massigli, a fait sur son compte un rapport des plus élogieux.

Ce projet se rapproche davantage de l'*act Torrens* que le régime tunisien. Mais il s'occupe plus que lui de l'or-ganisation et de la mise en œuvre du crédit foncier.

---

(1) Procès verbaux du Cadastre, F. II, p. 312 et seq.

Malheureusement, pour ces deux colonies, les projets fonciers qui les concernent, attendent toujours la signature du Président de la République.

III. Le régime foncier de Madagascar. — La conquête militaire de notre grande île africaine une fois terminée, un des premiers soins du gouvernement français, fut d'y établir la propriété foncière sur des bases fermes et solides, destinées à encourager la colonisation.

L'expérience tentée en Tunisie, qui avait si bien réussi, indiquait nettement la route à suivre et fournissait d'utiles renseignements.

C'est d'elle que s'est inspiré le décret du 16 juillet 1897, portant organisation de la propriété foncière à Madagascar (1).

Ayant consacré à l'étude de la législation tunisienne des développements assez étendus, je me bornerai simplement à noter ici, les différences et les points saillants de la législation foncière de Madagascar.

L'exposé des motifs du décret, en indique bien l'esprit. « Il a été tenu compte dans ce travail, y est-il dit, des diverses questions que soulève l'application des principes de l'*act Torrens*, tant au point de vue de notre droit civil que du statut personnel des indigènes, et je ne vois que des avantages pour le développement de la colonisation à Madagascar à l'adoption des règles spéciales qu'il comporte (2). »

L'article 1er du décret décide que les dispositions de celui-ci ne concernent que les immeubles immatriculés.

(1) *Journal officiel*, 23 juillet 1897, p. 4204 et seq.
(2) *Journal officiel*, p. 4204, col. 1.

Aux termes de l'article 3, la juridiction française sera désormais seule compétente aussi bien lorsqu'il s'agira d'immeubles immatriculés, que si des questions de servitude s'élèvent au sujet d'immeubles dont un seul est immatriculé.

Tout comme dans la loi tunisienne du 1er juillet 1885, l'immatriculation est facultative (1). Mais les exceptions à la règle sont nombreuses.

L'immatriculation est obligatoire :

1° Au cas de vente, location, concession de terrains domaniaux (2), (on a 3 ans à dater de l'acte pour l'accomplir dans ces différentes hypothèses) ;

2° Si des Européens ou assimilés acquièrent des biens des Indigènes.

L'article 15 a voulu éviter un des écueils où est venue se briser la loi algérienne du 26 juillet 1873, que j'ai indiqué plus haut (3). Il décide « qu'à partir du moment où l'immeuble aura été placé sous le régime du présent décret, nul ne pourra renoncer au bénéfice de l'immatriculation pour retourner sous l'empire du droit commun... »

L'immatriculation peut être requise par le propriétaire ou le copropriétaire, l'usufruitier, l'usager, l'emphytéote, l'antichrésiste, le superficiaire, le créancier hypothécaire, huit jours après une sommation restée sans effet, et le locataire dont le bail excède trois années (4).

(1) Article 14 du décret.
(2) Cette disposition est évidemment issue de celle du « real property act » déclarant l'immatriculation obligatoire, au cas de vente de biens dépendant de la Couronne. Voir plus haut, p. 187.
(3) Voir plus haut, p. 226.
(4) Article 16.

Les articles 17 à 38 réglementent la procédure d'immatriculation. Elle se rapproche assez de celle suivie en Tunisie.

La personne qui désire faire immatriculer son immeuble, dépose en mains du Conservateur de la propriété foncière qui se trouve à Tananarive, par elle-même ou par l'entremise de son fondé de pouvoirs par procuration authentique, une demande d'immatriculation, rédigé en français.

Celle-ci contient, ses noms, prénoms, surnom, profession, domicile, état-civil, l'élection de domicile dans une ville de la Colonie, la description de l'immeuble, sa situation, sa valeur vénale, sa valeur locative, les droits réels qui le grèvent ainsi que les baux de plus de trois ans qui le concernent.

Le demandeur y joint ses titres de propriété, traduits en français et en malgache, par un interprète assermenté (1).

Enfin, il consigne en mains du Conservateur, la somme présumée nécessaire pour couvrir les frais d'immatriculation.

Récépissé de ces différents dépôts est remis par le Conservateur au requérant.

Une insertion dans les deux langues française et malgache, est faite aussitôt dans le *Journal Officiel* de la Colonie, dont un numéro est adressé au chef du village où se trouve l'immeuble. Celui-ci fait aussitôt afficher la requête d'immatriculation, et en ordonne la publication dans les marchés (2).

Le bornage provisoire, annoncé 20 jours à l'avance,

(1) Article 17.
(2) Article 19.

est accompli par un géomètre assermenté, délégué du service topographique, en présence des intéressés (1) Le chef civil ou militaire du district y assiste aussi. Les oppositions, s'il y a lieu, peuvent se faire sur le terrain.

Aux termes de l'article 24, assiste également au bornage, muni d'un pouvoir discrétionnaire, le Président du Tribunal du district ou le juge de paix à compétence étendue. Il est chargé de représenter les incapables et les non présents. A lui de procéder à toutes les vérifications et enquêtes nécessaires, et de faire s'il y a lieu, durant l'opération, toutes réserves utiles.

Le Président du Tribunal ou le Juge de paix, vérifie si la demande est régulière, si les formalités de bornage ou autres ont été régulièrement observées (2).

Les contestations qui peuvent s'élever sont jugées sans appel, par les tribunaux de première instance, jusqu'à 150 francs de revenu, et au-dessus, à charge d'appel à la Cour de Tananarive, dans les deux mois de la notification du jugement à personne ou à domicile élu (3).

Ces contestations vidées, un jugement ordonne l'immatriculation. Le tribunal mixte, que nous avons vu fonctionner en Tunisie, se trouve ainsi supprimé et remplacé par les juridictions ordinaires.

Toutes les pièces sont ensuite transmises au Conservateur de la propriété foncière, pour qu'il délivre le titre de propriété.

Ce titre rédigé en français, contient la description exacte de l'immeuble, sa contenance, la nature des constructions et plantations qui s'y trouvent, ainsi que

(1) Article 20
(2) Article 28
(3) Articles 30, 31, 32, 33

l'inscription des droits réels immobiliers et des charges qui le grèvent. Le plan, redressé s'il y a lieu par le service topographique y est annexé.

« Chaque titre de propriété, dit l'article 39, porte un numéro d'ordre. Il sera définitif et inattaquable. Il formera devant les juridictions françaises le point de départ unique de la propriété et des droits réels qui l'affectent à l'exclusion de tous les autres droits non inscrits (1). »

Le titre de propriété original est conservé dans un registre *ad hoc* que tient le Conservateur.

Une copie exacte, nominative, signée du Conservateur et timbrée par lui pour que l'authenticité en soit garantie, est délivrée à l'acquéreur (2).

Le décret du 16 juillet 1897 admet l'usage des *prénotations* que nous avons vues fonctionner dans les pays du Livre foncier.

L'article 47 en effet, prévoit les oppositions conservatoires, mentionnées sommairement sur le titre avec l'autorisation du Président du Tribunal ou du Juge de paix, avant d'être portées à l'audience. Si plus tard, un jugement conforme aux prétentions émises par l'opposant intervient, sa décision rétroagira à la date de la mention.

Le décret s'occupe ensuite des différents droits réels immobiliers, propriété immobilière, droit de présomption (3), usufruit, usage, habitation, emphytéose, super-

(1) Article 39, *Journal officiel,* 23 juillet 1897, p 4205, col. 3.
(2) Article 45.
(3) Le droit de *présomption,* est une sorte de retrait que peuvent exercer à l'égard de tout acquéreur en leur payant bien entendu les frais et loyaux coûts du contrat, le copropriétaire ou le cohéritier d'un même immeuble, le copropriétaire divis d'une maison d'habitation, le superficiaire pour l'acquisition du sol, le propriétaire du sol pour l'acquisition de l'immeuble qui y a été élevé (article 53).

ficie, servitudes foncières, antichrèses, privilèges, hypothèques.

L'article 105 énumère les différents privilèges : « Les créances privilégiées sur le prix des immeubles sont les suivantes, et s'exercent suivant l'ordre établi ci-après :

1° Les frais de justice ;

2° Les frais funéraires ;

3° Les frais du Trésor ;

4° Les frais quelconques de dernière maladie... ;

5° Les salaires des gens de service pour l'année échue et ce qui leur est dû pour l'année courante... ;

6° Les fournitures de subsistances faites au débiteur et à sa famille... (1) »

Ces privilèges sont dispensés d'inscription (2), mais ils ne s'exercent sur le prix des immeubles qu'à défaut de mobilier et une fois les créanciers hypothécaires désintéressés (3).

L'article 111 décide que l'inscription hypothécaire ne conserve qu'une année d'intérêt et l'année courante au même rang que le principal, à la différence de notre loi du 17 juin 1893 portant modification de l'article 2151 du Code civil (4). Mais le législateur de Madagascar y met une condition : non seulement l'acte doit être inscrit sur les

(1) *Journal officiel*, 23 juillet 1897, p. 4207, col. 2.
(2) Article 104.
(3) Article 106. Il convient de rapprocher ces dispositions, de celles conçues dans le même esprit que contient la loi belge du 16 décembre 1851. Voir plus haut p. 131.
(4) L'article 2151 nouveau décide que l'inscription hypothécaire conserve au même rang que le principal trois années d'intérêt.

L'article 31 du projet de réforme hypothecaire de M. Darlan, que j'étudierai plus loin, demande que l'inscription conserve au même rang que le principal le 1/10e du capital.

registres du Conservateur, mais il doit encore contenir
une disposition en ce sens et mentionner le taux de
l'intérêt.

Le décret reconnaît deux sortes d'hypothèque : l'hypothèque *forcée* et l'hypothèque *volontaire*. L'hypothèque
judiciaire est supprimée.

L'hypothèque forcée, prévue par l'article 113, peut
exister en vertu d'une décision de justice, sans le consentement du débiteur, en faveur :

1º Des mineurs et interdits ;

2º Des femmes mariées ;

3º Du vendeur, de l'échangiste, du copartageant, si
dans l'acte de vente, d'échange ou de partage, ceux-ci ne
se sont pas réservés d'hypothèque conventionnelle pour
garantir le paiement du prix de la vente ou celui de la
soulte d'échange ou de partage.

A l'ouverture d'une tutelle d'après l'article 114, le conseil de famille décide, contradictoirement avec le tuteur,
quel sera le montant de l'inscription, et le ou les immeubles qu'elle atteindra.

L'article 117 contient une disposition de même ordre,
pour les conventions matrimoniales. Mais en cours de
mariage, si les circonstances l'exigent, la femme peut
toujours demander un supplément d'hypothèque.

Par contre le mari a de son côté, la faculté de faire
réduire les garanties hypothécaires qui seraient devenues
manifestement excessives.

La disposition de l'article 119 est particulièrement intéressante : « Le mari ou le tuteur, y est-il dit, pourra toujours être dispensé de l'hypothèque, en constituant un
gage mobilier ou une caution, lorsque cette substitution

sera reconnue suffisante par une disposition de justice (1) ».

Les hypothèques volontaires qui sont ou *testamentaires* ou *conventionnelles*, ne peuvent être consenties que par ceux qui ont la capacité légale d'aliéner les immeubles qu'ils y soumettent (2).

. L'article 127 réglemente l'hypothèque testamentaire que nous avons rencontrée déjà dans la loi belge du 16 décembre 1851 (3).

L'hypothèque conventionnelle est assortie de la publicité la plus entière et de la spécialité la plus absolue, tant en ce qui concerne la créance garantie que les immeubles donnés en hypothèque.

Suivent plusieurs chapitres relatifs au rang des hypothèques entre elles, à leur effet à l'égard des tiers détenteurs, à la purge, à l'expropriation forcée. Les dispositions qu'ils contiennent sont sensiblement les mêmes que celles de notre Code civil à ce sujet.

Les droits réels immobiliers, concernant les immeubles immatriculés, doivent être inscrits pour devenir opposables aux tiers, qu'ils aient pour effet de transmettre, déclarer, modifier ou éteindre un droit réel immobilier. Il en est de même des baux de plus de trois ans et des quittances ou cessions d'une somme équivalente ou supérieure à trois années de loyer ou fermage non échu (4).

Les actes à inscrire doivent être authentiques, sinon il est nécessaire de faire légaliser les signatures. La sanction de cette disposition est le refus d'acceptation de l'acte par le Conservateur.

(1) *Journal Officiel* 23 juillet 1897, p 4207, col 3.
(2) Article 124.
(3) Voir plus haut, p 136.
(4) Confer les paragraphes 4 et 5 de la loi du 23 mars 1855.

L'article 184 énumère les registres que doit tenir le Conservateur de la propriété foncière.Ce sont les suivants :

1° Celui des titres de propriété ;

2° Le registre d'ordre des formalités préalables à l'immatriculation ;

3° Un registre de dépôt tenu à double, contenant les remises des décisions des tribunaux ou juges de paix, ordonnant l'immatriculation, ainsi que les divers documents à inscrire ;

4° Une table alphabétique des titulaires de droits réels et de baux inscrits à la conservation ;

5° Une table alphabétique des titres de propriété.

Le décret se termine par une série de dispositions concernant la manière d'opérer les inscriptions, les radiations, les réductions d'inscription, la responsabilité des conservateurs et l'immatriculation des immeubles vendus à la barre des tribunaux (1).

IV. — Le régime foncier du Congo français. — Le régime foncier du Congo français, dérivé comme les précédents de l'*Act Torrens*, a été organisé par le décret du 28 mars 1899 (2).

L'exposé des motifs indique que le décret « s'inspirant du système foncier des colonies australiennes, de la législation tunisienne et de celle de Madagascar..., s'est attaché surtout à donner à ces dispositions nouvelles une harmonie, une netteté de formes, une précision d'effets

(1) Il résulte de divers numéros du *Journal Officiel* de Madagascar de 1899, que dans le cours de cette seule année, environ 500 demandes d'immatriculation avaient été déposées à la conservation foncière de Tananarive

(2) Consulter *Journal Officiel* du Congo français, 1er juillet 1899, p. 5 et seq

que n'ont pas jusqu'à ce jour présentées les législations fondées sur le système Torrens (1) ».

Il expose aussi d'une manière très nette les effets de l'immatriculation. « Le décret reconnait en termes absolus, y est-il dit, un caractère irrévocable et définitif au titre de propriété dont une enquête approfondie, sanctionnée par une disposition de justice a précédé l'établissement. Les tiers lésés par suite d'une immatriculation, ne peuvent se pourvoir en aucun cas, par voie d'action réelle, mais seulement dans le cas de dol par voie d'action personnelle, contre l'auteur responsable du dommage (2) ».

Toutefois, les inscriptions prises postérieurement à l'immatriculation par le conservateur seul, peuvent toujours être annulées ou modifiées à charge de respecter les droits acquis à des tiers sur la foi de cette inscription.

L'analyse que je ferai de ce document législatif, sera des plus sommaires. Ce décret n'est en effet que la reproduction presque textuelle de celui du 16 juillet 1897 qui a réglementé la propriété foncière à Madagascar et dont je viens d'indiquer l'économie.

Je me bornerai donc à en noter les différences ainsi que les dispositions remarquables.

L'article 1er n'autorise que l'immatriculation des immeubles appartenant à des Européens, descendants d'Européens ou indigènes naturalisés Français.

L'immatriculation est facultative aux termes de l'art. 7. Par exception elle est obligatoire :

1° En cas de vente ou concession en pleine propriété de terrains domaniaux ;

(1) Exposé des motifs *ibidem*, p. 5, col. 2.
(2) Exposé des motifs *ibidem*, p. 6, col. 1.

2° En cas d'acquisition par des Européens de biens appartenant à des indigènes ;

3° Lorsqu'une concession ayant été mise en valeur conformément au cahier des charges par son titulaire, le temps prescrit pour l'acquisition définitive de la propriété se trouve arrivé.

La procédure d'immatriculation est conforme à celle suivie à Madagascar.

Il y a lieu toutefois de faire une remarque. Le bornage est accompli, non pas par un géomètre assermenté, les distances étant trop considérables et le personnel du service topographique trop restreint pour y suffire, mais par « l'agent dûment qualifié par ses connaissances techniques pour procéder au bornage de l'immeuble. » (1).

Tout comme à Madagascar, les incapables et les non présents, sont représentés à ce bornage par le Président du tribunal ou le Juge de paix à compétence étendue, suivant l'autorité judiciaire du lieu.

Les oppositions à l'immatriculation sont jugées de même. La compétence des juges de paix et des tribunaux est plus étendue au Congo. Ces juridictions jugent sans appel les contestations jusqu'à concurrence de 1000 francs de revenu.

La délivrance du titre de propriété s'opère de la même manière qu'à Madagascar.

Le nouveau titre est définitif et inattaquable (2) ; aucune prescription n'est admise contre lui (3). La propriété qui a été immatriculée, ne saurait retomber sous l'empire du

---

(1) *Journal officiel* du Congo français, 1er juillet 1899, art. 12, p. 8, col. 1.
(2) Article 36.
(3) Article 39.

droit commun (1). Elle demeurera exclusivement réglementée dorénavant par le présent décret et échappera tout à fait aux lois et coutumes indigènes.

La législation foncière du Congo reconnaît les mêmes privilèges que celle de Madagascar, produisant les mêmes effets.

L'hypothèque est *forcée* ou *conventionelle*.

L'hypothèque forcée garantit les mêmes créances qu'à Madagascar et s'exerce d'une manière identique.

L'hypothèque *testamentaire* a été supprimée comme inutile.

L'hypothèque *judiciaire* n'existe pas.

L'hypothèque conventionnelle, les effets et le mode de l'inscription, les radiations et les réductions d'inscription sont réglementées de la même manière qu'à Madagascar.

J'en dirai autant des registres tenus par les conservateurs et des immatriculations d'immeubles vendus à la barre des tribunaux.

---

(1) Article 40.

CHAPITRE III

ÉTENDUE DE LA RÉFORME. — TRANSCRIPTION
OU LIVRE FONCIER.

Les explications que je viens de fournir touchant l'organisation et le fonctionnement .de certains systèmes
étrangers, après l'exposition et la critique du système
foncier français, vont me permettre de répondre à la
question qui forme le titre de ce chapitre.

Quelle doit être l'étendue de la réforme? Devons-nous
purement et simplement conserver notre système français
en le mettant au point, en procédant aux seules retouches
que le temps a signalées lui-même, ou bien peuple
rajeuni et oublieux de son passé, devons-nous abandon-
nant sur ce point nos principes législatifs « porter une
main sacrilège sur le Code Napoléon » et essayer des livres
Fonciers?

La question est des plus complexes, et la solution fort
délicate à donner. Il me semble que la réponse doit être
dédoublée.

En premier lieu il convient d'apprécier, quel serait en
théorie et en droit pur le meilleur système foncier. La
réponse est facile. J'estime pour ma part et j'en indiquerai plus loin les avantages et les raisons, que le

système de l'avenir est celui des livres fonciers réels ou personnels suivant l'état de morcellement du sol.

Voici maintenant la seconde partie de la réponse. Comme les esprits ne sont pas assez préparés pour le moment à une solution, aussi radicale, il vaut mieux, en attendant la venue de cette réforme si ardemment désirée, c'est du moins mon avis et en cela je ne fais que m'abriter derrière la haute autorité de M. Guillouard (1), établir dès maintenant un système transitoire, qui préparera la voie aux livres fonciers à venir. Ce régime temporaire, ce sera notre système foncier actuel considérablement amendé sur les différents points que j'indiquerai dans mon dernier chapitre.

Je dis donc que chez nous le meilleur système serait celui du livre foncier. Seul, en effet, il pourrait fournir une assise ferme à la propriété en donnant à la publicité toute l'ampleur nécessaire.

Le livre foncier, c'est en effet pour le Crédit de la terre, la sécurité substituée à l'incertitude, la réalité à la place des apparences, un renouveau complet pour la propriété remplaçant la stagnation et le marasme.

« Pourquoi, disait avec raison M. Worms dans la séance du 19 novembre 1891, de la sous-commission juridique du Cadastre, un si grand nombre d'entre nous se sont-ils l'autre jour déclarés pour le livre foncier au moins *in abstracto* avec le très vif désir de l'organiser et de le faire vivre *in concreto* ? C'est assez facile à dire. C'est afin d'arracher la propriété foncière à une insécurité indigne de notre époque et de notre établissement politique, insécurité avec laquelle se débat le législateur

---

(1) Guillouard *privilèges et hypothèques*, T I, préface passim.

français depuis la confection du Code Napoléon qui avait
si malencontreusement déserté les errements de la première République sur la transcription, sans que ce législateur malgré des velléités d'amélioration incontestables,
soit parvenu encore, en présence de notre ordinaire
inertie nationale et en présence de certaines résistances
plus ou moins intéressées, à couronner l'édifice.

Ce couronnement de l'édifice, c'est, Messieurs, la
fixité de la propriété, cette assise, on ne saurait vraiment
trop le redire des sociétés civilisées ; c'est la réalité correspondant aux apparences ; c'est la sécurité des
détenteurs pour qu'aucun effort ne vienne les arrêter
dans leur administration au grand profit du pays,
comme aussi la sécurité des tiers traitant avec eux soit à
titre d'acheteurs, soit à titre de capitalistes, venant par
leurs avances accroître encore leurs moyens d'action...

Ce que nous avons voulu, c'est que la propriété foncière, ne fût pas livrée au hasard, à l'aventure, c'est que
les propriétaires fonciers, ces éléments fondamentaux,
ces dignitaires de l'État, allais-je presque dire avec les
physiocrates, fussent au soleil, tout comme les biens
auxquels ils se rattachent et que par conséquent les
registres où ces propriétaires seraient consignés, possé-
dassent une force démonstrative suffisante (1) ».

J'ai tenu à citer tout au long cette page du savant
professeur de la faculté de Rennes, car elle indique bien
plus nettement que je ne saurais le faire, tant les avantages du livre Foncier que les raisons qui militent en
faveur de son adoption.

J'ai dit et exposé que la publicité de notre système fon-

(1) Procès verbaux du Cadastre, F. II, p. 150.

cier était insuffisante. Elle est loin, en effet, de « consolider la propriété, c'est-à-dire de prouver le droit de l'acquéreur au regard des tiers, mais vis-à-vis de ces tiers seulement (1) ».

Son rôle est bien plus relatif et borné.

« La publicité, dit très bien M. Ferron, n'ajoute rien à la valeur intrinsèque des titres auxquels elle s'applique.

On peut attaquer un contrat qui a été transcrit par le même moyen que s'il ne l'avait pas été. En résumé, la publicité chez nous, peut bien prouver aux tiers acquéreurs que leur auteur n'a pas cessé d'être propriétaire, qu'il n'a pas déjà transmis tout ou partie de ses droits. Elle ne leur prouve pas qu'il soit le « *verus dominus* ». Elle remplit une fonction négative...

La propriété en France n'est réellement consolidée, mise à l'abri de toute atteinte que par la prescription acquisitive, et nous pouvons encore aujourd'hui justifier l'usucapion par les motifs qu'invoquaient en sa faveur les jurisconsultes romains : « *Ne dominia in perpetuum incerta manerint* (2) »

Cette dernière remarque est fort juste. En définitive c'est bien la prescription acquisitive qui, dans l'état actuel de nos lois, consolide véritablement la propriété foncière. La transcription, dominée qu'elle est par le principe : « *Nemo plus juris ad alium transferre potest quam ipse habet* », ne fait en définitive qu'apprendre aux tiers l'accomplissement du transfert. Elle ne les autorise point du tout à le tenir pour exactement accompli entre les parties qu'elle désigne. Elle ne prouve nullement que l'aliénateur était légitime propriétaire.

(1) Besson, *op. cit*, p 431
(2) Ferron, *op cit.*, p 225, 226.

La transcription ne constitue donc qu'un simple renseignement, utile il est vrai, mais ne dispensant jamais les prêteurs ou acquéreurs de l'obligation de vérifier par euxmêmes le droit de leur cocontractants.

De plus les registres hypothécaires ne jouissent sur ce point spécial d'aucune foi en justice. Pour que cette preuve de la certitude du droit de propriété en résultât, il serait en effet nécessaire d'établir que la possession du vendeur reposait sur un fait juridique de nature à transférer la propriété, et rapporter cette même justification pour chacun des anciens possesseurs de l'immeuble. A supposer que l'un d'eux n'ait pas été le véritable propriétaire, le droit de tous se trouverait affecté d'un vice, que seule la prescription acquisitive pourrait purger.

C'est pour ce motif que dans les actes de vente bien rédigés, on fait remonter les origines de propriété jusqu'à 30 ans en arrière. De la sorte la prescription acquisitive rend le titre de l'acquéreur inattaquable, à condition bien entendu, que dans cet intervalle de temps, il n'y ait eu ni suspension ni interruption de prescription.

Cette constatation palpable établit exactement le rôle important de la prescription acquisitive en cette matière et constitue la condamnation la plus sérieuse de notre régime foncier, qui pour se soutenir et produire certains des effets qu'on est en droit d'attendre de lui, a besoin, tant du secours de la prescription acquisitive que de l'expérience consommée des praticiens chargés de rédiger les origines de propriété.

Il est évident que si les notaires ne mettaient pas tous leurs soins à dresser cette partie si importante des actes de vente, les évictions seraient encore bien plus nombreuses qu'elles ne le sont.

Continuant à passer en revue les défauts de notre organisation foncière, j'y vois encore une autre cause
d'infériorité résultant de la manière différente dont le
législateur a traité la propriété immobilière et la propriété
mobilière.

Jamais celle-ci n'aurait atteint le développement fantas-
tique auquel elle est parvenue à la fin de ce siècle, si elle
avait eu à subir une partie même minime des entraves
légales ménagées à la propriété foncière. « La France,
disait avec juste raison M. Worms, à la séance de la
sous-commission juridique du Cadastre du 5 novembre
1891, vaut mieux que ses institutions. L'esprit d'épargne
qui fait les propriétaires y est développé à un degré
inimaginable. Les économistes et statisticiens qui nous
entourent, les Say, les Levasseur, les de Foville, les
Neymark, les Coste, pourraient vous dire, je n'y suis
pas préparé, combien la Caisse nationale d'épargne,
pour ne parler que d'elle, compte de déposants. Je
lisais l'autre jour que rien qu'en septembre 1891, il y
a eu 151.000 déposants, pour environ 21.700.000
francs.

Est-il téméraire de supposer que cet entraînement vers
des titres, vers des chiffons de papier, vers des actions
se modifierait profondément au profit de la propriété
bâtie ou non bâtie, si la propriété immobilière était plus
accessible, si, pour elle pouvait s'établir une sorte de
présomption similaire à celle d'après laquelle, possession de bonne foi vaut titre irréfragable, à l'abri de
toute discussion, si enfin la mutation de la richesse
immobilière s'effectuait à des taux plus modestes, rem-

plaçant les taux exhorbitants qui ont été tant de fois dénoncés chez nous (1). »

Il est évident que le législateur français doit s'efforcer de favoriser l'épargne, en donnant aux citoyens les moyens de faire des placements fonciers à bon marché. Il lui faut pour cela, non seulement diminuer dans la plus large mesure les tarifs et les frais, mais encore réduire à leur strict minimum les formalités nécessaires à l'acquisition de la propriété. Ces formalités aussi simples que complètes doivent être accomplies avec une précision mathématique. Aussi, j'estime que ce résultat ne peut être atteint que par l'établissement d'un livre foncier, qui repoussant les règles formalistes du droit prussien ainsi que son investiture par l'Etat, trop contraire à notre droit qui considère avec raison la propriété comme essentiellement libre, soit le dernier terme, le développement complet des principes contenus en germe dans la loi du 23 mars 1855.

Monsieur Challamel a très exactement caractérisé ce régime foncier nouveau à la sous-commission juridique du Cadastre dans la séance du 19 novembre 1891 : « Entre ces deux points extrêmes, dit-il, entre la théorie manifestement insuffisante de notre Code civil et la théorie de l'investiture donnée par l'Etat, il existe une foule de systèmes intermédiaires.

Selon moi, ce qu'il y a de plus pratique et de plus simple, c'est de consacrer en le développant le principe excellent de notre loi du 23 mars 1855.

Entre les parties, la propriété se transfère par le seul consentement mais à l'égard des tiers le droit de propriété

(1) Procès verbaux du Cadastre, F. II, p. 94

n'existe que par la publicité donnée à l'acte qui le constitue. En effet, ce n'est qu'en faveur des tiers et à cause
de leur bonne foi qu'on est fondé à prescrire au propriétaire l'accomplissement d'une formalité extrinsèque (1).»

Après avoir indiqué en général les avantages de notre
nouveau livre foncier, je crois utile de les détailler un à
un. J'aurais ainsi l'occasion de réfuter au fur et à mesure
les différentes objections qui ont été faites contre son
établissement.

Tout d'abord le livre foncier, reposant sur le cadastre,
contient une description des plus exactes de la propriété.
La corrélation la plus rigoureuse et la plus étroite
doit toujours exister entre l'un et l'autre.

Il suffit pour s'en convaincre de se reporter aux explications que j'ai données sur ce point spécial dans le cours
de l'étude des législations prussienne (2), autrichienne (3),
et alsacienne (4). On y a vu les rapports étroits du *Grundbuch* et du *Flurbuch*.

Je sais que notre cadastre est dans un état déplorable.
Depuis 1830, époque moyenne de son établissement, il a
vu s'opérer bien des modifications sur notre sol, mais il
est resté immuable. Des routes nouvelles ont été tracées,
des chemins de fer ont été établis, de très nombreuses
propriétés ont été morcelées aux environs des grandes
villes et le cadastre n'a nullement été tenu au courant de
ces différentes modifications de l'état du sol. On a pris
beaucoup de peine pour le dresser, on a dépensé à cet
effet l'importante somme de 300 millions, dit-on, puis
tout cela fini, on a oublié une seule chose, l'essentielle

(1) Procès verbaux du Cadastre, F, II, p. 154.
(2) Voir la législation prussienne, p. 158 et seq.
(3) Voir la législation autrichienne, p. 177 et seq.
(4) Voir la législation alsacienne, p. 169 et seq.

malheureusement, on a omis de le tenir au courant. Les plans bien entendu, sauf de très rares exceptions, n'ont jamais été retouchés. Les matrices souvent, ne mentionnent même pas les noms des propriétaires actuels.

La sous-commission technique du Cadastre a recueilli sur ce point dans ses différentes enquêtes, des renseignements édifiants.

M. Boutin, directeur général des contributions directes, qualifie lui-même le cadastre de *très mauvais* (1). Il indiquait dans la même séance qu'en moyenne 30 0/0 des indications y contenues étaient erronées.

Les parties ou leurs notaires ne se préoccupent pas du tout, du moins d'ordinaire, de faire opérer les mutations en suite des actes de vente ou des transmissions *mortis causa* ; celles-ci sont effectuées par les agents des contributions directes, qui s'aident à cet effet des actes enregistrés et des déclarations de successions. Or, les actes de vente ne contiennent que fort rarement des références cadastrales. S'ils en mentionnent, elles sont d'ordinaire erronées. On comprend dans ces conditions, la difficulté et le peu de résultat du travail de ces agents.

Il est malheureux que les divers gouvernements qui ont pris la peine de dépenser plus de 300 millions pour faire dresser un cadastre au simple point de vue fiscal, n'aient pas compris l'utilité, la nécessité que même, sous cet aspect restreint et étroit, aurait présenté une remise à jour constante.

Le mal est fait, il est maintenant sans remède. De l'avis du reste des personnes compétentes, un redressement sérieux de l'ancien cadastre coûterait davantage que l'établissement d'un nouveau.

(1) Procès-verbaux du Cadastre F. I, p. 34.

Il est évident, néanmoins, [que c'est la question des frais de ce nouveau cadastre qui constituera toujours la pierre d'achoppement de l'établissement des livres fonciers.

Les renseignements techniques, relatifs au mode et au coût de l'opération, qui ont été fournis à la sous-commission technique du Cadastre, sont assez touffus et diffèrent sensiblement les uns des autres.

Alors que le rapporteur du comité des Essais, M. Durand-Claye, dans la séance du 6 décembre 1893 (1), prévoyait une dépense moyenne de 6 francs l'hectare, soit au total 300 millions se décomposant comme suit :

Triangulation	20.000.000	
Reconnaissance du terrain.	30.000.000	300.000.000
Levers, calculs, rapports des plans..............	250.000.000	

M. Charles Piat, chef du service topographique en Tunisie, évalue la dépense à 11 francs l'hectare, soit 550 millions. Le personnel nécessaire à l'opération serait d'après lui de 118 inspecteurs, 354 vérificateurs, 5230 géomètres. Quinze années seraient nécessaires pour mener à bien ce travail (2).

Enfin, en dernier lieu, le comité de rédaction et d'études, est arrivé à une conclusion analogue. Son rapporteur estime que la dépense totale serait de 600 millions, soit 12 francs l'hectare imposable. Cela ferait 4 francs la parcelle et 10 francs l'ilot (3).

Tout de suite les adversaires du livre foncier, sont

(1) Procès-verbaux du Cadastre F. V, p. 164.
(2) Deloison, *op. cit.*, p 10.
(3) Procès-verbaux du Cadastre F. VI, p. 556.

partis en guerre contre lui, et se basant sur ces chiffres divers, les ont majorés à plaisir, d'autant plus majorés, qu'ils étaient par leurs connaissances propres, peu à même d'en apprécier l'exactitude.

Ce n'était plus 300 millions ou même 600 que l'on allait demander aux contribuables, c'était 1 milliard, 2 milliards même, et qui sait ? peut-être plus. C'était une manière comme une autre d'hypnotiser le bon public, de se le rendre favorable en faisant voir que l'on était là, à faire bonne garde pour déjouer les machinations tramées contre lui.

J'estime humblement, pour ma part, que mieux vaut en une matière aussi délicate ne s'en rapporter qu'aux témoignages autorisés. Si donc, se basant sur les chiffres donnés, d'une part par M. Durand-Claye et de l'autre par le rapporteur du comité de rédaction et d'études, on évalue à 450 millions le montant de la réfection complète du cadastre, on est, je le crois du moins, largement dans la vérité. Ce chiffre, d'autre part, est déjà suffisamment considérable.

Il faut toutefois remarquer que le cadastre ainsi refait remplira une double fonction. Comme l'ancien, il constituera un instrument fiscal et permettra de redresser d'une manière plus équitable les impôts fonciers De plus, il remplira un second rôle, celui qui m'intéresse surtout : « il constituerait, disait l'exposé des motifs du budget de 1891, la base de la propriété foncière ; il assurerait la sécurité des hypothèques et la régularité des transactions immobilières ; il fournirait enfin à l'agriculture, par le développement des institutions de crédit, les moyens d'action qui lui font défaut aujourd'hui. En un mot, il deviendrait le Grand Livre terrier de la France (1) ».

Ces avantages, ne sont pas à méconnaître. Il y aura lieu, toutefois, de ne pas oublier une chose la plus importante : il faudra tenir ce précieux cadastre au courant.

Comme je le disais plus haut, la question la plus délicate est celle des frais qu'entraînerait cette gigantesque opération. Que les budgets actuels soient trop chargés pour supporter une augmentation quelconque, c'est possible. C'est du moins ce que M. Poincarré affirmait à la séance du Sénat du 19 juin 1894 : « Cette Commission extra-parlementaire, disait-il, en parlant de celle du cadastre, a envisagé la possibilité d'une réforme de notre régime hypothécaire, tendant à la spécialité et à la publicité des hypothèques, et à l'organisation générale des livres fonciers dans ce pays, réforme dont je ne méconnais pas l'importance loin de là, mais qu'il serait assez long de faire adopter par les Chambres, et qui, dans tous les cas, entraînerait, si elle était assise sur la révision du cadastre, une dépense qu'à l'heure présente, le budget ne me semble pas pouvoir supporter. Il ne faut pas songer, ou du moins je crois pour mon compte, qu'il ne faut pas pas songer à demander aujourd'hui la réfection du cadastre (2). »

Je n'ai ni le temps, ni surtout les connaissances techniques nécessaires pour entamer une discussion sérieuse sur

---

(1) La réfection du cadastre pourrait présenter encore un avantage considérable qui a été mis en relief à la sous-commission technique du Cadastre par plusieurs de ses membres faisant partie des bureaux du ministère de la guerre. Elle faciliterait singulièrement le relèvement de la carte à grande échelle des points stratégiques importants ou des environs des villes fortifiées, à laquelle notre Etat-Major général a souvent pensé.

(2) Deloison, *op. cit.*, p. 11.

ce point spécial. Je me permettrai toutefois de dire que depuis 1894, époque du discours de M. Poincarré, nos budgets se sont régulièrement augmentés chaque année, d'un chiffre respectable de millions, occasionnés par des réformes qui sont bien loin de présenter l'utilité et l'intérêt que comporte la réfection du cadastre (1). Pourquoi donc n'y inscrirait-on pas une annuité en faveur de notre réforme ?

J'ajouterai un dernier mot : il suffit de lire l'exposé si clair et si précis, que consacre à cette question capitale des voies et moyens de la réforme M. Besson, dans son savant ouvrage (2), pour être complètement édifié sur ce point particulier du sujet qui nous occupe.

Je conclus donc en disant que l'obstacle que présente la réfection du cadastre est sérieux mais non insurmontable. Le travail pourra être long, mais il est possible, ce qui est l'essentiel (3).

---

(1) J'extrais d'un discours prononcé par M. Jules Roche, député, ancien ministre, à l'Union des contribuables de la Région Lyonnaise, cité par le *Journal des Propriétaires de Marseille*, du 15 mars 1900, p. 4 col. 3, les chiffres suivants, exprimant l'augmentation des budgets depuis 1894, par suite de lois nouvelles.

1895......	10	millions
1896	22	»
1897..	43	»
1898	88	»
1899	190	»

(2) Besson, *op. cit.*, p. 496 et seq

(3) Indépendamment de la réfection globale du Cadastre, il y aurait lieu, je crois, d'examiner s'il ne conviendrait pas, d'imposer d'ores et déjà à tout propriétaire vendant un immeuble, à toute municipalité, société financière ou autre, accomplissant de grands travaux, tels que chemins de fer, tramways, canaux, usines, percements de rues nouvelles, etc , l'obligation de faire dresser par des géomètres assermentés, à une échelle uniforme, et avec des teintes et des signes conventionnels identiques, les plans des immeubles vendus, morcelés ou transformés.

Qu'on ne s'y trompe pas du reste. Dans la plupart des cas, déjà ceux-ci

Cette réforme cadastrale une fois accomplie supprimera une des plaies de la petite propriété foncière, je veux dire les procès en bornage. Ils sont à l'heure actuelle, excessivement nombreux et coûteux.

Du rapport fourni par M. Lallemand à la sous-commission technique du Cadastre, il résulte que les procès en bornage atteignent, année moyenne, le chiffre de 5667 (1). Ils coûtent aux parties environ 75 francs l'un, ce qui fait une dépense annuelle de 425.000 francs.

Cela en vaut la peine, d'autant plus que c'est surtout la petite propriété qu'ils atteignent. Dans l'enquête faite à ce sujet par la sous-commission technique auprès des comités de départements, celui de la Haute-Marne entr'autres, signalait un procès en bornage pour un ter-

sont dressés, mais sans ordre, sans coordonnées générales, au bon plaisir d'un chacun Presque tous les morcellements aux environs des grandes villes, se font d'après un plan. Il ne s'agirait donc, en somme, que d'améliorer en l'unifiant et le généralisant, un système actuellement en usage.

Les avantages de cette manière d'agir, seraient importants. Les plans, ainsi dressés au fur et à mesure des mutations ou des transformations immobilières, pourraient être facilement rattachés aux feuilles correspondantes du Cadastre futur. Les frais de levers de plans. d'opérations géodésiques pour celui-ci, seraient diminués d'autant.

Je ne crois pas qu'il y ait lieu de dire que c'est là un surcroît de charges pour la propriété immobilière. Le coût de l'opération serait compensé et au-delà par l'avantage que procurerait cette mesure.

Dans le même ordre d'idées, on me permettra de citer un exemple que nous avons actuellement sous les yeux à Marseille

Les propriétaires des 23.000 immeubles, desservis par le nouveau réseau d'égouts, sont bien obligés, avant de procéder aux raccordements, de produire aux bureaux techniques de la Municipalité, des plans de leurs immeubles, dont le coût varie de 20 à 200 francs. On se soumet et l'on paie

Il est à croire qu'il en serait ainsi, si une mesure générale du même ordre était étendue à tout le territoire dans les cas que j'ai indiqués plus haut. Rien n'empêcherait de tarifer le coût de l'opération dans un sens démocratique. Il suffirait de s'inspirer des dispositions nouvelles que contient à ce sujet la législation Tunisienne. (Voir plus haut p. 221).

(1) Procès verbaux du Cadastre, F IV, p. 469.

rain ne valant pas 0 fr. 50 qui avait coûté 176 francs de frais (1).

Le tableau suivant extrait du même rapport (2) indique très bien le mouvement des procès en bornage durant la période quinquennale 1886-1890 :

PROCÈS		APPEL		DESCENTES SUR LES LIEUX			
				DES JUGES DE PAIX		DES TRIBUNAUX	
Total	Moyenne annuelle	Total	Moyenne annuelle	Total	Moyenne annuelle	Total	Moyenne annuelle
28.337	5.667	736	147	20.192	4.038	126	25

Ces chiffres sont suffisamment éloquents par eux-mêmes. Tout commentaire serait superflu. Ils indiquent clairement toute l'étendue du mal dont souffre la propriété foncière. Ne serait-ce pas déjà un avantage bien appréciable du nouveau Cadastre s'il parvenait à l'y arracher ?

Le second avantage que présente l'adoption du livre foncier, consiste dans l'exacte et complète description juridique des charges qui pèsent sur la propriété foncière.

Je ne reviendrai pas sur les lacunes que j'ai signalées au sujet de la transcription, dans les inscriptions de privilège ou d'hypothèque, dans les mentions de jugements prononçant des nullités, rescisions ou révocations,

(1) Le département des Bouches-du-Rhône compte 145.000 parcelles environ. Sur le nombre, 20 0/0 sont pourvues d'un bornage continu (murs, talus, haies, fossés, palissades), 65,5 0/0 d'un bornage discontinu (Bornes) et 14,5 0/0 sont dépourvues de tout bornage. (Procès verbaux du Cadastre, F. IV, p. 296).

(2) Procès verbaux du Cadastre, F. IV, p. 469.

à faire en marge de transcriptions ou d'inscriptions. Je me bornerai à dire ceci. Le livre foncier, qu'il soit réel, ou personnel si le morcellement du sol l'exige, contiendra sur la page affectée à telle unité foncière ou à tel propriétaire, non seulement le nom et le prénom de celui-ci, mais encore ceux des divers ayants droit, ainsi que l'indication exacte et précise de tous les droits réels et charges existant sur l'immeuble. En résumé, chaque feuillet contiendra en un tableau synoptique toute l'histoire juridique de l'immeuble. Les recherches seront donc singulièrement facilitées et accélérées.

Le principe de légalité recevra une application des plus étendues, tant à cause des différentes formalités préliminaires de l'inscription que les parties devront accomplir, que de l'examen minutieux auquel se livrera le conservateur dont les pouvoirs seront singulièrement agrandis. Il devra rechercher d'abord si la personne qui vend ou qui emprunte est bien inscrite au livre foncier comme propriétaire de l'immeuble transmis ou grevé. En consultant le feuillet en question, il verra également si le propriétaire est capable de vendre ou de constituer un droit réel, s'il ne se trouve pas privé du droit de disposer de l'immeuble, par suite de saisie, de faillite. Il verra aussi si l'immeuble ne serait pas dotal par exemple. Les mêmes mentions lui feront savoir si le propriétaire qui veut vendre ou emprunter ; n'est pas mineur, interdit si c'est une femme mariée, il s'assurera que toutes les précautions légales sont observées. Il constatera en un mot que l'immeuble peut être vendu.

Le conservateur ne deviendra pas pour cela un juge foncier, au sens de ce mot dans le système prussien. On ne verra donc pas, contrairement au principe de la séparation des pouvoirs, un fonctionnaire devenir juge. La loi nouvelle ne fera qu'étendre les pouvoirs de contrôle que lui donne déjà le Code civil au cas de radiation (1).

Grâce à ces précautions, l'inscription au livre foncier pourra faire foi *ergo omnes*, de son contenu. Elle aura la *force probante*. Elle ne se bornera plus comme la transcription actuelle à arrêter le cours des inscriptions sur les précédents propriétaires de l'immeuble ; elle jouera un rôle positif : elle prouvera la légitimité des droits réels, dont elle annoncera la constitution ou le transfert.

Je n'ai pas besoin de dire, que tout comme dans la loi prussienne (2), les seuls tiers que les inscriptions du livre foncier garantiront, seront ceux qui auront contracté de bonne foi et à titre onéreux.

De la sorte, les parties seront certaines de l'exactitude des mentions qui y seront portées, puisqu'elles feront preuve absolue. Il n'y aura désormais plus besoin comme actuellement, de la prescription acquisitive pour fixer l'immeuble d'une manière définitive sur la tête du propriétaire apparent, l'inscription au livre foncier une fois accomplie, remplira cet office puisqu'elle fera preuve entière du droit qu'elle mentionnera.

La propriété foncière obtiendra de la sorte une base certaine et inébranlable qu'elle ne connaissait pas auparavant.

Il ne faudrait pas croire, cependant, que le livre foncier favorise les dépossessions arbitraires et les couvre sans retour. Loin de là ; tout comme dans la législation australienne et dans le système prussien, les droits du véritable propriétaire seront toujours sauvegardés.

(1) Code civil, art 2157, 2158
(2) Loi prussienne, 5 mai 1872, art. 9.

Je n'en veux pour preuve que ces deux articles de l'avant projet voté par la sous-commission juridique du Cadastre :

ARTICLE PREMIER. — Entre les parties, la convention produit ses effets indépendamment de l'inscription. L'auteur ne peut se prévaloir à l'encontre de l'acquéreur du défaut d'inscription. L'acquéreur, malgré l'inscription prise, reste exposé à toute action en nullité ou résolution.

ART. 5. — Les droits des tiers qui ont traité sous la foi d'une inscription, sont opposables au véritable propriétaire.

Ces divers avantages procurés par l'adoption des livres fonciers, en amèneront un autre qui a aussi son importance. Les transmissions immobilières seront singulièrement facilitées. Il n'y aura nul besoin d'établir dorénavant d'origine de propriété compliquée, remontant à trente ans et plus en arrière. Il suffira de se référer au feuillet du livre foncier concernant l'immeuble, qui fournira tous les renseignements nécessaires qui s'y trouveront du reste contenus.

Après avoir indiqué d'une manière très sommaire ce que sera le livre foncier de l'avenir, j'ai maintenant à discuter les objections qui lui ont été faites.

Tout d'abord, dit-on, pourquoi indiquer la force probante parmi les effets de la publicité future ? La nécessité n'en est nullement manifeste, puisque même avec le système actuel les évictions sont rares. De plus, le remède risquerait d'être pire que le mal ; il pourrait, en effet, entraîner parfois la perte du droit des anciens possesseurs.

On avouera tout d'abord, qu'il est au moins singulier, de repousser un des effets avantageux de la publicité nouvelle, sous le prétexte qu'il n'y aura pas lieu ou presque pas lieu de l'appliquer. S'il n'y a pas d'occasion d'en profiter, pourquoi s'en plaindrait-on ?

Deux sûretés valent mieux qu'une.

Si d'autre part, des cas d'application se présentent, et j'ai montré que malheureusement leur nombre était très respectable, mieux vaut une garantie sûre qui en prévienne le retour.

C'est bien le cas de la publicité nouvelle, dont les inscriptions au livre foncier munies de la force probante, permettront enfin de délivrer un titre de propriété ferme et sûr, vivant d'une vie propre et n'ayant nul besoin de la prescription acquisitive pour assurer sa consolidation.

On ajoute que l'on redoute avec le système nouveau, la perte des droits des anciens propriétaires. Il y a lieu de se tranquilliser à ce sujet. Les anciens possesseurs seront bien moins lésés avec le système nouveau qu'avec le régime actuel.

D'abord la publicité aura une extension beaucoup plus considérable. Le principe de légalité qui se manifestera avec une certaine intensité lors de la réalisation de l'inscription, sera là pour garantir bien plus que par le passé, les droits des anciens possesseurs.

En définitive, les principes nouveaux ne feront que consacrer légalement la jurisprudence prétorienne de la Cour de cassation, qui valide les aliénations ou constitutions de droits réels immobiliers que l'héritier apparent a accomplies au profit de tiers de bonne foi et au préjudice du véritable héritier (1).

La Cour de cassation justifie sa théorie « par des raisons

(1) Cassation 16 janvier 1843. S. 43.1.97, 16 juin 1843. S. 43. 1.108, 26, février 1867. S. 67 1.161, 4 août 1875. S. 76,1.8, 3 juillet 1877 D. 77.1.249, 22 mars 1879. S. 80.1.20.

d'équité, par des considérations d'ordre et d'intérêt public, que réclame la libre et facile circulation des biens.» C'est ainsi que s'exprime l'arrêt du 16 janvier 1843.

Les principes nouveaux donneront donc pour base à cette jurisprudence, une disposition législative.

On fait aussi aux livres fonciers une autre objection. Chez nous, dit-on, la transcription, tant d'après la loi du 11 Brumaire an VII, que celle du 23 mars 1855, ne joue aucun rôle dans la formation du contrat de transfert. Elle a simplement pour but de rendre opposable aux tiers le fait de la transmission de la propriété.

Il en est autrement de l'inscription au livre foncier prussien. L'Etat en Allemagne, est censé posséder le domaine éminent du sol. C'est par l'investiture *auflassung* qu'il le transfère aux particuliers. L'article premier d'une des lois foncières du 5 juillet 1872, sur l'acquisition de la propriété immobilière l'indique bien nettement. « En cas d'aliénation volontaire, dit-il, la propriété d'un immeuble, n'est acquise que par une inscription au livre foncier faite à la suite d'un acte d'investiture (1). »

Chez nous, par contre, le transfert de propriété dominé par un principe éminemment spiritualiste, s'opère par le seul consentement des parties. Les ventes constituent une affaire de particulier à particulier. Le seul fait du consentement, de l'union des volontés, fait passer la propriété de la tête du vendeur sur celle de l'acquéreur sans que l'Etat ait à intervenir de quelque manière que ce soit (2).

Dans le droit germanique par contre, l'investiture est nécessaire pour opérer la mutation de propriété même

(1) *Bulletin de la Société de législation comparée*, 1873, p 30.
(2) Seule la législation française des mines fournit à cette règle une exception. Il résulte en effet de l'article 7 de la loi du 21 avril 1810, que la vente d'une mine par lots ne peut valablement avoir lieu qu'après l'auto-

entre parties. Qu'il en soit forcément ainsi pour que les transferts d'immeubles ne soient accomplis qu'à bon escient, c'est possible. En tout cas ce système serait complètement opposé au génie de notre droit et à toutes nos idées sur la matière, ce qui constituerait un obstacle absolu à son établissement chez nous (1).

Ainsi parlent les adversaires du livre foncier. Qu'ils se rassurent, leurs craintes ne sont pas fondées.

L'investiture ne forme point la base du système des livres fonciers, il n'est pas de son essence. Il n'en est, en style philosophique, qu'un accident important je le reconnais, mais qui ne constitue nullement une partie intégrante du régime. La preuve en est facile à faire. Il suffit de se reporter aux procès-verbaux si nets et si clairs de la sous-commission juridique du Cadastre. Il a été dit et répété, notamment par M. Massigli, le savant professeur de la faculté de Paris, dans son rapport sur la *publicité des droits réels*, ainsi que dans les explications qui ont suivi, qu'entre le régime foncier prussien et le système français actuel, la distance était suffisamment importante pour permettre l'établissement d'un système intermédiaire. Celui-ci, bien que produisant parmi ses effets, la force probante,

---

sation préalable du gouvernement donnée dans la même forme que la concession.

« C'est que là, comme le dit M. Laferrière dans son remarquable *Traité de la juridiction administrative et des recours contentieux*, T. I, p 564, apparaît sous son aspect le plus saillant le double caractère que présente toute propriété foncière d'être à la fois, un patrimoine privé et une fraction du territoire national dont l'utilisation importe à la société tout entière. Celle des mines lui importe d'autant plus que les produits à exploiter sont limités, qu'ils ne se renouvellent pas et que la négligence ou l'impéritie du propriétaire de la surface, s'il s'abstenait d'exploiter ou s'il exploitait mal la propriété souterraine, pourrait priver la société tout entière de richesses dont la nature a doté son territoire »

(1) Confer Deloison, *op. cit.*, p. 17 et seq.

consacrerait toujours le principe français éminemment spiritualiste du transfert de la propriété entre les parties par le simple consentement.

Mais si l'on passe aux tiers, la situation est tout autre. Le développement complet, la plus haute puissance, si je puis ainsi m'exprimer, de la loi du 23 Mars 1855, conduit à ceci. La propriété n'est transférée aux yeux des tiers que par l'inscription aux registres fonciers. Cette inscription possède pour eux, mais pour eux seuls, la force probante. La publicité qui n'existe en définitive qu'en leur faveur, n'en demeure pas moins une condition extrinsèque de l'acte, mais produisant la force probante, elle atteint son apogée et cela dans l'intérêt de tous.

Il y a donc une méprise à considérer la publicité assortie de la force probante, comme une conséquence de l'investiture, alors qu'elle n'est en définitive que la plus haute puissance de son développement normal.

Il suffit du reste, pour être complètement édifié sur ce point, de constater que des législations où l'investiture de l'Etat, ou du moins prétendue telle, n'existe pas, comme les législations espagnole et tunisienne (1), font produire à leurs inscriptions aux registres fonciers, la force probante.

Il convient, du reste, de remarquer aussi que la force probante ne constitue pas partie intégrante du système des livres fonciers. De même que l'on comprendrait très bien des livres fonciers dépourvus de force probante, et nous avons vu notamment que dans la législation autrichienne l'importance de celle-ci est des plus réduites (2), de même, dans une certaine mesure, la force probante pourrait être attachée à un régime de transcription.

(1) Voir plus haut la législation tunisienne, p. 206 et seq.
(2) Voir la législation autrichienne, p. 181 et seq.

Encore un mot sur cette question. L'investiture par l'Etat et la force probante sont deux choses absolument distinctes : la première constitue une des formes de la publicité, la seconde, un de ses effets, facultatives l'une et l'autre. Si la force probante ne pouvait résulter que d'un système de publicité comprenant l'investiture par l'Etat, celui-ci devrait garantir au particulier la propriété qu'il lui a délivrée. Il devrait l'assurer contre toute dépossession légale et constituer par conséquent de ses propres deniers une caisse d'assurance destinée à indemniser les victimes. Or la sous-commission juridique a repoussé après une discussion très approfondie toute institution de cette sorte. Nouvelle preuve de la non intervention de l'Etat, et de l'absence de tout lien de cause à effet entre l'investiture et la force probante.

Après avoir ainsi attaqué le livre foncier en théorie, on le poursuit encore sur le terrain de la pratique, en montrant les difficultés que rencontreraient son établissement et sa mise à jour continuelle à cause de la multitude de parcelles dont se compose le sol de la France.

On a vu, nous dit-on, la perplexité des membres de la sous-commission juridique du Cadastre, quand ils ont été amenés à décider quelle serait l'unité juridique à laquelle serait consacré chaque feuillet du livre foncier réel à établir.

Ils avaient d'abord songé à la parcelle cadastrale soit « toute étendue de terrain se distinguant de ses voisines par un signe matériel quelconque tel que la différence de propriété ou la diversité de culture » (1). Or, la France en compte exactement 151.091.992 (2). On y a renoncé à

(1) Magnin, *op cit.*, p 287.
(2) Procès-verbaux du Cadastre F. IV, 1er cartogramme.

cause de leur nombre trop considérable. On s'est alors rabattu sur l'îlot de propriété que la sous-commission juridique elle-même a défini : « toute étendue de terrain contenant une ou plusieurs parcelles contiguës, appartenant au même propriétaire et situées dans la même commune ». Leur nombre est de 61.746.120 (1).

Comment voulez-vous, nous dit-on, avec de pareils éléments tenir un livre foncier à jour? Il faudra, soit dresser un nouveau feuillet à chacun des cassements successifs qui pourront atteindre l'unité choisie, soit accomplir les mutations sur le feuillet originaire lui-même. Dans le premier cas, le travail de refonte du livre foncier sera si fréquent, que la tenue du livre foncier deviendra bientôt impossible. Dans le second, le feuillet foncier tournera vite au grimoire et la fameusé clarté promise au moyen du livre foncier disparaîtra bientôt. Vous voyez donc que dans les deux hypothèses, la tenue du livre foncier sera des plus compliquées, sinon impossible, qu'il ne rendra pas les services que l'on est en droit d'en attendre et ne remédiera nullement aux défauts de notre organisation hypothécaire actuelle (2).

Cette objection, quoiqu'il en semble, est plus spécieuse que fondée. Les procès-verbaux de la sous-commission technique du Cadastre, ont fourni exactement les chiffres des parcelles et des îlots. Je les ai donnés tantôt ; il y a 151.091.992 parcelles et 61.746.120 ilots. Leur contenance totale est de 52.798.336 hectares, ce qui fait que chaque îlot contient en moyenne 2,46 parcelles et a une superficie de 85 ares.

(1) Procès verbaux du Cadastre, F. IV, 1er cartogramme.
(2) Deloison, *op. cit* , p. 13.

La sous-commission juridique ayant adopté, après une discussion des plus approfondies, le livre foncier réel à page ouverte, avec l'ilot de propriété pour unité foncière, il en résulte d'après les renseignements fournis par M. Boutin, directeur général des contributions directes (1) que :

2 arrondissements auraient besoin de plus de 1.500 volumes.
57 » » » de 1.000 à 1.500 »
192 » » » de 500 à 1.000 »
111 » » » de moins de 500 »

Ces chiffres sont-ils bien considérables ? Je ne le crois pas. En tous cas, les personnes compétentes déclarent qu'il est plus facile de tenir à jour et de consulter un nombre important de registres maniables, bien établis et bien tenus, que des registres moins nombreux dans lesquels les recherches sont essentiellement compliquées et hasardeuses comme chez nous.

Je viens de dire que le nombre des registres n'en n'empêcherait nullement la bonne tenue journalière ; je n'en veux pour preuve que ce qui ce passe à l'étranger pour le service des livres fonciers autrichiens, et d'autre part, les résultats qu'obtiennent chez nous les grandes Compagnies de chemins de fer et notre service de la Dette Publique.

M. Boutin, directeur général des Contributions directes, a donné sur le service journalier des livres fonciers autrichiens, des renseignements précis à la sous-commission juridique du Cadastre : « .... Il n'en est pas moins vrai, dit-il, qu'il serait préférable d'avoir des registres tenus exclusivement par immeubles. Mais cela

(1) Procès-verbaux du Cadastre,. F II, p. 185.

est-il possible en France? C'est une question à examiner.

Si l'on veut me permettre de citer un exemple que j'ai eu sous les yeux à Vienne, je ferai remarquer qu'en Autriche les registres fonciers sont des registres par immeubles, quel que soit l'état de morcellement de la propriété... et le morcellement dans ce pays est sur bien des points à peu près le même que chez nous. En Moravie, par exemple, la contenance moyenne des parcelles est de 41 ares, alors qu'en France cette contenance est de 33 ares (1) si l'on considère la superficie imposable. Dans l'Istrie elle est de 31 ares et dans le pays de Trieste de 17 ares seulement. Cet état de morcellement n'a pas empêché le gouvernement austro-hongrois d'adopter le régime des livres par immeubles. Il y a là un précédent qui est peut-être de nature à nous encourager à rentrer dans la voie de l'adoption des feuillets réels (2).»

Il y a plus encore : le législateur autrichien consacre quatre pages à chaque parcelle. Je ne crois pas que chez nous l'on soit si généreux. Un compte à page ouverte suffira pour chaque îlot. Il devient alors évident, que si d'autres peuples ont établi chez eux les livres fonciers et les tiennent aisément au courant avec une unité foncière bien inférieure à celle que la sous-commission juridique a choisie, et en consacrant quatre feuillets à chaque parcelle au lieu d'un, comme on le fera chez nous, il sera aisé de les faire fonctionner en France à la satisfaction générale.

(1) Je ferai remarquer que la sous-commission juridique ayant adopté comme unité foncière l'îlot de propriété, la contenance de ce dernier est 2,46 fois supérieure à celle de parcelle qui a 33 ares; cela fait une superficie moyenne de 85 ares.
(2) Procès verbaux du Cadastre, F. II, p. 171.

Mais il y a encore d'autres réponses à l'objection, basées sur la comptabilité que tiennent nos grandes Compagnies de chemins de fer pour le service de leurs obligations, et la Direction de la Dette Publique.

M. Neymark a indiqué qu'au 31 décembre 1889, les grandes Compagnies de chemins de fer avaient en émission 30.155.446 obligations, dont 20 887.814 nominatives soit 70 0/0 réparties en 659.914 certificats.

Le Lyon possède 7.590.331 obligations nominatives, en 227.142 certificats, l'Est a 112.570 certificats, l'Orléans 107.140 certificats (1).

Il en est de même pour le service des rentes sur l'Etat. « Nous avons cinq millions d'inscriptions de rente, disait encore M. Neymark, et s'il me plait d'échanger un titre de 100 francs de rente, contre des coupures de 3 francs, le Trésor me les remettra quelques jours après ma demande (2). »

Et M. Delatour ajoutait ces détails topiques : « S'il s'agit d'une inscription nominative de rente amortissable, comprenant toutes les séries, ce qui se produit plusieurs fois par jour, la Dette inscrite est obligée de débiter et de créditer, chacun des 162 comptes, correspondant aux séries existantes, ce qui fait 162 volumes à déplacer et 324 opérations à effectuer (3). »

Ces différentes opérations d'écritures, de mutations, de changements qui concernent le service des obligations de chemin de fer et des titres de rente sur l'Etat s'accomplissent uniquement à Paris.

Tout ce qui précède, permet bien de conclure que qui

(1) Procès verbaux du Cadastre, F. II, p. 200.
(2) Procès verbaux du Cadastre, F. II, p. 201.
(3) Procès verbaux du Cadastre F. II, p. 201.

peut le plus, peut le moins. Le service des livres fonciers serait bien moins chargé, puisqu'il se répartirait entre 86 circonscriptions (1). Il deviendrait donc non seulement possible, mais encore facile relativement quoiqu'on en veuille dire.

Ce que je viens de dire se rapporte au travail d'établissement des livres fonciers. Si maintenant je passe à leur service quotidien, à leur mise à jour continuelle, une fois qu'ils seront lancés, j'arrive à des conclusions identiques.

Le rapport de M. Fravaton sur les *circonscriptions de livres fonciers*, donne à ce sujet des renseignements probants.

Les formalités hypothécaires de l'année 1895 se décomposent de la manière suivante :

Inscriptions	905.814	
Transcriptions	531.677	1.463.038
Saisies	25.547	
Radiations	423.330	499.650
Subrogations et mentions	76.326	
Etats ou certificats		735.000

L'adoption du nouveau régime entraînerait les formalités suivantes :

Actes non transcrits	370.000	
Mutations après décès	420.000	
Inscriptions de privilège ou d'hypothèque légale	300.000	1.240.000
Radiations, mentions, subrogations, nécessitées par la publicité des hypothèques légales	150.000	
Soit au total		3.937.688

<hr />

(1) Rapport de M. Fravaton sur la *circonscription des livres fonciers*, dans procès verbaux du Cadastre, F. III. p. 307.

Ce qui ferait pour chacune des 86 circonscriptions foncières 45.787 formalités par an, soit 152 formalités par
jour (1).

Il ne faut pas oublier que toutes ces formalités se faisant par extrait analytique, seraient singulièrement
rapides.

Si donc on veut bien se rendre compte de la question,
chiffres en mains, il est aisé de voir que l'objection qui
précède est plus apparente que fondée et que par conséquent le livre foncier réel serait parfaitement réalisable
chez nous.

Il ne reste maintenant plus grand chose des objections
que l'on peut faire au livre foncier.

Une des conséquences de son établissement chez nous,
conséquence des plus importantes, sera le développement
du crédit hypothécaire.

Bien que l'étude du crédit hypothécaire ne rentre pas
dans le cadre que je me suis tracé, je crois néanmoins
utile de lui consacrer quelques pages. On me pardon-
nera cette digression.

Je ne m'étendrai pas à examiner un des résultats plus
ou moins directs de l'insuffisance de notre régime foncier,
les pertes que chaque année subissent les créanciers
hypothécaires.

A la sous-commission juridique du Cadastre M. Flour
de Saint-Génis, les évaluaient pour la seule année 1888 à
plus de 131 millions (2).

Je sais bien que les inscriptions d'hypothèque judiciaire
doivent figurer dans ce chiffre pour une somme impor-

(1) Procès verbaux du Cadastre, F. III, p. 307 et seq
(2) Procès verbaux du Cadastre. F. II, p. 177.

tante, je n'ignore pas non plus que pas mal de mécomptes
arrivent aux créanciers par suite de leur trop grande
confiance ou de leur ignorance de la valeur du gage, de
sa situation juridique, soit enfin à cause de la dépréciation
des immeubles occasionnée par la crise économique que
nous traversons.

Le tableau suivant extrait des procès verbaux de la
sous-Commission juridique (1), indique nettement l'état de
la question.

	NOMBRE des créanciers hypothécaires produisant	MONTANT DES SOMMES		PERTE POUR LES CRÉANCIERS
		RÉCLAMÉES	DISTRIBUÉES	
ordres amiables.	27.587	132.278.148	75.384.593	56 893.555
ordres judiciaires	30.317	170.986.959	96.649.398	74.337.561
Totaux...	57.904	303 265.107	172.033.991	131.231.116

Quoi qu'il en soit, on ne peut se défendre d'un véritable
sentiment de tristesse, en voyant les prêteurs perdre en
une seule année plus de 131 millions,. soit 44 0/0 de ce
qui leur était dû.

Ces chiffres portent avec eux leur enseignement et montrent mieux que bien des commentaires un des résultats
pratiques de l'infériorité de notre régime hypothécaire.

Ces quelques documents statistiques donnés, j'en arrive
à l'étude du développement du crédit hypothécaire, au
moyen d'obligations transmissibles, envisagé par la sous-
commission juridique du Cadastre.

(1) Procès-verbaux du Cadastre. F. II, p 177.

M. Challamel, à la séance du 22 février 1894, a très
nettement déclaré, que notre grand établissement financier, le crédit Foncier, n'avait absolument rien fait pour
la petite propriété rurale et il en a donné le motif: « On
peut songer aussi, a-t-il dit, à la création de grands établissements se faisant les intermédiaires entre les emprunteurs et les prêteurs. C'est le rôle que joue chez nous la
Société du Crédit Foncier. Elle a beaucoup prêté à la propriété, mais presque exclusivement à la propriété urbaine.

Quel en est le motif ? Il y en a plusieurs, mais le plus
grave, celui que signale particulièrement M. Josseau,
l'un des fondateurs du Crédit Foncier et l'un de ses
défenseurs les plus éclairés à toutes les époques de son
histoire, c'est le défaut de titres réguliers entre les mains
des paysans.

« En ce qui concerne l'amélioration de notre agriculture, dit M. Josseau, le Crédit Foncier s'est toujours
efforcé d'y concourir dans la mesure de ses forces. Il est
vrai que dans ses débuts surtout, il a beaucoup plus
prêté aux propriétaires urbains qu'à ceux des campagnes,
à la grande propriété plus qu'à la petite.

La raison en est facile à saisir. C'est d'une part, que
la petite propriété rurale, lente à s'instruire des facilités qu'offrait le nouveau mode d'emprunt, a beaucoup
moins demandé que la grande propriété et surtout la
propriété urbaine. C'est, d'autre part, que généralement
en France, elle n'est pas régulièrement établie ».

Cette raison est surtout la vraie, car, si nouvelle que
fût l'idée de l'amortissement, il n'était pas difficile de la
faire entendre des paysans puisqu'elle se résume en ce
qu'ils n'auront pas à rendre le capital emprunté.

Vous vous rappelez du reste, ce que disait M. Drumel

à l'une de nos dernières séances, et ce qui était confirmé tout autour de lui. Beaucoup de gens à la campagne, possèdent de père en fils et n'ont pas de titres établissant leurs droits de propriété (1) ».

On a donné une autre raison du peu de succès du Crédit Foncier dans les campagnes. On a dit qu'il était trop cher. Je crois qu'il y a erreur. Il serait bien difficile de trouver parmi les particuliers, un prêteur offrant aux emprunteurs des conditions aussi avantageuses, si l'on songe qu'une annuité de 4 fr. 21 0/0 représente l'intérêt annuel et l'amortissement en 75 années du capital avancé (2).

Dans cette même séance du 22 février 1894, M. Neymarck a montré la nécessité des obligations hypothécaires pour suppléer à l'insuffisance du Crédit Foncier sur ce point : « Le Crédit Foncier, dit-il, ne prête pas à la terre, il prête à la propriété bâtie et surtout à la propriété urbaine. D'après son rapport du 31 décembre 1892, le montant des prêts consentis par le Crédit Foncier depuis son origine, sans parler des amortissements qui ont été effectués, s'élevait à 3 milliards 725 millions.

Mais défalquez les 2 milliards 325 millions, prêtés au département de la Seine, 200 à 300 millions prêtés aux départements du Rhône, des Bouches-du-Rhône, de la Gironde, des Alpes-Maritimes et de la Seine-et-Oise, et vous verrez qu'en définitive, les opérations sont relativement peu considérables et auraient pu être plus importantes.

En ce qui concerne la propriété rurale, il n'a jamais

rien fait et alors les petits propriétaires se sont trouvés
en présence de qui ? des prêteurs qui s'occupent
toujours de ce même genre d'opérations. Des petits
cultivateurs ont contracté des obligations qu'ils renouvellent le plus souvent qu'ils le peuvent. Les frais augmentent toujours, et lorsqu'ils ont besoin de capitaux, ils
n'en trouvent pas où s'ils en trouvent, c'est à des
conditions excessives (1).

Je crois que la création d'une obligation hypothécaire et surtout sa transmission facile à peu de frais,
ouvrira des horizons nouveaux, et, je ne vois pas,
comme M. Fabre, de danger à ce que des banques
s'instituent pour créer ou développer une branche
nouvelle de crédit (2). »

Il suffit de lire tout au long, la discussion savante,
qui s'est produite parmi les membres de la sous-commission, pour être convaincu de la possibilité de
l'obligation hypothécaire transmissible et des services
qu'elle pourrait rendre.

M. Neymarck a réfuté d'abord la première objection
qui revenait à dire que la différence était très grande
entre les prêts consentis sur la terre et ceux faits sur
des valeurs mobilières. Ces dernières peuvent se réaliser
sur le champ, mais en serait-il de même pour les
obligations hypothécaires ? Pourrait-on les céder aussi
rapidement ?

(1) Il y a de l'exagération dans ces deux dernières phrases. La géné-
ralisation est poussée trop loin. Dans certaines régions du Midi de la France,
le Sud-Ouest notamment, où la petite propriété est très répandue, les
emprunts sont très courants et avantageux. Là, le paysan propriétaire
emprunte uniquement pour arrondir son bien et perfectionner ses moyens
de production. Aussi, les prêts y sont-ils très faciles et rapidement
remboursés.

(2) Procès verbaux du Cadastre, F. V., p. 503.

Il a répondu, avec raison, qu'il y avait là de l'exagération que tout, en cette matière, était une question
de mesure. « Croyez-vous, a-t-il ajouté, que si demain
la banque de France, qui à consenti 300 millions de
prêts sur titres, et ce sont là, les premières valeurs
comme les rentes sur l'Etat, les actions et les obligations de chemins de fer, croyez-vous que si elle venait
sur le marché vendre en bloc, brusquement tous ces
titres, elle trouverait acquéreur? Elle en trouverait mais
à quel prix, à quelles conditions?

Il en sera de même avec les obligations hypothécaires, pour les prêts comme pour les remboursements
et leur réalisation forcée. Ce sera une question de
mesure, de prudence. Les titres se trouveront répartis
entre différentes mains. Toutes ne s'ouvriront pas pour
les vendre à la même échéance (1) ».

Ces obligations hypothécaires constitueraient de plus
des placements de père de famille, qui seraient vite
appréciés par les particuliers désireux de trouver des
titres de tout repos. « On a subi de si grosses pertes
sur les valeurs étrangères, dit encore M. Neymarck,
on éprouve une si grande répugnance à s'intéresser
dans les valeurs industrielles, de mines, de charbon-
nages, que le public revient aujourd'hui aux placements
de nos arrière-grands-pères. Il laisse son argent dans
les bas de laine.

Il faut donc indiquer à l'épargne des débouchés et nous
n'en trouverions pas quand la terre, qui est en définitive
le bien le plus sûr, le plus tranquille, manque de capitaux!
Eh bien! je crois que sous certaines réserves de détail que

(1) Procès verbaux du Cadastre, F. V., p. 504.

nous examinerons lorsque nous arriverons à la discussion
des articles, nous devons adopter cette création de bons
ou d'obligations hypothécaires (1). »

On a bien objecté que ce moyen facile de donner du
crédit aux propriétaires fonciers, allait nous amener à une
catastrophe lamentable, à quelque chose comme une
révolution agraire.

Il est bon je le reconnais, de ne pas voir les choses trop
en rose, mais il faut se garder aussi d'un noir pessimisme
également dangereux, très dangereux même, car il
empêche tout progrès.

Ce n'est nullement préparer une révolution agraire, ou
l'accaparement des biens fonds par de vastes sociétés
financières, que de fournir aux agriculteurs les moyens
de se créer du crédit à bon compte. Bien au contraire il
me semble, puisqu'on leur éviterait ainsi de tomber sous
la coupe de certains usuriers de profession.

A ce propos, une petite réflexion vient tout naturellement à l'esprit. Pourquoi nos lois permettent-elles à un
commerçant de dresser des billets à ordre, signer des
traites, faire escompter son papier commercial, alors
qu'il ne représente souvent qu'une garantie pécuniaire
des plus relatives si l'on considère les sommes dont il
obtient ainsi le maniement, et pourquoi nos mêmes lois
traiteraient-elles le propriétaire foncier comme un interdit, comme un mineur en tutelle perpétuelle, dont l'initiative propre finit à la fin par s'émousser puisqu'il lui est
défendu d'en faire usage ?

M. Yves Guyot indiquait fort exactement, dans la séance
de la sous-commission juridique du Cadastre du 8 mars

(1) Procès Verbaux du Cadastre F. V., p. 504.

1894, le rôle que celle-ci était appelée à remplir dans cette question si importante du crédit agricole. « Nous devons chercher à donner au propriétaire, disait-il, l'instrument de crédit le plus commode... Qu'est-ce qu'il en fera ensuite ? ce qu'il voudra. Mais quand nous faisons un couteau nous tâchons de le faire de la meilleure qualité possible : tant pis pour celui qui se coupe avec » (1).

Et M. Neymarck, de son côté, dont on ne saurait contester la compétence dans toutes ces questions financières, a fait lui aussi bonne justice de l'objection classique qui consiste à représenter le paysan comme un véritable enfant, ayant besoin d'être en tutelle perpétuelle, sous le fallacieux prétexte qu'il ne comprend pas son véritable intérêt. Cette page mérite d'être citée dans son entier.

« Je réponds enfin à une autre objection : Prenez-garde, nous dit-on ; vous allez faciliter le crédit au paysan, à l'agriculteur, et faire entrer dans son esprit des idées de spéculation malsaine. Vous risquez de lui faire dissiper son patrimoine.

On peut en dire autant du détenteur de valeurs mobilières. Faut-il édicter une loi, pour empêcher les particuliers d'acheter ou de vendre les titres qu'ils possèdent parce que ces titres peuvent leur faire perdre un jour leur argent ? Faut-il empêcher un négociant de créer un billet à ordre, sous prétexte que s'il crée ce billet, il peut être mis en faillite ?

Je lisais à ce sujet un travail très remarquable de M. Baudrillart qui a étudié toutes ces questions agricoles. Dans la livraison de la *Revue des Deux Mondes* du 1er juillet 1891, il examinait ces différentes formes de crédit et

---

(1) Procès Verbaux du Cadastre F. V, p. 577.

disait : « Il est difficile de comprendre qu'on traite de mineur, le paysan investi de tous ses droits civils et du droit de suffrage, pour une chose qui regarde ses intérêts les plus immédiats..... Ce sont les paysans qui ont su le mieux faire leurs affaires depuis 1789. Ils ont acheté le sol, ils l'ont fécondé jusque dans les plus petits recoins, et fertilisé, comme on l'a rappelé souvent, jusqu'au roc stérile. Ils ont augmenté la plus value de la petite propriété dans une proportion supérieure à celle des domaines étendus. Sous quel prétexte les expulser du droit commun ? Est-ce parce qu'ils ont subi parfois des entraînements et compromis des épargnes en des mains peu sûres ? Nous dirons en ce cas que ceux qui n'ont pas péché, leur jettent la première pierre ! ».

Ne devons-nous pas le débarrasser de toutes les entraves qui le gênent et l'empêchent de donner une plus grande valeur au bien qu'il possède (1) ».

On voudra bien me pardonner cette longue digression sur le crédit hypothécaire.

J'arrive maintenant à la conclusion de ce chapitre, et je crois pouvoir déclarer que même chez nous, le système des livres fonciers serait préférable et de beaucoup à celui de la transcription.

Le seul obstacle vraiment sérieux à son établissement immédiat, c'est l'éternelle question financière, le coût du nouveau cadastre.

J'ajouterai néanmoins quelques réflexions. Je suis loin de méconnaître l'importance de la dépense qui, d'après les évaluations les plus sérieuses, atteindra probablement 450 millions. Mais si l'on met en parallèle d'une part, la

(1) Procès Verbaux du Cadastre F. I., p. 505.

somme annuelle que nécessiteront le service et l'amortissement d'un emprunt de cette importance pendant un nombre considérable d'années, je dis considérable à dessein, parce que nos successeurs étant surtout ceux qui bénéficieront de la réforme, c'est eux spécialement qui doivent la payer, si, d'autre part, l'on remarque que les droits d'inscription, tout en étant plus faibles que ceux de transcription, rapporteront davantage que ceux-ci puisqu'ils atteindront tous les actes, que l'on obtiendra enfin grâce à elle, le titre de propriété sûr si longtemps rêvé, que l'on supprimera les procès sans nombre qui suscitent les questions de bornage qui coûtent surtout à la petite propriété environ un demi-million par an, qu'enfin, les impôts grevant la propriété foncière seront répartis d'une manière plus équitable et plus juste, il n'y a dis-je, pas à hésiter. On doit tenter l'expérience puisque de sa réussite dépend peut-être le salut de notre agriculture nationale.

Et que l'on ne me taxe pas d'exagération à ce sujet. Une bonne loi foncière, permettant l'établissement rapide d'un titre de propriété solide, donnerait à la terre une plus-value et un essor certains. Il suffit d'indiquer l'exemple de l'Australie dont l'*act Torrens* a sûrement contribué à faire la richesse. Les sept Etats qui la composent vendent bon an mal an pour 180 millions de francs de terrains (1). Et plus près de nous, ne devons-nous pas considérer avec une légitime fierté le rapide développement agricole qui se manifeste en Tunisie, grâce à la bonne loi foncière dont l'ont dotée des hommes éminents ?

Je sais bien que la réfection du cadastre demandera un certain nombre d'années. M. Piat, chef du service topo-

---

(1) Voir plus haut dans l'étude du système australien, p. 206 et seq.

graphique en Tunisie, bien à même de connaître la question, indique que quinze années seront nécessaires pour mener à bonne fin cette importante entreprise.

Mais cette longue période de temps ne sera point perdue, bien loin de là. Elle préparera la venue des livres fonciers, en y habituant peu à peu les esprits. Ce sera la période d'attente, la période d'introduction au régime futur.

C'est de cette période de transition que je vais maintenant m'occuper, en indiquant les modifications nécessaires qu'il y a lieu d'introduire dans notre régime hypothécaire actuel, pour que le jour où la réforme cadastrale sera complètement achevée, les esprits soient bien préparés au régime des livres fonciers, régime qu'ils redoutent d'autant plus qu'ils en ignorent actuellement les principes directeurs et le mécanisme, et que par intérêt on leur a dépeint sous des couleurs trop sombres pour être vraies.

Je m'inspirerai spécialement dans les explications qui vont suivre, du projet de loi déposé sur le bureau du Sénat dans la séance du 27 octobre 1896, par M. Darlan, garde des Sceaux, ministre de la Justice.

Ce projet a puisé bon nombre de ses dispositions dans les travaux si consciencieux et si complets de la commission extraparlementaire du Cadastre, mais il reflète également l'état général des esprits au moment de sa rédaction.

Un revirement s'était produit dans l'opinion publique, à la suite d'une campagne assez violente dirigée contre les livres fonciers.

Aussi les rédacteurs du projet gouvernemental ont-ils fait surtout de sérieux emprunts au savant projet de réforme hypothécaire rédigé par le Comité des notaires de départements, qui se borne à développer les principes fondamentaux de la loi du 23 mars 1855, ainsi qu'à la loi Belge du 16 décembre 1851.

Dans ce dernier chapitre intitulé projet de « réforme actuelle », j'envisagerai la question sous ses différents chefs qui formeront tout autant de sections : Publicité des transferts et des causes de résolution, privilèges, hypothèque judiciaire, hypothèque légale et hypothèque conventionnelle.

CHAPITRE QUATRIÈME

PROJET DE RÉFORME ACTUELLE

SECTION PREMIÈRE. — **La publicité des transferts
et des causes de résolution.**

Après les différentes explications que j'ai fournies sur
la transcription, dans les diverses parties de mon travail,
je n'entrerai pas ici dans des détails trop circonstanciés.

J'étudierai successivement, à quels actes doit s'appliquer la transcription, dans quelle forme faut-il l'accomplir, quels doivent en être les effets.

Les critiques que j'ai adressées au système français
sur ce point spécial, indiquent par avance le sens des
réformes que je sollicite.

Le projet Darlan demande par son article premier (1)
que l'on soumette à la transcription tant les actes translatifs que les actes déclaratifs.

Je résume à ce sujet ce que j'ai eu déjà l'occasion de
dire plus haut : au point de vue de la transcription ce
qu'il faut considérer avant tout, ce n'est point la qualité,
la nature de l'acte, mais l'intérêt que les tiers ont à le

---

(1) Article 1ᵉʳ. « Sont rendus publics par la transcription au bureau des
hypothèques de la situation des biens 1° tous actes et conventions entre
vifs à titre gratuit ou à titre onéreux et tous jugements ayant pour effet
de constituer, transmettre, déclarer, modifier ou éteindre un droit réel
immobilier »,

connaître. Or, l'intérêt des tiers est le même à connaître, un acte déclaratif qu'un acte translatif. Un acte déclaratif, tel qu'une transaction, un partage, les intéresse au plus haut point. Par un partage de succession, notamment, les droits de chaque héritier se déterminent d'une façon précise. Ils gagnent en sécurité ce qu'ils perdent en étendue.

La distinction traditionnelle de l'acte déclaratif d'avec l'acte translatif, ne sera point changée par ce fait que la transcription de tous deux deviendra obligatoire. Le caractère déclaratif des partages ne sera pas du tout altéré. La loi belge du 16 décembre 1851, n'a-t-elle pas ordonné la transcription des actes déclaratifs par conséquent du partage, sans que le caractère de celui-ci ait été nullement changé ?

Cette réforme sera très avantageuse ; elle produira les effets les plus utiles, au grand profit de la sécurité du crédit territorial.

Le projet Darlan, en accomplit encore une seconde dont j'ai eu plus haut à indiquer l'importance. Il ordonne la transcription des mutations *mortis causa*. C'est ce que décide l'article 3 du projet dont voici le texte : « sont aussi rendues publiques les mutations par décès de droits réels immobiliers, par la transcription, soit de l'acte constitutif ou déclaratif de la transmission de propriété, soit de la déclaration faite au bureau d'enregistrement. »

On ne comprend véritablement pas pourquoi la loi du 23 mars 1855 a laissé ces transmissions en dehors de toute publicité. Spécialement dans une législation comme la nôtre où il est nécessaire de faire remonter jusqu'à trente ans, et même au-delà suivant les cas, les origines de propriété, il est urgent que les mutations à cause de mort ne restent pas clandestines, sinon les traces de l'immeuble vendu pourraient se perdre, sa généalogie se trouvant brusquement interrompue par une transmission *mortis causa*, et il deviendrait, dans quelques cas, bien difficile d'établir avec exactitude l'origine de propriété dans son entier au grand préjudice de l'acquéreur.

Car enfin, si l'on va au fond des choses, rien ne me prouve d'une manière absolument certaine, que la personne avec qui je traite de l'achat d'un immeuble ou d'un prêt sur celui-ci, en est le légitime propriétaire, qu'elle est notamment, soit la seule héritière de l'ancien propriétaire, soit l'héritière la plus rapprochée.

Aussi, la cour de cassation, s'est-elle vue amenée à valider les actes de l'héritier apparent ou testamentaire qui a traité avec un tiers de bonne foi, et oblige-t-elle le véritable héritier à les respecter (1); j'ai déjà eu du reste l'occasion de l'indiquer (2).

La cour justifie bien sa jurisprudence, « par les raisons d'équité, les puissantes considérations d'ordre et d'intérêt public qui réclament la libre et facile circulation des biens (3). »

En tous cas, M. Besson le dit avec raison, « il est peu juridique, en l'absence d'un texte positif d'attacher à la bonne foi de l'acheteur, la puissance de purger la précarité de son titre et d'opérer par elle-même la consolidation de la propriété (4). »

(1) Cassation, 16 janvier 1843, S. 43 1. 97, 16 juin 1843, S. 43. 1. 108, 26 janvier 1867, S. 67. 1. 161, 4 août 1875, S. 76. 1. 8, 3 juillet 1877, D. 77. 1. 249, 23 mars 1879, S. 80. 1. 20.
(2) Voir plus haut, p. 257.
(3) Cassation, 16 juin 1843, S. 43. 1. 97.
(4) Besson, *op. cit.*, p. 129.

L'exposé des motifs du projet de loi de M. Darlan, fait de son côté remarquer avec à propos que pour les valeurs mobilières nominatives, ceux qui en deviennent propriétaires, même par voie d'héritage, sont dans l'obligation de les faire inscrire à leur nom, puisque le décès de tout titulaire de rente ou autres valeurs françaises, dès qu'il est connu, arrête le paiement de tous arrérages, intérêts ou dividendes.

Les propriétés foncières doivent être assujetties à des règles analogues, qui auront pour conséquence heureuse de donner à la fois plus de facilité et plus de sécurité aux transactions immobilières.

Ces différentes raisons justifient, il me semble, la transcription des transmissions *mortis causa*. La loi, dans l'intérêt de tous, doit la rendre obligatoire. Reste maintenant à trouver le moyén d'arriver à ce résultat. Car il ne faut pas se faire d'illusion : les parties n'ayant pas comme au cas de mutation entre vifs, d'intérêt direct et immédiat à accomplir cette formalité, s'en dispenseront généralement.

J'estime cependant que le procédé le plus sûr d'y arriver, est celui que contient l'article 21 de l'avant projet de la sous-commission juridique du Cadastre : « Nul n'est admis à requérir l'inscription d'un droit au livre foncier, si le droit de son auteur n'a pas déjà reçu ou s'il ne reçoit pas simultanément la publicité exigée par la loi. » (1).

Je reconnais volontiers que ce système n'est pas parfait. Il est bon, mais il est insuffisant en ce sens que la transcription, au lieu d'être *actuelle* comme il serait désirable

_____

(1) Procés verbaux du Cadastre F. V, p. 482.

qu'elle fût, sera simplement *occasionnelle*, puisque son accomplissement n'aura lieu qu'à la suite d'un acte quelconque, intéressant l'immeuble échu en succession.

Le deuxième et le troisième paragraphes de l'article 1ᵉ, du projet Darlan, soumettent également à la transcription :

« Les baux excédant douze années, soit par leur terme originaire, soit par l'effet d'un renouvellement.

« Les actes et jugements portant même pour bail de moindre durée, libération ou cession d'une somme supérieure à une année de loyer ou fermage non échu. »

La première disposition est aussi utile que la seconde. Il est évident qu'un bail de douze années constitue une charge suffisamment lourde pour que les tiers en soient exactement avertis.

Il y aurait même, à mon avis, lieu d'examiner s'il ne conviendrait pas, à l'exemple de la loi belge de 1851, de la loi italienne de 1865, et comme le demandaient déjà nombre de cours et facultés dans la grande enquête de 1841, de réduire à neuf années la durée des baux devant être transcrits. On prendrait ainsi comme limite extrême, le terme assigné par le Code civil lui-même aux baux d'administration (1).

On mettrait de la sorte, il me le semble du moins, plus d'harmonie dans les dispositions du Code. Il y aurait d'une part, les baux de moins de 9 ans, constituant de simples actes d'administration et n'ayant pas besoin d'être transcrits, et d'autre part, ceux supérieurs à neuf ans, soit par leur terme originaire soit par l'effet d'un renouvellement, dont la transcription serait exigée.

Le même paragraphe de l'article 1ᵉ tranche de la façon

(1) Voyez les articles suivants du Code civil 481, 595, 1429 1430.

la plus équitable, une question actuellement pendante, relative aux baux renouvelés avant leur terme primitif.

Le troisième paragraphe prescrit la transcription des actes et jugements constatant la cession d'une somme supérieure à une année de loyer.

Le législateur parait évidemment animé de très bonnes intentions. Mais il sera trop commode à mon avis de tourner la loi. En effet, la cession pour être transcrite, doit être supérieure à une année de loyer. Rien n'empêche le propriétaire aux abois, de faire des cessions échelonnées, inférieures chacune au loyer annuel, mais bien supérieures si on les additionne. De plus, ces cessions peuvent être faites à des personnes différentes dans un laps de temps donné et leur valeur réunie, peut dépasser de beaucoup une année de loyer.

De ces deux manières, on peut tourner les dispositions protectrices de la loi. Ce sont tout autant de points de détail, que le législateur ferait bien d'éclaircir et de préciser pour assurer à son œuvre toute l'efficacité qu'elle mérite.

L'intérêt des tiers est ici aussi sérieusement engagé, car des cessions répétées peuvent diminuer singulièrement l'importance de la valeur de l'immeuble.

En ce qui touche maintenant la forme de la transcription, j'ai eu l'occasion de dire plus haut (1), qu'il n'y aurait que des avantages à l'accomplir par extraits analytiques, au lieu de reproduire textuellement les actes qui lui sont soumis.

L'exposé des motifs du projet de réforme hypothécaire de M. Darlan, est, lui aussi, formel en ce sens. « Une trop

(1) Voir plus haut, p. 73 et seq.

longue pratique y est-il dit, a fait apparaître les inconvénients qui résultent de ce mode de procéder, l'excessif
travail manuel auquel il astreint le personnel des conservations, l'encombrement inévitable que produit dans les
bureaux la multiplicité des registres rendus nécessaires
par de si volumineuses écritures et l'insuffisance de place
matérielle pour pouvoir les ranger commodément (1). »

En conséquence, le projet gouvernemental ordonne
dans l'article 5, d'opérer la transcription de la manière
suivante :

« 1o Par le dépôt soit d'un extrait analytique ou littéral
de l'acte notarié, du jugement ou de l'acte administratif,
contenant les noms, prénoms, qualités et domicile des
parties, la désignation des immeubles, les prix ou les
soultes, les charges avec leur évaluation, les servitudes et
les stipulations restrictives, soit d'un original de l'acte
sous seing privé, soit d'un extrait du testament ou d'un
extrait certifié de la déclaration de mutation par décès ;

2o Par la mention sur le registre du conservateur du
contenu de l'extrait ou de l'original. »

Une première observation vient à l'esprit à la lecture de
ce texte : le projet gouvernemental ferait bien d'indiquer
nettement, si la transcription résulte du simple dépôt des
titres au bureau du conservateur ou de la mention sur ces
registres. Il semble puisque l'on continue les errements de
la loi du 23 mars 1855, que la transcription ne doit résulter
que de la mention sur le registre *ad hoc* et non pas du
simple dépôt au bureau. En tous cas, il serait à souhaiter
que le projet s'en expliquât clairement.

(1) *Exposé des motifs du projet de réforme hypothécaire* de M. Darlan,
ministre de la justice à la suite de l'étude que lui a consacré M. Raveton,
p. 38 et seq.

Le projet prévoit en outre que la transcription pourra
s'opérer d'une double manière : par un extrait analytique
s'il s'agit d'un acte authentique ou d'un jugement, et par
une copie littérale comme anciennement, s'il s'agit d'un
acte sous seing privé.

Ce double mode d'accomplissement d'une même formalité juridique est regrettable et amènera sûrement des
inconvénients.

Je reconnais toutefois que la situation était particulièrement délicate. On n'osait pas supprimer d'une manière
radicale les actes sous seing privé à cause toujours du
principe suranné de la liberté des conventions, qui, je l'ai
démontré plus haut (1), n'a absolument rien à voir là
dedans. On se trouvait, dans ces conditions, forcé de
conserver pour ces derniers actes, l'ancien système de
transcription, soit la reproduction littérale de l'acte, les
parties étant jugées incapables de dresser un extrait
analytique acceptable toutes seules.

Y aurait-il eu un remède à cet inconvénient, si à l'exemple des législateurs italiens et belges, on avait autorisé la
publicité par extrait des actes sous seing privé, en faisant
authentiquer par l'autorité judiciaire ou par un notaire les
signatures des parties ? (2).

Je ne serais pas partisan pour ma part, des signatures
authentiquées, et en cela, je ne fais que m'abriter derrière
les intéressantes discussions qui ont eu lieu à ce sujet, à la
sous-commission juridique du Cadastre. On obligera les
parties à accomplir une formalité de plus et voilà tout.
Car cette légalisation qu'elle soit faite par un juge ou par

(1) Voir plus haut, p 75 et seq.
(2) Consulter dans le Code civil, Italien les art. 1935, 1936, 1937, 1939.

un notaire, ne saurait donner à un acte vicié une valeur qu'il n'a pas.

Je reviens toujours à mon idée première et j'estime, que,pour ma part, il vaudrait bien mieux supprimer radicalement les actes sous seing privé pour les ventes d'immeubles et les partages. Je me base sur ce qu'a établi en Alsace-Lorraine la loi du 24 juillet 1889 (1). Cette loi, destinée à préparer la venue des livres fonciers, a décidé que dorénavant les partages et les actes de vente ne pourraient plus être dressés que par acte authentique.

De tout temps, du reste chez nous, on a réclamé contre les actes sous seing privé au nom de l'intérêt général.Déjà dans la grande enquête de 1841, la Cour de Montpellier en demandait franchement la suppression.

Si cette dernière était votée, la liberté des conventions ne serait nullement atteinte. Le législateur a bien le droit, il me semble, de décider que la vente et le partage ne pourront être faits que par acte authentique. Du reste, ne pourrait-on pas considérer l'obligation de rédiger en la forme authentique un acte de nature à être transcrit, comme une conséquence, une forme si l'on veut, de la publicité générale à donner à la constitution des droits réels ?

Il en est bien ainsi du reste, des contrats de mariage (2), des donations (3), des constitutions d'hypothèques (4), des subrogations dans les droits hypothécaires (5), et des radiations (6). Pourquoi n'en serait-il pas de même de

(1) Voir plus haut dans l'étude du système Alsacien, p 170 et seq.
(2) Code civil, art 1394
(3) Code civil, art. 931
(4) Code civil, art 2123 et 2127
(5) Loi 23 mars 1855, art 9.
(6) Code civil, art 2158.

la vente et du partage, qui sont après tout deux actes des plus importants ?

Si tous les actes de vente et de partage étaient notariés, je sais bien que les frais augmenteraient sensiblement pour les particuliers. Mais rien n'empêcherait le législateur d'apporter le remède nécessaire pour modifier cet état de choses. Qu'à l'exemple de l'Alsace-Lorraine et du Luxembourg, il réduise les frais des actes de vente et de partage concernant les immeubles peu importants. J'ai eu l'occasion de dire plus haut que la loi alsacienne du 24 juillet 1889, avait réduit de 18 à 52 0/0 les frais des ventes d'immeubles valant 100, 300 ou 500 marcks (1).

Ces exemples sont à imiter. Quoiqu'il en semble, ces réductions profiteront à tout le monde. Les parties verront que le ministère obligé des notaires pour les actes de vente et de partage, ne leur occasionne pas une augmentation de frais. Le supplément d'actes que les notaires auront à dresser, compensera de beaucoup les diminutions de tarif qu'ils auront eues à subir. L'Etat gagnera lui aussi à cette réduction à cause du plus grand nombre d'actes qui seront enregistrés et des dissimulations de prix qui seront bien moins nombreuses.

Une fois tous les actes de vente et de partage notariés, la rédaction de l'extrait analytique deviendra des plus faciles. L'alinéa 1er de l'article 5 du projet Darlan indique du reste, les mentions qu'il doit contenir.

Je crois aussi qu'il serait avantageux que la transcription s'accomplît de la manière suivante à l'exemple,

(1) Voir plus haut dans l'étude de la législation alsacienne, p. 172.

en partie du moins, du Code civil italien. Le notaire présenterait au conservateur des hypothèques, une expédition sur papier libre de l'acte à transcrire ainsi qu'un extrait analytique signé de lui. Cet extrait, ce bordereau si l'on veut, je le désirerais analogue aux feuilles de déclarations de succession prévues par la loi du 6 décembre 1897 et le décret du 10 janvier 1898, et actuellement en usage. La disposition matérielle de ces feuilles permet de les insérer à mesure qu'on les présente au bureau d'enregistrement, dans une reliure *ad hoc.* Ces bordereaux constitueraient donc chacun une feuille du registre de transcription. La formalité serait de la sorte instantanée, concomitante du dépôt ; elle coûterait bien moins cher, et deviendrait en quelque sorte automatique. La rédaction de ces extraits étant identique, puisque le squelette de la pièce serait imprimé, la lecture en deviendrait facile et aiderait à la rapidité des recherches. Un certificat constatant l'accomplissement de la formalité serait aussitôt remis au notaire déposant, comme l'indique du reste le 2e alinéa de l'article 5 du projet Darlan.

Je m'écarte donc légèrement du projet de loi de M. Darlan, mais c'est, il me semble, dans l'intérêt général. Le système que je propose, aurait encore un autre avantage; il donnerait une valeur réelle aux registres des conservateurs. Ces extraits analytiques résultant d'actes authentiques, dressés par un officier public, signés et certifiés par lui, seraient eux aussi des actes authentiques. Par suite, les mentions des nouveaux registres de transcription feraient foi jusqu'à inscription de faux, au lieu de constituer comme actuellement un simple renseignement. L'avantage serait appréciable.

En ce qui concerne les actes à transcrire, pour lesquels l'extrait analytique n'aurait pas été dressé au préalable par le notaire, comme les adjudications au tribunal civil, les baux, etc., il y aurait lieu d'augmenter les pouvoirs du conservateur et de le charger de rédiger ces extraits (1). Il est tout indiqué pour cela. Grâce à sa connaissance approfondie du droit et à ses capacités professionnelles, il est mieux à même que personne d'analyser les actes exactement. Ce serait là un acheminement, bien timide il est vrai, vers le principe de légalité dont nous avons vu les bons résultats dans les législations autrichienne, prussienne, australienne, tunisienne, etc.

Je demanderais ensuite, que la transcription fût *obligatoire* au lieu d'être simplement *facultative* comme elle l'est de nos jours. L'Etat, à tort à mon avis, se désintéresse complètement de la formalité une fois qu'il a perçu les droits y afférents. Il semblerait pourtant logique, que puisque la formalité qui est censée fournir une certaine garantie à l'acheteur a été payée, l'Etat s'intéressât à ce qu'elle fût accomplie en entier.

Le seul moyen d'obtenir ce résultat, est, comme en Alsace-Lorraine du reste, de charger les notaires de procéder à la formalité. Puisque dorénavant ils seront seuls à dresser les actes de vente et de partage, ils devront seuls aussi, en faire opérer la transcription par extrait sous peine d'amende. Ce sera une nouvelle formalité ajoutée à celle de l'enregistrement, dont ils sont du reste chargés sous leur propre responsabilité.

(1) La loi du 6 Décembre 1897 enjoint aux receveurs d'enregistrement, de dresser eux-mêmes les déclarations de successions à la demande des redevables. Dans le système que je propose, une disposition analogue devrait obliger les conservateurs des hypothèques à dresser ces extraits de transcription dans certains cas

Le législateur ferait bien, en rendant la transcription obligatoire, de prendre une mesure connexe. Le notaire de tout acquéreur devrait rechercher si le titre de l'auteur de celui-ci a été transcrit, et au cas où il ne l'aurait pas été, requérir l'accomplissement de cette formalité, avant de faire procéder à celle de l'acte qu'il a dressé.

Ce serait, je crois, d'une grande utilité pour tous. La propriété foncière y gagnerait en sécurité. C'est du reste, le sentiment de la sous-commission juridique du Cadastre, dont l'article 21 de l'avant-projet s'exprime ainsi : « Nul n'est admis à requérir l'inscription d'un droit au livre foncier, si le droit de son auteur n'a pas déjà reçu ou s'il ne reçoit pas simultanément la publicité exigée par la loi (1) ».

Après avoir indiqué la forme de la transcription de la vente et des partages, il y a lieu de rechercher maintenant quelle sera la pièce juridique à transcrire au cas de transmission *mortis causa*.

L'article 3 du projet de M. Darlan que j'ai eu l'occasion de citer plus haut, parle « de l'acte constitutif ou déclaratif de la transmission de propriété ou de la déclaration faite au bureau d'enregistrement ».

Cette dernière pièce est tout à fait à rejeter. Je n'en veux pour preuve que cette déclaration de M. George, sous directeur à l'Enregistrement, faite à la sous-commission juridique du Cadastre et que rapporte M. Ferron « Je ne crois pas, dit-il, qu'on puisse prendre cette déclaration pour base, en matière de mutations par décès. C'est un document purement fiscal, qui n'a pas de force probante. Les indications cadastrales ne sont pas toujours fournies

(1) Procès verbaux du Cadastre, F. V, p 482.

par les parties et ne sont pas d'ailleurs obligatoires. D'autre part, les déclarations de cette nature renferment fréquemment des erreurs en ce qui concerne la consistance de la succession et la désignation des héritiers (1) ».

J'estime donc que la transcription de cette pièce purement fiscale et sans authenticité, n'atteindrait pas le but que l'on recherche. Mieux vaut en conséquence la laisser de côté.

Je comprendrais l'accomplissement de cette transcription d'une autre manière que voici :

Je suppose d'abord qu'il y a un testament. Une fois les formalités légales accomplies, on pourrait en faire transcrire les extraits relatifs à chacun des immeubles.

Je prends ensuite l'hypothèse inverse. Il n'y a pas de testament. Il est nécessaire dans ce cas de sous distinguer : Les héritiers appelés sont-ils saisis ou non saisis ? (2)

Ces derniers doivent se faire envoyer en possession par justice. Ils feront donc transcrire un extrait du jugement d'envoi en possession. C'est ce qu'avait décidé l'article 14 de l'avant projet de la sous-commission juridique du Cadastre ainsi conçu :

« Les successeurs qui sont tenus de se faire envoyer en possession par justice, font inscrire leurs droits sur la production d'un extrait de la décision prononçant l'envoi en possession (3) ».

Mais s'il s'agit d'héritiers ayant la saisine (4), la situation

(1) Ferront op. cit. p. 399.
(2) Article 724 (Loi du 25 mars 1896). « Les héritiers légitimes et les héritiers naturels sont saisis de plein droit des biens, droits et actions du défunt sous l'obligation d'acquitter toutes les charges de la succession.
L'époux survivant et l'Etat doivent se faire envoyer en possession »
(3) Procès verbaux du Cadastre, F. II., p 664
(4) Confer article 724 précité.

devient plus délicate. Trois pièces pourraient indifféremment être exigées de l'héritier qui acquiert ainsi un immeuble par succession et dont il requiert la transcription :
l'intitulé d'inventaire, l'acte de notoriété ou le certificat
de propriété.

L'acte de notoriété est le plus courant des trois. On
sait que cette pièce est délivrée, tant par les notaires que
par les juges de paix. En général, les notaires emploient
comme témoins pour la rédaction de cet acte, des personnes ayant réellement connu le *de cujus*. Eux de leur côté,
connaissant la plupart du temps tous leurs clients, sont
à même de contrôler les dires et affirmations des témoins.
Mais la responsabilité notariale n'est nullement engagée
par la confection de cet acte, puisque les notaires se bornent à rédiger les dires et affirmations des témoins et qu'ils
n'affirment rien en leur propre nom. Je dois ajouter, que
les actes de notoriété sont d'ordinaire dressés avec le
plus grand soin. Ce qui le prouve, c'est que presque toutes
les grandes Compagnies financières se contentent de l'expédition d'un acte de cette nature et d'un extrait du partage, pour opérer les transferts de titres nominatifs
dépendant des successions.

Mais si l'acte de notoriété est dressé en justice de paix.
la situation est tout autre. Ici, la plupart du temps, ni le
juge de paix, ni son greffier, ni même parfois les témoins
ne connaissent le *de cujus*. Quelle valeur juridique peut
donc avoir un acte de cette nature? Il ne permettrait
nullement d'arriver à la consolidation de la propriété
foncière par la transcription, qui est le résultat que l'on
cherche à atteindre.

La sous-commission juridique du Cadastre quand elle
s'occupa de la question, avait bien songé à exiger l'homo-

logation par le Tribunal, des signatures de l'acte de notoriété. Mais M. Faye, conseiller à la Cour de Cassation, fit
très judicieusement observer que le tribunal n'examine-
rait l'acte qu'au point de vue de sa régularité, mais
serait tout à fait impuissant à contrôler l'exactitude des
énonciations y contenues, ce qui est le point essentiel (1).
On a donc renoncé à ce supplément de formalités.

L'intitulé d'inventaire serait très utile. Mais les inven-
taires sont peu nombreux. Les parties s'en dispensent
généralement à cause des frais qu'ils entraînent. Dans ces
conditions cette pièce pourra rarement être produite.

Reste le certificat de propriété. C'est une pièce des
plus sérieuses, et sur laquelle on peut pleinement se
reposer, bien plus que sur l'acte de notoriété. Ici le
notaire ne se borne plus à enregistser simplement les
dires des témoins. Il affirme telle et telle chose en son
nom propre et sous sa responsabilité personnelle.

Aussi les honoraires de cet acte sont-ils bien plus
élevés que ceux de l'acte de notoriété. Le notaire perçoit
un droit proportionnel de 0 fr. 25 0/0 avec un minimum
de perception de 5 francs, au lieu de 25 francs (2) coût
moyen d'un acte de notoriété. C'est l'acte qu'exige le
service de la Dette publique inscrite pour opérer les
mutations au Grand Livre. Je dois reconnaître toutefois
comme je le disais plus haut, qu'un grand nombre de
Sociétés financières, se contente actuellement pour
opérer les transferts de leurs titres nominatifs, des actes
de notoriété dressés par les notaires.

Aussi, se basant sur ce précédent, la sous commission

(1) Procès verbaux du Cadastre, F. II, p. 664.
(2) Confer le nouveau tarif des notaires du 1er septembre 1898.

juridique du Cadastre s'est-elle contentée de la production d'un acte de notoriété ou d'un intitulé d'inventaire pour opérer la transcription au cas qui nous occupe (1). L'expérience seule démontrera si ce régime n'offre pas d'inconvénient.

Telles sont les pièces dont des extraits devraient être transcrits au cas de mutations *mortis causa.*

J'ajouterai un dernier mot au sujet de la transcription de ces actes. Je suis le premier à reconnaître les avantages que l'accomplissement de cette formalité procurera à tout le monde. Il ne faudrait pas toutefois qu'un nouveau droit de 1 fr. 50 0/0 plus les décimes, vînt se superposer aux différents droits proportionnels de succession dont le taux est déjà si lourd et au droit gradué du partage.

C'est là un point essentiel à envisager. Le législateur doit apporter toute son attention et toute son équité à la solution de ce problème. Sinon, il fournira des armes nouvelles à ses adversaires, qui diront, et ils auront raison, que le seul résultat du nouveau régime foncier est d'accroître le poids des impôts sous lequel succombe déjà la propriété immobilière.

Le projet de loi Darlan ferait bien de s'expliquer nettement sur ce point capital, au lieu de renvoyer comme il le fait par l'article 41 (2), à un règlement d'administration publique, le soin de résoudre la question.

D'abord, un simple règlement d'administration publique peut-il légalement ordonner la perception d'un nouveau droit, c'est-à-dire d'un impôt indirect ? Je ne le

(1) Procès verbaux du Cadastre, F. II, p. 670.
(2) ART. 41. — « Un règlement d'administration publique statuera sur les mesures d'exécution de la présente loi. »

crois pas. Ce serait inconstitutionnel, tout impôt devant être voté par les Chambres.

De plus, en supposant que la loi restât muette sur la question des droits à percevoir, son silence ne suffirait pas à en exempter les redevables. La loi du 28 avril 1816 ne dit-elle pas dans son article 54 que « doit acquitter le droit de transcription, tout acte de nature à être transcrit. »

Mais il y a mieux encore. Le droit proportionnel de transcription est perçu par le conservateur des hypothèques, pour tout acte qui lui est présenté volontairement pour être transcrit, « encore bien que cet acte ne donne pas lieu par lui-même à la perception du droit » (1).

La question, on le voit, ne manque pas d'intérêt. Il faut donc souhaiter que le législateur apporte à sa solution, toute l'équité et tout le bon vouloir désirables.

J'en ai fini avec les améliorations que je sollicite en faveur de la transcription. J'ai eu l'occasion d'en indiquer maintes fois les avantages. J'estime qu'elles rendront à la propriété foncière les plus grands services et permettront de reconstituer plus aisément la généalogie d'un immeuble et le bilan foncier d'un propriétaire. Elles faciliteront aussi beaucoup la tâche des conservateurs.

Je sais bien que la transcription, même avec ces modifications, continuera toujours à produire son seul effet *négatif*. Elle arrêtera le cours des inscriptions, et garantira aux tiers qui se sont conformés à la loi, qu'à leur égard tout droit réel non inscrit n'existe pas. Mais elle ne fera pas foi absolue des mentions qui figureront sur le nouveau registre, et ne produira pas cet effet *positif* que j'ai signalé dans la publicité prussienne.

(1) Dalloz J. G. Enregistrement 5.967 et suivants, 6.039 et suivants, Cass. C. C , 9 mai 1887.

Ce n'est pas tout de faire apparaître au grand jour, le titre d'acquisition du propriétaire, il convient encore de donner la publicité nécessaire aux vices divers qui peuvent infester ce même titre, ainsi qu'aux actions en résolution, nullité ou rescision dirigées contre lui.

J'ai dit, en faisant la critique du système foncier français, que l'esprit concevait une triple publicité possible pour ces actions : Publicité au moment de leur naissance, au moment où elles sont intentées et au moment où le jugement les concernant est passé en force de chose jugée.

J'ai dit aussi que pas mal de ces actions résistaient par leur nature propre et par leur caractère même à toute espèce de publicité au moment de leur naissance. Rien n'empêcherait toutefois, à l'exemple de la loi belge du 16 décembre 1851 (1), de les publier, au moment où elles sont mises en action, en inscrivant une brève mention en marge de l'extrait analytique constituant la transcription de l'immeuble qu'elles concernent.

Rien n'empêcherait non plus, à l'exemple de notre projet de loi de 1850, de faire dater pour les tiers du jour de cette mention, la date de la résolution au cas où celle-ci serait postérieurement prononcée par les tribunaux. De là sorte, l'intérêt de tous serait sauvegardé

Le projet de M.. Darlan ne parle pas de ces réformes dont l'utilité me paraît évidente.

Au sujet de l'action en résolution en général, l'article 7 du projet de loi s'exprime en ces termes : « L'action en résolution de tout acte soumis à la transcription, ne produit d'effet à l'égard des tiers que si la clause a été men-

---

(1) Voir plus haut dans l'étude du système belge, p. 129 et seq.

tionnée dans l'extrait de l'acte transcrit au bureau des hypothèques.

Toutefois, cette disposition ne s'applique pas à l'action en réduction des libéralités qui excèdent la quotité disponible. »

La disposition du premier paragraphe est très importante : Elle constitue en effet un acheminement vers la force probante. *Ne sera opposable aux tiers que ce qui aura été transcrit.* C'est encore une raison pour que les actes de vente soient rédigés avec le plus grand soin possible ainsi que les extraits analytiques, encore une raison par conséquent pour n'admettre à la transcription que les actes authentiques.

Je ne me plains nullement pour ma part de cette ferme déclaration de principe.

Le second paragraphe de l'article, enlève, je le reconnais, une grande partie de son champ d'application au premier. Ce sont des raisons de famille de la plus haute importance qui l'ont motivée, la réserve étant chez nous « *l'objet d'un culte superstitieux* », a dit un membre de la sous-commission juridique du Cadastre.

L'article 8 (1) du projet autorise avec raison les tiers à prévenir l'effet d'une action en résolution pour cause d'inexécution des charges, en accomplissant eux-mêmes la charge pour s'assurer la conservation de leurs droits immobiliers. Après tout, mieux vaut pour eux consentir un sacrifice pécuniaire et conserver leur garantie.

(1) ART 8 — « Dans les cas où la résolution est demandée pour inexécution des charges, les tiers auxquels elle serait opposable, peuvent en prévenir les effets en procurant l'exécution. Ce droit peut être exercé tant que la décision prononçant la résolution n'est pas passée en force de chose jugée »

Bien entendu, comme du reste l'article l'indique, ils ne pourront agir ainsi que tant que la décision judiciaire prononçant la résolution ne sera pas passée en force de chose jugée.

L'article 9 est ainsi conçu : « Lorsqu'une action en résolution ou en revendication préjudicie aux droits des créanciers privilégiés ou hypothécaires, les sommes que le propriétaire antérieur ou le revendiquant peut être tenu de rembourser, sont attribuées à ces créanciers suivant leur rang. »

Cette disposition très équitable contient encore une nouvelle application de la force probante. Il est évident que le crédit hypothécaire exige certains sacrifices de la part du propriétaire. Au surplus, l'adage ancien le disait avec raison : « *Nemo liberalis nisi liberatus* ». Il est bien juste que, si une somme vient dans le patrimoine du débiteur remplacer le gage de ses créanciers, ceux-ci par préférence à tous autres soient les premiers à en profiter.

L'article 10 (1) n'est qu'une application au cas particulier du rapport en nature, du principe posé plus haut par l'article 7.

Enfin le dernier paragraphe de l'article 5 du projet (2) ordonne la mention en marge de transcription de tout acte ou jugement, résolvant, annulant, ou rescindant un acte transcrit.

Ce texte n'appelle pas d'observation de principe. Il y a

(1) Article 10 : « La clause d'une donation de droits réels immobiliers stipulant le rapport en nature, n'est opposable aux tiers que si elle a été rendue publique dans la forme prévue à l'article 7 »

(2) Article 5. « ....

2° . si l'acte ou le jugement résoud, annule ou rescinde un acte transcrit, il en sera fait mention en marge de la transcription à la diligence du requérant ».

lieu toutefois de constater qu'à la différence de l'article 4 de la loi du 23 mars 1855, il n'y a plus de sanction pénale pour l'officier ministériel omettant l'accomplissement de cette formalité. J'ai eu l'occasion d'indiquer plus haut (1) que cette omission, n'entraînait que l'amende, mais n'empêchait nullement le jugement visé de sortir son plein et entier effet.

En ce qui concerne maintenant les actions en nullité basées sur les vices du consentement, j'estime que la seule publicité pratique est la suivante. Mentionner en marge de l'extrait de transcription de l'immeuble visé, la demande judiciaire en nullité de vente ou autre le concernant.

Pour les nullités que j'appellerais *personæ cohærentes*, résultant du défaut d'âge ou de l'état de la personne, la meilleure sauvegarde serait, j'ai eu déjà l'occasion de le dire, l'établissement d'un casier civil plus développé bien entendu, que celui qu'a institué la loi du 16 mars 1893.

J'aurai du reste à en reparler plus loin avec quelques détails.

SECTION DEUXIÈME. — **Les Privilèges.**

Quand j'étudiais plus haut le fonctionnement de notre régime hypothécaire, j'ai sollicité comme première réforme la suppression des privilèges généraux de l'article 2101.

(1) Voir plus haut, p 87.

Il est évident que les créanciers qui en bénéficient sont particulièrement intéressants et que tous n'ont généralement que des créances minimes. C'est très vrai, mais tout d'abord la réunion de ces différentes créances de faible importance peut constituer à la fin une somme respectable, risquant de diminuer considérablement le gage des créanciers hypothécaires. Et puis, les créanciers hypothécaires inscrits ne sont-ils pas autrement intéressants?

Le projet de loi de M. Darlan supprime radicalement ces privilèges généraux.

Peut-être y aurait-il lieu à l'exemple de la loi belge de 1851, de faire porter ce privilège sur le solde du prix des immeubles restant libre, une fois les créanciers hypothécaires payés. Je reconnais toutefois que la question est des plus délicates en présence du projet de loi du gouvernement, qui établit en principe la publicité la plus complète.

Le projet de loi de M. Darlan, après avoir supprimé les privilèges généraux sur les immeubles, ne conserve que les privilèges suivants :

Article 13 : « l'article 2103 est remplacé par le suivant : Les créances privilégiées sur les immeubles sont :

1° Les frais de justice pour la réalisation de l'immeuble et la distribution du prix;

2° La créance du vendeur pour le prix et les charges résultant de l'acte de vente, celle des échangistes pour les soultes stipulées dans l'acte d'échange et les dommages intérêts pouvant résulter d'une éviction, celle du donateur pour les charges ou prestations imposées au donataire par l'acte de donation ;

3° La créance des copartageants savoir pour les soultes ou retours de lots sur les immeubles compris dans le lot chargé de la soulte, pour le prix de la licitation sur le bien licité, pour la garantie des lots sur chacun des immeubles compris dans le partage ;

4° Celle des créanciers d'une succession et des légataires dans les termes de l'article 2111 nouveau du Code civil ».

Ainsi donc le projet gouvernemental, à tort selon moi, supprime le privilège dont la publicité actuelle était la plus satisfaisante, le privilège des architectes et entrepreneurs, réglementé par les articles 2103 et 2111.

Et, voici comment l'exposé des motifs explique cette suppression « ...Il n'y a vraiment pas de raison de leur maintenir un droit de préférence sur d'autres fournisseurs et il paraît juste, au contraire, de les faire rentrer dans le droit commun.

Quand ils sont appelés à exercer leur industrie, leur devoir est de s'enquérir de la solvabilité de la personne qui veut les employer.

A l'avenir, s'ils le croient utile, ils pourront au commencement ou au cours de leurs travaux, stipuler une hypothèque à la charge d'en préciser l'assiette et de déterminer les sommes qu'elle garantira, puis faire inscrire sur les immeubles spécifiés, cette hypothèque qui ne pourra jamais être opposée aux tiers antérieurs en date (1) ».

Ces raisons sont loin d'être convaincantes. J'estime que l'état de choses actuel sur ce point, vaut bien mieux et est beaucoup plus équitable. Je pense que ce privilège peut être très utile, tant pour le créancier qui en bénéficie que pour le propriétaire de l'immeuble sur lequel il porte.

(1) Exposé des motifs du projet de loi de M. Darlan dans Raveton, *op cit.*, p. 46.

Le créancier tout d'abord. Mais, n'est-il pas juste qu'il soit privilégié sur la construction qui est son œuvre personnelle et directe ? En dernière analyse, n'est-il pas pour le propriétaire, un vendeur en quelque sorte, vendeur de matériaux divers, transformés par le travail de ses ouvriers en un immeuble par nature, qui est venu s'ajouter à celui que le propriétaire possédait déjà ? N'a-t-il pas droit dans ces conditions à un privilège de même sorte que celui du vendeur ?

Si je passe maintenant au propriétaire de l'immeuble, je vois que son intérêt exige le maintien de ce privilège. J'admets un instant que le projet Darlan est adopté et je suppose un propriétaire dont tous les immeubles sont hypothéqués déjà pour leur valeur. Il a, en outre, un terrain hypothéqué lui aussi, sur lequel il désire faire construire. Quelle garantie pourra stipuler l'entrepreneur ? Aucune avec le système proposé. Avec le système ancien par contre, l'entrepreneur encouragé par son privilège, aurait élevé les constructions, au grand profit du propriétaire.

L'intérêt de tous, aussi bien de l'entrepreneur, du propriétaire, de ses créanciers, de l'Etat, demande le maintien de ce privilège, pour que les terrain à bâtir ne restent pas nus et improductifs.

Je ne fais au surplus que baser mon opinion sur celle de M. de Loynes. Dans son intéressante étude sur le projet de M. Darlan, le savant professeur dit avec raison « qu'il est juste que le constructeur soit colloqué au premier rang sur la plus-value par lui créée et qu'il ne soit pas primé sur ce bien qui est son œuvre, par des créanciers hypothécaires antérieurs (1) ».

(1) De Loynes. *Etude sur le projet de réforme hypothécaire de M. Darlan*, dans Revue Critique de législation et de jurisprudence. T. XXVI, p. 366.

Je demande, par conséquent, le maintien du privilège de l'entrepreneur.

Sont donc privilégiés en vertu de l'article 13 du projet gouvernemental, tout d'abord les frais de justice.

Ici se place une remarque importante. Les frais de justice constituent le seul privilège dispensé par le projet de la formalité de l'inscription.

Le privilège du vendeur est maintenu.

La créance des échangistes garantissant les dommages-intérêts provoqués par une éviction, devient un privilège. C'est là une innovation remarquable. Il était généralement admis tant par la doctrine que par la jurisprudence, que le coéchangiste évincé n'étant pas un vendeur, n'avait pas droit à un privilège (1).

On peut faire la même observation pour la créance du donateur garantissant les charges ou prestations imposées au donataire dans l'acte de donation.

Il y a lieu de remarquer au sujet du privilège des copartageants, tel du moins que l'entend le projet, que les seuls immeubles frappés du privilège, seront ceux du lot garantissant le paiement de la soulte. L'opinion contraire triomphait à l'heure actuelle (2).

Enfin, la séparation des patrimoines devient un véritable privilège. Cette décision met fin à l'importante discussion qui s'était élevée sur ce point, mais elle est incomplète, en ce sens qu'elle n'indique pas d'une manière assez nette ceux à qui profite ce privilège. Il aurait mieux valu en faire un privilège nettement individuel. On aurait dû bien indiquer que les créanciers de la suc-

(1) Baudry Lacantinerie et de Loynes, *op. cit* T I, p 579.
(2) Baudry Lacantinerie et de Loynes, *op. cit.* T I, n° 623.

cession primeraient les légataires; qu'en cas d'insuffisance d'actif, ils viendraient au marc le franc ; qu'après
eux prendraient rang les légataires, et que ceux-ci, sur
l'actif restant de la succession, primeraient tant les
créanciers personnels de l'héritier, que les créanciers
héréditaires et les légataires qui, dans le délai de trois
mois, n'auraient pas fait inscrire leur privilège.

D'autre part pour que ce privilège ne soit pas un vain
mot, et que par une aliénation précipitée, l'héritier ne
vienne pas ravir aux créanciers héréditaires et aux légataires un gage sur lequel ils sont en droit de compter, il
y aurait lieu je crois, d'insérer dans l'article réglementant ce privilège, un membre de phrase indiquant que le
droit des créanciers et des légataires ayant pris inscription dans les trois mois, produit son complet résultat,
malgré toute aliénation faite par l'héritier dans ce délai.

Le projet de M. Darlan donne aux privilèges leur plein
et entier effet à dater du jour de leur naissance si leur inscription est requise dans une certaine limite. Pour éviter
les inconvénients résultant de cette rétroactivité, les délais
sont bien plus restreints qu'à l'heure actuelle.

Le privilège du vendeur devra être inscrit dans les
trente jours de la vente, celui des copartageants dans les
trente jours du partage, celui de séparation des patrimoines dans les trois mois de l'ouverture de la
succession.

En étudiant le privilège du vendeur dans notre système
français (1), j'ai indiqué que la sécurité qu'il procurait tant
aux acquéreurs qu'aux tiers, était plus apparente que
réelle. Il est en effet admis tant en jurisprudence qu'en

(1) Voir plus haut, page 108.

20

doctrine, que si l'acheteur n'a pas fait transcrire son acte d'acquisition, ni revendu l'immeuble, passés les quarante cinq jours du premier achat, le vendeur peut faire transcrire l'acte de vente pour la conservation de son privilége, tant que l'immeuble n'est pas sorti des mains de l'acquéreur. Je suppose donc que l'acquéreur n'a pas vendu et n'a pas fait transcrire. Il n'a pas payé son prix d'acquisition. Il a de plus emprunté sur l'immeuble. Eh bien ! si son vendeur vient à faire transcrire ensuite, le privilège de celui-ci primera les inscriptions des créanciers hypothécaires. Ceux-ci se verront donc précédés par un privilège qu'ils étaient en droit d'ignorer complètement.

Pour éviter ce danger, le projet de loi exige que la transcription ait lieu dans les trente jours de la vente. Cette disposition présentera pour les tiers de réels avantages. De la sorte, ils seront à couvert dès le principe contre le sérieux danger que j'indiquais tantôt.

L'article 15 du projet qui constitue le nouvel article 2108 du Code civil est ainsi conçu :

« Le privilège du vendeur, du donateur, de l'échangiste et du copartageant, ne peut s'exercer qu'autant qu'il aura été conservé par une inscription encore existante.

Le conservateur des hypothèques est tenu de l'inscrire d'office, au moment de la transcription du titre d'où il résulte.

Le privilège inscrit dans les trente jours de l'acte emporte préférence sur toutes inscriptions prises du chef du nouveau propriétaire. »

Le premier paragraphe ne contient qu'une application pure et simple du droit commun, quand il décide que pour pouvoir exercer le privilège, l'inscription d'office ne doit pas être périmée. Je comprends tous les déboires que pourrait causer l'oubli même de quelques jours du renouvellement de cette inscription. Aussi ai-je rapporté plus haut ce que pensaient du renouvellement décennal des auteurs estimés (1). Je crois donc que mieux vaudrait sur ce point, que j'étudierai dans la suite avec amples détails, adopter la solution suivante proposée par la sous-commission juridique du Cadastre : « Les inscriptions de privilège et d'hypothèque ne sont pas susceptibles de péremption ; elles conservent leur effet jusqu'à la radiation (2) ». On éviterait de la sorte au vendeur les graves dangers qui peuvent le menacer.

Le troisième paragraphe est très avantageux pour les prêteurs. Si le vendeur, en effet, n'a pas requis la transcription dans les trente jours de la vente, il ne risquera plus de venir, au moyen d'une transcription postérieure, primer les créanciers hypothécaires inscrits *medio tempore*. Passé ce délai de trente jours, la transcription qu'il requerra, et l'inscription d'office que prendra le conservateur, n'auront plus rang qu'à leur date comme une simple hypothèque et ne rétroagiront plus, le privilège étant perdu.

Le nouvel article 2109 du projet de M. Darlan réglemente l'action résolutoire et l'action en folle enchère : il est ainsi conçu : « l'action résolutoire et l'action en folle enchère ne peuvent s'exercer après la péremption de l'inscription de privilège. »

Cet article pourrait évidemment présenter les plus sérieux dangers si la péremption décennale des ins-

---

(1) Voir plus haut, p. 110.
(2) Procès verbaux du Cadastre, F. V, p. 582.

criptions persistait. Mais il n'en est plus de même, si l'on admet, comme je le disais tantôt, que l'inscription conservera son effet jusqu'à la radiation.

Il est singulier que le projet mette sur le même rang l'action résolutoire et l'action en folle enchère qui n'est qu'une des formes de la première. Il a voulu probablement combler une lacune de l'article 7 de la loi du 23 mars 1855. La voici : Je suppose uu acheteur dont le titre n'est pas transcrit passé les quarante-cinq jours de la date de l'acquisition, et qui n'a pas payé son prix d'achat. Il vend ; son auteur a donc perdu son action résolutoire ; mais s'il n'est pas payé, il pourra toujours intenter l'action en folle enchère. Celle-ci sera plus avantageuse. Elle est plus rapide que l'action en résolution et moins coûteuse. En effet, le droit de mutation de l'immeuble fol enchéri, n'est perçu que sur le supplément de prix que les enchères ont procuré, tandis que si l'action en résolution avait réussi, un nouveau droit de mutation aurait atteint la totalité de la valeur de l'immeuble.

Ainsi donc, dorénavant, l'action en folle enchère ne pourra plus être intentée si l'action résolutoire ne peut l'être.

Au premier coup d'œil cette disposition peut paraître assez sévère. Mais si l'on y réfléchit bien elle n'atteindra jamais qu'un négligent. Pourquoi le vendeur n'exige-t-il pas que la transcription soit requise dans les trente jours de l'acte de vente ?

La survivance de l'action en folle enchère ramènerait du reste, un des inconvénients qu'a voulu supprimer la loi du 23 mars 1855.

Avant cette loi, l'action résolutoire du vendeur pouvait

amener de sérieux mécomptes. Il suffisait de supposer une vente en justice. Un créancier, muni d'une hypothèque judiciaire, faisait vendre l'immeuble de son débiteur, immeuble dont il ignorait la situation juridique. Le bien était adjugé et puis le vendeur non payé venait faire résoudre la vente en vertu de l'article 1654.

J'estime donc que si la folle enchère survivait à l'action résolutoire, elle pourrait entraîner des dangers analogues. Il faut les éviter à tout prix si l'on veut établir d'une manière sérieuse le Crédit Hypothécaire.

SECTION TROISIÈME. — **L'hypothèque judiciaire.**

J'arrive avec l'étude de l'hypothèque judiciaire, à une des questions les plus débattues et les plus intéressantes de mon sujet. Avant de prendre parti, soit pour ceux qui l'attaquent avec ardeur et demandent sa suppression pure et simple au nom du principe de l'égalité qui doit régner entre tous les créanciers d'un même débiteur qui n'ont pas stipulé de garanties spéciales, soit pour ceux qui la défendent avec non moins de force, peut-être un peu par intérêt, et qui la considèrent comme une des *ancres de la Société*, je transcris le texte qui l'établit. C'est l'article 2123 ainsi conçu : « L'hypothèque judiciaire résulte des jugements soit contradictoires, soit par défaut définitifs ou provisoires en faveur de celui qui les a obtenus.

Elle résulte aussi des reconnaissances ou vérifications faites en jugement des signatures apposées à un acte obligatoire sous seing privé.

Elle peut s'exercer sur les immeubles actuels du débiteur, ou sur ceux qu'il pourra acquérir, sauf aussi les
modifications qui seront ci-après exprimées.

Les décisions arbitrales n'emporteront hypothèque
qu'autant qu'elles seront revêtues de l'ordonnance
judiciaire d'exécution. »

Je vais faire sommairement l'historique de l'hypothèque judiciaire depuis le Code civil. Ensuite j'apprécierai
son rôle économique et je verrai s'il y aurait lieu, soit de la
supprimer purement et simplement, soit de la remplacer par une institution plus avantageuse pour le Crédit
Foncier et plus en harmonie avec l'état de choses actuel.

I. L'hypothèque judiciaire depuis le Code. — Dès la
promulgation du Code, l'hypothèque judiciaire fut attaquée surtout au sujet des reconnaissances en justice
d'écriture. Que cette reconnaissance consolide le titre du
créancier en lui donnant un caractère d'authenticité qui
lui fait défaut, rien de plus juste. Mais les faveurs de la
loi devraient s'arrêter là. Elle ne devrait pas accorder en
même temps que l'authenticité une main mise sur tout
le patrimoine du débiteur au moyen d'une hypothèque
judiciaire générale.

Sous l'empire du Code le créancier pouvait, dès le juge-
gement de reconnaissance, faire inscrire son hypothèque,
sans que le jugement n'ait été ni expédié ni enregistré,
sans que par suite aucune représentation du titre n'ait été
faite au conservateur. Ainsi l'a décidé un arrêt de la Cour
de Cassation en date du 19 juin 1833 (1).

C'était vraiment trop commode. On pouvait se passer

(1) Cassation 19 juin 1833. S. 33.1. 641.

du ministère des notaires, dont la loi a voulu faire les protecteurs des incapables et des ignorants et constituer sur les biens du débiteur une hypothèque générale contre le gré de celui-ci, qui peut-être n'avait pas même voulu consentir une hypothèque spéciale, une hypothèque conventionnelle.

Le texte du Code demandait une retouche que la loi du 3 septembre 1807 est venue lui apporter, en décidant que « lorsqu'il aura été rendu un jugement sur une demande en reconnaissance d'une obligation sous seing privé, formée avant l'échéance ou l'exigibilité de la dite obligation, il ne pourra être pris aucune inscription hypothécaire en vertu de ce jugement qu'à défaut de paiement de l'obligation après son échéance ou son exigibilité, à moins qu'il n'y ait stipulation contraire (1) ».

Le jugement continue donc à conférer l'hypothèque judiciaire frappant tous les biens présents et à venir du débiteur, mais l'inscription ne peut plus être prise avant l'échéance ou l'exigibilité de la dette. Il peut cependant arriver que l'exigibilité survienne avant l'échéance, car aux termes de l'article 1188 « le débiteur ne peut plus réclamer le bénéfice du terme lorsqu'il a fait faillite ou lorsque, par son fait, il a diminué les sûretés qu'il avait données par le contrat à son créancier. »

Il est vrai que l'hypothèque conventionnelle peut être inscrite avant son échéance ou son exigibilité. Mais il me sera aisé de démontrer que sous le rapport de l'hypothèque judiciaire, le créancier muni d'un titre authentique est

---

(1) N'est-ce pas un souvenir adouci de la déclaration du 2 janvier 1717 ainsi conçue . « les jugements rendus avant l'échéance des billets ou lettres de change, promesses ou billets passés pour faits de commerce et marchandises, ne peuvent produire hypothèque sur les biens du débiteur »

moins bien traité que celui qui n'a qu'un titre sous seing privé, comme le signalait déjà la faculté de Paris dans l'enquête hypothécaire de 1841. Le créancier muni d'un titre sous seing privé peut, quand il le veut, assigner son débiteur en reconnaissance d'écritures. Il obtiendra par le jugement, une hypothèque judiciaire qu'il ne pourra faire inscrire qu'au moment de l'échéance ou de l'exigibilité de la créance.

Au contraire, le créancier pourvu d'un titre authentique ne peut agir en reconnaissance d'écritures. S'il veut obtenir une hypothèque judiciaire, il doit attendre le jour de l'échéance pour commencer les poursuites. Ce jour-là, le créancier porteur du titre sous seing privé fera inscrire son hypothèque judiciaire, tandis que l'autre ne fera que commencer la procédure qui aboutira à la lui faire obtenir. Il sera donc devancé et primé quant à l'hypothèque judiciaire, par quelqu'un dont le titre est moins avantageux que le sien. Il y a là une *inelegantia juris*.

Sur ce sujet, le tribunal de première instance de la Seine a rendu, il y a quelques années déjà, quatre jugements assez curieux.

Il a décidé que le créancier porteur d'un titre authentique et exécutoire, était irrecevable à demander une condamnation pour le montant de sa créance, condamnation qui lui aurait accordé le bénéfice de l'hypothèque judiciaire, ou à obtenir un supplément d'hypothèque, s'il n'avait pas été utilement colloqué sur le prix de l'immeuble affecté au paiement de sa créance.

Ces jugements en date du 23 Mai 1876, 14 Juillet 1877, 1er Décembre 1877, 16 Mars 1878, continuaient une jurisprudence fort peu suivie (1), il est vrai, mais avec laquelle

(1) Confer Angoulème, 18 juin 1873, D. 75.1.215.

il était nécessaire de compter. Aussi M. Bertheau qui les rapporte et les commente dans la *Revue du Notariat,* pour éviter de voir leurs clients lésés par une jurisprudence pareille, conseillait-il aux notaires de faire en même temps qu'une obligation notariée, une simple reconnaissance de dette, en stipulant dans l'une et dans l'autre, qu'elles n'ont qu'un seul et même objet, de sorte que le paiement de l'un des deux titres emportera libération à l'égard de l'autre (1).

Au surplus la loi de 1807 a donné d'une main ce qu'elle a enlevé de l'autre, puisque, à la fin de sa rédaction elle contient ces mots : « à moins qu'il n'y ait eu stipulation contraire. » Ce n'était vraiment pas la peine de faire une loi pour que les parties eussent la faculté de la tourner d'une manière si facile à condition bien entendu de ne pas se faire prendre.

L'hypothèque judiciaire fut de nouveau sérieusement attaqueé en 1841. A cette époque, comme je l'ai déjà indiqué plus haut (2), M. Martin du Nord, ministre de la justice, désirant mettre à l'étude un projet de réforme hypothécaire, demanda à toutes les Cours d'appel et facultés de Droit de France, leur avis sur cette partie de l'œuvre du législateur de 1804.

La plupart, spécialement au point de vue qui m'occupe en ce moment, demandèrent soit la suppression pure et simple de l'hypothèque judiciaire, soit au moins sa spécialisation et son cantonnement aux biens présents.

La faculté de Paris notamment, demanda que l'hypothèque judiciaire ne puisse plus résulter de la simple vérification ou reconnaissance en justice d'un acte sous seing privé. Elle fit remarquer *l'inelegantia juris* que même la loi du 3 septembre 1807 laissait subsister, car, ainsi que je l'ai fait remarquer plus haut, de deux créanciers munis, l'un d'un titre sous seing privé, l'autre d'un titre authentique, c'est celui-là qui pourra prendre le premier inscription d'hypothèque judiciaire, puisque dès le lendemain de la signature du billet, il peut assigner son débiteur en reconnaissance d'écriture au lieu que le créancier muni d'un titre authentique ne peut poursuivre le débiteur en justice que s'il n'est pas payé à l'échéance.

La Cour de Paris demandait que l'hypothèque judiciaire fut conservée aux seuls jugements de condamnation, à condition que l'inscription fût prise sur chacun des immeubles que le créancier aurait désigné. Elle souhaitait également que les juges eussent la faculté de restreindre l'hypothèque judiciaire aux immeubles suffisants pour donner aux créanciers une sûreté complète (1).

Tous ces documents furent remis comme j'ai eu l'occasion de le dire à une commission chargée d'élaborer un projet de réforme hypothécaire. Mais ses travaux n'étaient pas terminés en 1848. Une nouvelle commission fut instituée pour préparer un autre projet.

Entre temps, M. Pougeard, représentant du peuple, avait saisi l'Assemblée d'une proposition de réforme hypothécaire qu'il avait préparée. Il attaquait spéciale-

---

(1) Documents hypothécaires, T. III, p. 280.

ment l'hypothèque judiciaire dont il demandait la spécialisation au moyen des prénotations.

Certaines pages de l'ouvrage qu'il fit paraître pour défendre son système n'ont rien perdu de leur actualité de nos jours : « Je me demande, dit-il, comment un jugement peut constituer une cause légitime de préférence. Parmi plusieurs créanciers d'un débiteur, lequel obtiendra le premier un jugement ? Ce sera le plus rapproché, le mieux informé, le plus inquiet, le mieux servi par son huissier et son avoué. Ce sont là des causes légitimes de préférence ! Je ne le comprends pas. Je suppose entre les créanciers toutes choses égales. On sait comment les affaires s'instruisent et se jugent. On peut obtenir un jugement dans quinze jours. On peut ne l'obtenir que dans trois mois. Il peut être expédié le jour même de l'audience. Il peut ne l'être que vingt jours après. Le receveur de l'enregistrement peut retenir une feuille vingt-quatre heures de plus ou de moins, le greffier remettre un jugement avant l'autre, le conservateur des hypothèques peut exiger la représentation du titre : il peut en dispenser. De combien d'incidents, d'accidents, de volontés et de caprices dépend en définitive la cause légitime de préférence? (1) »

Le projet de réforme hypothécaire élaboré en 1850 par la nouvelle commission, dont M. de Vatimesnil était rapporteur, demandait la suppression pure et simple de l'hypothèque judiciaire que la loi belge prononça peu après. M. de Vatimesnil indiquait ainsi les bienfaits de cette suppression: «Les créanciers chirographaires sachant que l'obtention d'un jugement ne rendra pas leur condi-

(1) Pougeard. *De l'amélioration du régime hypothécaire en France*, p 30.

tion meilleure, ne harcèleront plus le débiteur par d'inutiles et ruineuses poursuites. Ils attendront qu'une contribution s'ouvre sur le prix de son mobilier ou sur la portion du prix de ses immeubles non absorbée par les créanciers hypothécaires. Ceux-ci seront payés sans délai et sans difficulté. Les frais seront considérablement diminués et le Crédit Foncier se développera à mesure que l'expérience démontrera les avantages de la nouvelle législation (1). »

Depuis lors la discussion a continué entre les défenseurs et les adversaires de cette sûreté réelle. Elle s'est renouvelée avec une précision et une netteté plus grandes au sein de la sous commission juridique du Cadastre. Trois séances lui ont été consacrées. Après avoir voté la suppression l'hypothèque judiciaire résultant des reconnaissances d'écritures, la sous commission désirait comme le dit très bien M. Magnin, « tout en rejetant cette hypothèque en retenir l'indisponibilité salutaire dont elle frappe le patrimoine du débiteur (2). »

Différentes solutions furent proposées à cet effet et toutes ayant été trouvées d'une application trop complexe, la sous commission les a successivement rejetées pour s'en tenir à l'abolition pure et simple de l'hypothèque judiciaire qu'elle a demandée.

Le projet de loi de M. Darlan, s'inspire évidemment de ce vote. Dans son article 29 il s'exprime en ces termes: « l'hypothèque judiciaire est supprimée. »

J'aurai plus tard à apprécier si la suppression pure et simple est la meilleure solution de la question.

(1) De Vatimesnil. *Rapport sur le projet de loi de 1850*, p. 19.
(2) Magnin, *op. cit.*, p. 328.

II. Appréciation de l'hypothèque judiciaire. — Il me reste maintenant à apprécier et à discuter les arguments que font valoir de part et d'autre partisans et adversaires de cette sûreté réelle.

Ecoutons d'abord les adversaires de l'hypothèque judiciaire.

Supposons, disent-ils, un créancier qui s'est contenté d'un titre sous seing privé. Il a donc consenti à n'avoir aucun droit de suite sur les immeubles, ni de préférence sur les autres créanciers chirographaires. Ce créancier, qui en contractant n'a pas demandé d'hypothèque, ce qu'il aurait pu faire, ne doit pas pouvoir plus tard modifier la loi du contrat. Il ne doit pas se créer un titre de préférence, par rapport à ses cocréanciers chirographaires comme lui.

Survient l'échéance : son débiteur ne le paie pas. Il prend un jugement contre lui. Mais quel est l'effet de ce jugement ? Il est *déclaratif* de droits préexistants. Il reconnait l'obligation. Mais il n'est pas *attributif* de droits nouveaux. Donc, par sa seule vertu, ce jugement ne devrait pas emporter une hypothèque générale, alors que le titre qu'il sanctionne ne produisait même pas une hypothèque spéciale.

Au surplus, je l'ai dit plus haut et je n'y reviendrai pas. Avec le système du Code, le créancier muni d'un titre sous seing privé est mieux traité que celui qui se trouve porteur d'un titre authentique, ce qui est pour le moins singulier.

On ne saurait donc vraiment trouver une raison solide, en faveur de la loi qui intervertit de la sorte le titre du créancier et lui fait produire un effet qu'il ne produisait pas à l'origine.

L'ancien droit était logique en faisant résulter l'hypothèque judiciaire des jugements de condamnation. A cette époque, tout acte authentique emportait hypothèque par lui-même, par sa seule vertu, à compter de sa date. La règle fondamentale était *prior tempore, potior jure*. On comprend qu'alors les jugements comme les actes notariés qui par eux-mêmes avaient date certaine, la produisissent.

Mais maintenant il n'en est plus ainsi. L'acte authentique ne produit plus hypothèque générale par lui-même. Il faut une mention spéciale et formelle et la réunion de certaines formalités pour que l'hypothèque conventionnelle en résulte. En un mot l'hypothèque conventionnelle actuelle est *volontaire*, au lieu que l'hypothèque générale de l'ancien droit était *forcée*.

Comprend-on dans ces conditions, que le législateur de 1804, n'ait pas répudié tout entier, le système de l'ancien régime et qu'il ait conservé le bénéfice de l'hypothèque judiciaire aux jugements de condamnation, ainsi qu'à ceux de vérification d'écriture et aux jugements d'expédients ?

Et pourtant c'est en se basant sur l'analogie existant entre les actes authentiques et les jugements, que les rédacteurs du Code ont conservé l'hypothèque judiciaire au rapport de Treilhard : « On obtient des condamnations contre un citoyen, dit-il. Les jugements ont un caractère qui ne permet pas de leur accorder moins d'effets qu'à des contrats authentiques. Voilà l'hypothèque judiciaire ! »

Que les jugements produisent autant d'effets que les actes authentiques, c'est exact et je l'admets bien volontiers. Mais de même que l'acte authentique ne produit pas hypothèque par lui-même, par cela seul qu'il est un acte authentique, puisqu'une stipulation formelle est nécessaire à cet effet, de même le jugement ne devrait pas produire hypothèque par lui-même, puisque l'acte authentique ne la produit pas.

Je ne vois, pour ma part, aucun inconvénient à ce que l'on assimile le jugement à un acte authentique ne contenant pas constitution d'hypothèque, mais je pense qu'il ne faut pas l'assimiler à un acte authentique la constituant.

Du reste, le maintien dans nos Codes de l'hypothèque judiciaire, appartenant à un système législatif opposé à celui de l'hypothèque actuelle, notre ancien système *des priorités*, donne en pratique, un démenti formel à la règle si sage et si équitable de l'article 2093 ainsi conçue : « Les biens du débiteur sont le gage commun de ses créanciers et le prix s'en distribue entre eux par contribution, à moins qu'il n'y ait entre les créanciers des causes légitimes de préférence. »

Voici la règle : elle est claire et précise. Que vient donc faire l'hypothèque judiciaire ? Elle la renverse en partie. Un créancier chirographaire qui lors du contrat n'a pas demandé de garantie, qui s'est contenté du nom de son emprunteur, qui n'a prêté en un mot que sur le *crédit personnel* de celui-ci, obtiendrait maintenant une *garantie réelle !* Que fait-il donc de ses accords primitifs ? Et ses cocréanciers ne méritent-ils pas également et aussi bien que lui leur part de butin ? Aussi, peut-on dire, avec M. Challamel : « la parole donnée vaut aussi bien pour l'un que pour l'autre et les différents créanciers d'une même personne, ayant eu même confiance, doivent avoir même fortune. Voilà ce que repousse le législateur en admettant le système de l'hypothèque judiciaire ! (1) ».

Au surplus, l'hypothèque judiciaire couvre les usuriers et les protège. Elle permet aux parties de tourner la loi protectrice des faibles, qui exige la spécialité de l'hypothèque, et qui demande la présence du notaire pour que le débiteur puisse connaître l'étendue exacte de la brèche qu'il fait à son patrimoine. Le débiteur signe un billet à l'usurier qui a soin de le faire antidater ou rédiger payable à vue. Celui-ci aussitôt après, l'assigne en reconnaissance d'écriture. La créance est prouvée en justice, le jugement intervient et le malheureux débiteur voit tous ses biens grevés de l'hypothèque judiciaire, alors que souvent la moindre parcelle de terre aurait suffi et au-delà à garantir le paiement de la dette. Est-ce là une sanction légitime de la chose jugée ? Je ne le crois pas et quand la loi aboutit ainsi à faire consacrer l'usure en justice, elle ne mérite guère qu'on la défende.

D'autre part, comme le dit très bien M. Besson, l'état d'infériorité de notre régime hypothécaire provient en grande partie de l'hypothèque judiciaire et de la déplorable facilité avec laquelle les tribunaux l'accordent. Les inscriptions d'hypothèque judiciaire représentent 40 0/0 de la dette hypothécaire (2).

Les tribunaux, du reste, ne peuvent pas faire autrement, car ils sont forcés d'en attribuer le bénéfice à toute créance dont on fait preuve devant eux.

En outre, il devient banal de le répéter : l'hypothèque judiciaire est le prix de la course et de la chance. La

(1) Challamel. *L'hypothèque judiciaire*, p. 99.
(2) Besson, *op. cit.*, p. 150.

faculté de Strasbourg le disait déjà dans l'enquête hypothécaire de 1841 : « Ce sont les créanciers les plus âpres,
disait-elle, ou ceux qui ayant des rapports plus suivis avec
le débiteur, sont à portée de connaître toutes les circonstances qui peuvent influer sur la solvabilité de celui-ci,
qui s'assurent cette préférence au détriment d'autres
créanciers que des motifs louables empêchent d'agir avec
rigueur, ou qui, à raison de leur condition personnelle,
sont hors d'état de veiller eux-mêmes à la conservation de
leurs intérêts. Une première inscription d'hypothèque
judiciaire devient souvent le signal de poursuites de tous
les créanciers, et ces poursuites faites en temps opportun,
entraînent souvent la ruine personnelle du malheureux
débiteur (1). »

De plus, ce n'est pas seulement l'intérêt du débiteur
malheureux qui est complètement sacrifié, c'est aussi
celui des autres créanciers qui arrivent en retard ou qui
n'agissent pas, ou même parfois celui du créancier poursuivant. C'est encore ce que disait M. Pougeard dans son
ouvrage que je citais plus haut. « Qu'est-ce qui ébranle
cette masse ? qu'est-ce qui pousse les plus réservés ? C'est
la peur, et cette peur, qu'est-ce qui la produit ? C'est
l'hypothèque judiciaire. On sait que si quelqu'un se hâte,
il aura tout et les autres rien. Chacun veut être le premier.
Les assignations pleuvent sur le malheureux débiteur.
Pendant un mois, on n'entend que son nom répété dans
les tristes échos du palais. Il est ruiné, exproprié, et puis
en fin de compte, les créanciers ont la perte de leurs
frais pour s'indemniser de celle de leurs créances. C'est
ce que le tribun Sédillez exprimait très bien, en les com-

(1) Documents hypothécaires, T. III, p. 286.

parant à des infortunés qui, enfermés en grand nombre
dans une maison où le feu éclate, y périssent tous
malheureusement parce que tous en veulent imprudem-
ment sortir à la fois. Donc l'hypothèque judiciaire est
funeste dans ses conséquences autant pour le créancier que
pour le débiteur. » (1).

L'hypothèque judiciaire couvre également des agisse-
ments plutôt malhonnêtes. Gráce à elle, rien n'est plus
facile au débiteur de mauvaise foi que de tromper ses
créanciers. Il lui suffit de se laisser condamner par défaut
à la requête d'amis obligeants, pour non paiement à
l'échéance de billets de complaisance, dont il n'a jamais
touché le montant. Il couvrira de la sorte rapidement, afin
de le mettre de côté, tout ce qui peut rester de libre sur
le prix de ses immeubles, dont une bonne partie est déjà
absorbée par des créanciers hypothécaires. Les créanciers
hypothécaires subséquents, ainsi que les créanciers chirographaires de bonne foi, auront beau se présenter, multiplier les citations et les poursuites, grossir le chiffre des
frais : ils ne toucheront absolument rien. Est-ce juste,
je le demande, et est-ce honnête ?

Enfin, la plupart du temps, ce sont les hypothèques
judiciaires qui empêchent un ordre amiable et rendent
inévitable l'ordre judiciaire et toutes ses formalités longues et dispendieuses. Elles entravent ainsi la prompte
liquidation du gage immobilier, ce qui contribue pour
une large mesure à éloigner les capitaux du crédit hypothécaire. M. Challamel exprime très bien cet inconvénient : « Le principal effet de l'hypothèque judiciaire,
dit-il, est en pratique de multiplier des inscriptions inu-

(1) Pougeard, op cit., p. 31.

tiles et de retarder indéfiniment le règlement des ordres par les contestations que les derniers inscrits soulèvent au grand dommage de chacun, contre les créanciers qui les priment. L'expérience le démontre chaque jour davantage (1) ».

Du reste, parmi les auteurs contemporains, l'accord est parfait, pour demander la suppression de l'hypothèque judiciaire. Tour à tour, MM. Valette, Guillouard, Baudry Lacantinerie et de Loynes, en ont demandé l'abrogation pure et simple (2).

Il y a encore une raison qui montre bien que le législateur de l'avenir la supprimera tôt ou tard. Les lois sur l'hypothèque maritime du 10 décembre 1874 et du 10 juillet 1885, ont soigneusement préservé les navires des hypothèques légales et de l'hypothèque judiciaire, et en toute occasion, les auteurs de ces lois comme les rapporteurs, se sont élevés avec éloquence contre l'hypothèque judiciaire, la déclarant gênante, regrettable et renversant la loi d'égalité qui domine la faillite (3).

Nombre de pays, même parmi ceux qui avaient adopté le Code civil, ont supprimé l'hypothèque judiciaire. Il en est ainsi de la Belgique, par exemple, où la loi du 16 décembre 1851 l'a supprimée à la majorité de 56 voix sur 62 votants. Personne ne s'en plaint, et à la sous commission juridique du Cadastre, M. Flour de Saint-Genis, citait dans la séance du 23 juillet 1891, cette phrase d'une lettre du célèbre jurisconsulte belge, M. Laurent : « ... Trois mots suffiront : on ne s'aperçoit pas en Belgique de l'a-

(1) Challamel, *op. cit.*, p. 69, 70.
(2) Nous avons vu que l'hypothèque judiciaire a été supprimée dans les lois foncières de Tunis, de Madagascar et du Congo.
(3) Marquès, l'*Hypothèque judiciaire*, Thèse de doctorat, p 165.

brogation de l'hypothèque judiciaire. Quand la loi ne veille pas aux intérêts des particuliers, ils y veillent eux-mêmes ce qui vaut infiniment mieux (1) ».

Enfin, comme je l'ai dit plus haut, après une discussion approfondie, la sous-commission juridique du Cadastre a voté la suppression pure et simple de l'hypothèque judiciaire. C'est ce que demande également le projet de loi de M. Darlan, dont l'article 29 s'exprime ainsi : « L'hypothèque judiciaire est supprimée ».

Que répondent à tous ces arguments les partisans de l'hypothèque judiciaire ?

Ils disent tout d'abord que la maxime : *Jura vigilantibus prosunt*, ne doit pas rester lettre morte, que par conséquent, le créancier vigilant qui fait valoir ses intérêts, ne doit pas être traité comme celui qui ne se remue pas. « L'hypothèque judiciaire dit l'un d'eux, est la meilleure mesure pour assurer l'exécution des jugements qui constituent l'une des ancres de la Société » (2).

Ils ajoutent, que si l'on diminue les moyens de faire des prêts sur simple billet, on augmentera le nombre des prêts notariés au grand préjudice des deux parties.

Ils disent encore que les débiteurs trouvent dans la loi même, le moyen de remédier à la généralité de l'hypothèque judiciaire. Ils n'ont qu'à la faire cantonner conformément à l'article 2161 du Code civil (3).

---

(1) Procès verbaux du Cadastre, F. I., p. 311.

(2) Bonin, de l'*Hypothèque judiciaire*, Thèse de doctorat, Poitiers, 1870, p. 70

(3) Article 2161 : « Toutes les fois que les inscriptions prises par un créancier qui, d'après la loi, aurait droit d'en prendre sur les biens présents où sur les biens à venir d'un débiteur sans limitation convenue, seront portées sur plus de domaines différents, qu'il n'est nécessaire à la

Ils estiment enfin que les expropriations deviendraient beaucoup plus fréquentes qu'elles ne le sont à l'heure actuelle et qu'en dernière analyse, s'il y a beaucoup d'hypothèques judiciaires, c'est que dans bien des cas il n'y a pas moyen d'avoir une hypothèque conventionnelle.

A tout cela voici ma réponse.

Tout d'abord en ce qui concerne la maxime *Jura vigilantibus succurrunt*, je la respecte comme qui que ce soit, et je l'appliquerais en l'espèce, si tous les créanciers pouvaient être vigilants, si la loi leur en donnait les moyens matériels. Mais avec le système actuel, étant donné l'éloignement ou l'inaptitude aux affaires de certains créanciers qui peuvent complètement ignorer la situation financière du débiteur auquel ils ont prêté sur simple billet, étant donnée aussi la durée des poursuites qui peut varier à l'infini suivant les simples circonstances de fait, et le zèle de l'huissier, de l'avoué, des juges, du greffier, du receveur de l'enregistrement, du conservateur des hypothèques, la maxime *jura vigilantibus succurrunt* est ici tout à fait hors de saison, car elle risquerait fort de ne couronner, que la chance, l'adresse ou même l'âpreté dans les poursuites. Citer par conséquent cet aphorisme juridique à propos du sujet qui nous occupe, c'est passer tout à fait à côté de la question.

Que le respect de la chose jugée, soit une des bases de l'ordre social, je le reconnais très volontiers. Mais ce que je nie, c'est que l'hypothèque judiciaire soit le meilleur

---

sûreté des créances, l'action en réduction des inscriptions, ou en radiation d'une partie de ce qui excède la proportion convenable, est ouverte au débiteur On y suit les règles de compétence établies dans l'article 2159.

« La disposition du présent article ne s'applique pas aux hypothèques conventionnelles. »

moyen d'assurer l'exécution des jugements. Ce serait alors bien malheureux que son champ d'application soit si réduit puisque les résultats qu'elle donne sont si merveilleux ! Malheureusement, de cet optimisme à la réalité des choses, il y a loin.

L'hypothèque judiciaire, dans la pensée du législateur, est bien destinée à empêcher le débiteur obéré de soustraire à ses créanciers au moyen de contrats frauduleux le dernier actif qui peut lui rester. Mais croit-on le débiteur assez naïf, pour faire ces contrats au grand jour ? S'imagine-t-on par hasard, que les précautions utiles au débiteur, seront prises par lui au dernier moment ? Et de plus qui pourrait déjouer le concert frauduleux dans des jugements savamment combinés ? Personne. Le débiteur arrivera toujours à ses fins, s'il veut sauver pour lui quelque chose ou ménager un ami, et ce sera bien rare qu'il se fasse prendre. Il pourra se faire qu'il vende son immeuble à un prête nom et la transcription suivra de près la vente. S'il le conserve, et que des poursuites importunes viennent le surprendre au milieu de ses préparatifs juridiques, soyez-sûr que la procédure, qui somme toute est une bonne mère, lui donnera toujours le temps de faire patienter de gré ou de force ce créancier gêneur. Quelques artifices commodes, permettront de le faire attendre et pendant ce temps des amis sûrs précèderont cet intrus. Ceux-ci prendront des inscriptions d'hypothèque judiciaire ou conventionnelle suivant les besoins du moment, qui permettront d'abriter en toute sécurité l'actif net qui peut encore subsister.

On est vraiment bien mal venu, de dire, dans ces conditions, que l'hypothèque judiciaire protège la chose jugée.

On m'objecte ensuite, que si les prêts sur simple billet, deviennent plus difficiles, les prêts notariés se multiplieront au préjudice des débiteurs, à cause des frais qui seront bien plus considérables. Cette objection est spécieuse, mais on peut y répondre. Croit-on sincèrement que ce serait un bien grand mal pour les parties, si elles étaient obligées de comparaître devant un notaire? Tout au contraire. D'une part, leurs volontés et leurs intentions seraient bien mieux exprimées, et donneraient par suite moins de prise aux procès que les actes sous seing privé alimentent en grande partie, et d'autre part, la fraude et l'usure seraient rendues beaucoup plus difficiles. Ne serait-ce pas là un grand avantage? Le législateur de 1804 a voulu que les notaires fussent les protecteurs des faibles et des ignorants. C'est là le cas ou jamais de montrer que nous marchons toujours sur ses traces, et, à mon avis, si la réforme que je sollicite devait arriver à cet heureux résultat, je crois que ses adversaires eux-mêmes seraient les premiers à s'en féliciter.

En outre, j'estime que les prêts sous seing privé sérieux ne seraient nullement atteints; je veux dire ceux qui se font dans les campagnes, entre personnes se connaissant bien, au point de vue moral et judiciaire. L'emprunteur obtient dans ces conditions, du crédit au véritable sens du mot, du crédit personnel. Sa situation foncière au reste, est connue et certaine, et dans ces conditions, les prêts de ce genre continueraient à se faire comme par le passé.

Seuls seraient atteints, les prêts consentis par des usuriers, à des fils de famille aux abois, qui battent déjà monnaie de l'héritage paternel, lequel est sinon problématique, du moins peut être assez éloigné. Qui s'en plaindra? personne.

Mais je prévois une objection. Croyez-vous, me dit-on, atteindre les usuriers dans leur repoussante industrie ? Point du tout. Ils feront dresser une obligation notariée. On mentionnera dans l'acte que les fonds ont été comptés à l'emprunteur hors de la présence des notaires, et au lieu de verser à leur client 20.000 francs par exemple, ils ne lui en remettront que 10.000. Le tour sera joué et l'authenticité de l'acte les couvrira encore davantage. Au reste, l'exception Romaine « *non numeratæ pecuniæ* » n'existe pas chez nous.

Je répondrai tout d'abord que ces marchés sont bien tristes tant au point de vue de l'usurier que du fils de famille ; que si le notaire ne connaît pas les parties, ou simplement a quelques doutes sur leur compte, il exigera la numération des espèces en sa présence, et qu'après tout, soit les dispositions des articles 12 et 13 de la loi du 23 août 1871 frappant les dissimulations dans les actes notariés, soit celles du Code pénal relatives au vol et à l'abus de confiance, sont bien faites pour qu'on les applique.

On m'objecte encore que si les prêts notariés se développent, les frais augmenteront eux aussi. C'est fort vrai, mais l'opinion que je défends n'est pas du tout responsable de cet état de choses. C'est au législateur qu'il faut s'adresser pour lui demander d'établir des tarifs vraiment démocratiques.

Au surplus, ajoutent les partisans de l'hypothèque judiciaire, de quoi se plaignent les débiteurs dont les biens sont grevés de cette sûreté réelle ? La loi ne leur donne-t-elle pas les moyens de la faire cantonner par les articles 2161 et suivants ? Fort bien, répondons-nous, mais le remède est pire que le mal. La procédure est excessivement longue et coûteuse. Par suite, le malheureux débiteur renonce à faire des frais qui dégrèveraient son immeuble au profit des créanciers à hypothèque judiciaire futurs. Il préfère conserver ses biens en l'état, plutôt que d'entamer une procédure longue et coûteuse et dont l'issue est au moins aléatoire.

M. Besson cite une instance en réduction d'hypothèque judiciaire commencée en 1885 et qui s'est terminée par un arrêt de la Cour de cassation du 16 avril 1889 (1). On comprend aisément dans ces conditions là, que les débiteurs malheureux montrent peu d'empressement à profiter de cette disposition législative.

On objecte encore que s'il y a beaucoup d'hypothèques judiciaires, c'est que dans bien des cas, il n'y a pas moyen d'obtenir une hypothèque conventionnelle, et l'on cite comme exemple, les cas de dommages intérêts dus par des administrateurs de Société par trop aventureux, des indemnités ou des rentes viagères dues pour des blessures par imprudence, etc.

Je réponds que la loi devrait obliger le créancier à prendre dans des cas analogues, une hypothèque conventionnelle. C'est vrai qu'il aurait plus de peine pour découvrir le ou les immeubles du débiteur qui serviraient d'assiette à son hypothèque. Mais si le crédit hypothécaire doit y gagner en clarté et en sûreté, je ne vois pas pourquoi la loi hésiterait à agir ainsi, car en définitive, ce serait pour le bien de tous, du débiteur d'abord, dont le patrimoine ne serait pas mis en interdit par une seule inscription, du créancier ensuite, dont le gage gagnerait en sécurité, ce qu'il perdrait en étendue. Je ne vois donc pas d'impossibilité matérielle ou juridique de prendre dans

(1) Besson, *op. cit.*, p. 148.

les cas cités plus hauts, inscription d'hypothèque conventionnelle.

Reste maintenant la grosse objection. Les expropriations et les saisies deviendront beaucoup plus fréquentes qu'elles ne le sont actuellement. C'est ce qui a lieu en Belgique. M. Challamel dans la séance du 3 novembre 1892 de la sous-commission juridique du Cadastre, a indiqué qu'en 1891, il avait été transcrit à Bruxelles 287 saisies immobilières. Toutes proportions gardées, cela en représente trois fois plus qu'à Paris, où l'on en transcrit en moyenne 350 par an à la seconde conservation (1).

Je réponds tout d'abord que les statistiques sur lesquelles on s'est basé, ne portent que sur une seule année. Rien ne prouve par conséquent que les saisies aient suivi une marche croissante, ou même aient atteint le chiffre cité, dans le cours des années suivantes.

Au surplus la statistique est une fort belle invention mais qui peut servir à la défense de toutes les causes suivant la manière dont on la dépouille. Aussi reste-t-il à savoir quelle est la cause de ces saisies. Procèdent-elles de l'absence d'hypothèque judiciaire ou d'hypothèques conventionnelles impayées ? Ont-elles été transcrites dans une année où la propriété immobilière traversait une crise passagère ? C'est ce que l'on ne dit pas et qu'il serait pourtant fort utile de connaître. Dans ces conditions, il convient de ne pas s'émouvoir outre mesure de ce chiffre, qu'il faudrait dépouiller et analyser avec soin, pour que l'on puisse fixer avec le plus de certitude possible, le nombre de saisies provoquées par l'absence d'hypothèque judiciaire. Enfin si le vice du système

(1) Magnin, *op. cit.*, p. 331 et notes 1 et 2.

belge sur ce point spécial, était aussi accentué qu'on veut bien le dire, M. Laurent qui suit avec tant d'attention le mouvement juridique et économique de son pays, n'aurait pas écrit à M. Flour de St-Genis la phrase que je relatais plus haut (1) « ..... On ne s'aperçoit pas en Belgique de la suppression de l'hypothèque judiciaire.»

On se tromperait certainement beaucoup si l'on imputait toutes ces saisies à l'absence d'hypothèque judiciaire. M. Flour de St-Genis a fourni à ce sujet des renseignements intéressants à la sous-commission juridique du Cadastre. Il a déclaré que depuis 1875 les saisies immobilières avaient augmenté chez nous de 100 0/0 et les ventes ordonnées par justice de 45 0/0 (2).

« L'hypothèque, instrument de crédit pour le propriétaire riche, a-t-il dit avec raison, n'est que la première étape de la saisie et de la ruine pour le propriétaire foncier qui ne possède pas de capitaux (3). »

Et pour confirmer son affirmation, il a fait le décompte des ventes judiciaires et du taux des frais pour l'année 1888. Le voici :

PRIX DE LA VENTE	NOMBRE DES VENTES
Au dessous de 500 fr . . .	2 545
501 fr à 1.000 fr . . .	2.590
1.001 fr à 2 000 fr . . .	4 569
2 001 fr. à 5.000 fr . . .	7.983
5 001 fr. à 10 000 fr . . .	5.663
Au dessus de 10.000 fr . .	7.963
Total général. . . .	31.313

Il est certain que les plus lourdement atteints, sont les petits propriétaires fonciers.

(1) Voir plus haut, p. 323.
(2) et (3) Procès-verbaux du Cadastre, F. II, p. 176.

Pour les frais, la situation est la même. « Le montant moyen des frais, dit-il, par 100 francs du prix s'élève à 107 fr. 64 pour les ventes de 500 francs… Pour les petites ventes, lorsque le montant du prix d'adjudication est de 247 francs, les frais arrivent au chiffre invraisemblable de 266 francs (1). »

Cet exemple prouve par analogie que l'absence d'hypothèque judiciaire en Belgique, n'est pas la principale cause de ce grand nombre de saisies. Il faut plutôt la rechercher je crois, dans la crise agricole actuelle qui empêche les petits propriétaires fonciers de faire honneur à leurs engagements.

On voit donc qu'il ne reste pas grand chose des différents arguments produits pour la défense de l'hypothèque judiciaire. Reste à savoir maintenant si sa suppression pure et simple vaudrait mieux que son remplacement par une sûreté d'un autre genre.

Sur ce point spécial, les discussions qui ont eu lieu à la sous-commission juridique du Cadastre nous éclaireront complètement.

Tout d'abord, à l'unanimité, la suppression de l'hypothèque judiciaire résultant des reconnaissances d'écriture, a été votée.

Il a été également décidé que, dans les divers procédés qui pourraient être substitués à l'hypothèque judiciaire actuelle, aucune préférence ne serait accordée au créancier qui agirait le premier : les divers créanciers se trouveraient donc tous sur le même pied d'égalité.

La sous-commission s'inspira d'abord de la disposition de l'article 34 du décret du 28 février 1852, organisant le

---

(1) Procès-verbaux du Cadastre, F. II, p. 177.

Crédit Foncier. Cet article défend au débiteur de grever son immeuble de droits réels ou de le vendre, à partir du jour où le commandement a été transcrit.

Prenant exemple sur cette disposition, elle faisait bénéficier tous les créanciers du débiteur d'un avantage identique. Ils auraient pu faire transcrire au bureau des hypothèques le commandement, quinze jours après signification de celui-ci au débiteur. A dater de ce moment, le débiteur n'aurait plus pu consentir aucun droit réel sur son immeuble, ni le vendre autrement qu'aux enchères publiques et dans la forme de l'article 143 du Code de procédure, en appelant à la vente tous les créanciers qui avaient fait inscrire leur commandement.

Ce système fut trouvé trop rigoureux. Pourquoi en effet défendre dans ce cas au débiteur d'hypothéquer son immeuble alors que la jurisprudence permet cet acte au débiteur qui est sous le coup d'une saisie immobilière? De plus la défense d'aliéner l'immeuble autrement qu'aux enchères, se retournait en définitive contre les créanciers. Il est de notoriété publique qu'un immeuble vendu sur saisie au tribunal atteint rarement un bon prix : les frais tout d'abord sont très élevés, de plus, à tort ou à raison, les biens qui en sont l'objet, sont un peu discrédités. Les acquéreurs se tiennent dans une prudente réserve. Dans l'ensemble, le produit net réalisé est inférieur à celui qu'aurait procuré une vente tractative au grand détriment des créanciers.

Pour ces différentes raisons, la sous-Commission juridique a abandonné ce premier système. Le Comité de rédaction et d'études lui en proposa alors un second dans la séance du 17 novembre 1892, que l'article 46 du projet de réforme hypothécaire du Comité des Notaires des départements, a textuellement reproduit. Dans ce nouveau projet, l'inscription du commandement n'empêchait plus les ventes amiables. Toutefois, le créancier inscrit recevait le droit de faire la surenchère par rapport à tout acquéreur. Seuls, étaient interdits au débiteur, les actes qui auraient pu préjudicier aux créanciers ayant requis inscription de leur commandement. Une fois les créances privilégiées et hypothécaires payées, le prix de l'immeuble était distribué par contribution.

La sous-Commission juridique trouva ce nouveau système encore trop compliqué et s'en tint à la suppression pure et simple de l'hypothèque judiciaire (1).

S'inspirant de ce document, c'est aussi ce que demande l'article 29 du projet de loi de M. Darlan. Déjà en 1850, M. de Vatimesnil le réclamait lui aussi.

Mais la suppression radicale de l'hypothèque judiciaire ne satisfait pas tout le monde. D'autres solutions ont été proposées que j'ai maintenant à examiner.

En 1850, le savant M. Wolowski, demandait que le créancier indiquât les immeubles de son débiteur sur lesquels il entendait asseoir l'hypothèque judiciaire et spécifiât la somme pour laquelle chacun de ces immeubles se trouverait grevé. Tous les biens du débiteur lui auraient été dévolus en masse par le jugement, mais la quotité de la condamnation aurait limité le chiffre de l'inscription. Au créancier de faire porter son hypothèque sur tel immeuble que bon lui aurait semblé. A mesure qu'il aurait pris inscription, son droit hypothécaire se

_____

(1) Le détail de la discussion sur l'hypothèque judiciaire à la sous-Commission juridique est des plus intéressants. Voir Procès Verbaux du Cadastre, F. II, p. 345 et seq.

serait trouvé réduit d'autant et ainsi de suite jusqu'à extinction.

Ce système, tout séduisant qu'il paraît en théorie, ne donnerait pas en pratique de bien brillants résultats. Tout d'abord l'hypothèque judiciaire dans les affaires, forme, je dirais, un tout indivisible. Elle est générale ou elle n'existe pas. On considère la généralité comme étant de son essence. Ne constitue-t-elle pas, au reste, son caractère originaire?

De plus, quand un créancier aura obtenu un jugement, aura-t-il facilement tous les immeubles du débiteur à sa disposition? Pourra-t-il, si bon lui semble, émietter, fractionner son hypothèque, de telle sorte qu'elle porte sur le plus grand nombre d'immeubles possible? Qui ne voit la complication qui en résulterait pour le cas d'une hypothèque de minime importance détaillée sur plusieurs immeubles! Mieux vaudrait, dans cette hypothèse, appliquer la sage prescription du canton suisse de Neufchatel qui décide, sous l'article 1721 de son Code civil, que lorsque le montant de la condamnation n'excède pas 200 francs en capital, il n'y a jamais lieu à hypothèque judiciaire. S'il n'en était pas ainsi, les frais risqueraient fort de dépasser la quotité de la créance garantie. Et puis, si le créancier ne voulait pas se décider à indiquer les immeubles sur lesquels il prendrait inscription, comment l'y forcer? Tout autant de questions qui montrent bien les inconvénients pratiques du système qui est à rejeter comme trop compliqué.

On a proposé aussi le système des prénotations usité en Allemagne et en Espagne. La prénotation est une inscription provisoire, prise par le créancier sur les biens du débiteur avec l'autorisation du juge. Si l'inscription devient définitive par la suite, elle prend rang comme telle à la date de la prénotation. Ce système qui peut donner en Allemagne de très bons résultats, ne produirait pas grand chose chez nous. La propriété étant très morcelée, les prénotations seraient par trop nombreuses, et les registres des conservateurs seraient bien vite encombrés.

Reste enfin un dernier système que j'adopte : « *La faillite civile.* » M. Valette le préconisait déjà en 1849. Il proposait d'organiser pour les débiteurs non commerçants un état de déconfiture analogue à l'état de faillite. Le débiteur déclaré insolvable par un jugement régulier, serait dessaisi de l'administration de ses biens et par suite, incapable de consentir des aliénations et des hypothèques au préjudice de la masse de ses créanciers. Cette masse elle même serait représentée par des syndics dont la gestion, exercée dans l'intérêt commun serait substituée à l'anarchie des mesures et des poursuites individuelles (1). »

L'idée a fait son chemin depuis lors. Elle a été récemment examinée avec tous les développements qu'elle comporte par M. Garraud dans son remarquable travail intitulé : « *De la déconfiture et des améliorations dont la législation sur cette matière est susceptible.* »

C'est elle que préconise également M. Jules Challamel dans l'étude si intéressante qu'il a consacrée à l'hypothèque judiciaire.

Ce système est à la fois, le plus logique et le plus simple. Puisque les créanciers chirographaires ont tous un titre de même nature, au cas où ils ne peuvent pas toucher l'intégralité de ce qu'il leur est dû, ils ne doivent avoir chacun qu'un prorata.

(1) Valette. *Revue de droit Français et étranger*, 1849, p. 923.

Dès lors il serait avantageux qu'une poursuite unique remplaçât les poursuites individuelles de chaque créancier. D'où par suite, économie de frais considérable, au grand avantage des créanciers dont le gage serait moins réduit, et du débiteur dont le crédit serait préservé dans une plus large mesure. Celui-ci serait dessaisi de la gestion de son patrimoine, dont un syndic qui pourrait être par exemple un notaire, recevrait l'administration. Les actes du débiteur seraient nuls ou annulables suivant la période de temps dans laquelle il auraient été accomplis. On éviterait ainsi les fraudes que le débiteur peut commettre en favorisant tel créancier au préjudice des autres.

A ce propos, M. Raveton, dans sa savante analyse du *projet de réforme hypothécaire de M. Darlan*, présentée au congrès de la propriété bâtie de Paris, cite une espèce extraite des arrêts de la Cour de Cassation pour montrer que la suppression de l'hypothèque judiciaire n'arriverait pas à empêcher le débiteur de favoriser tels créanciers au préjudice d'autres (1). La voici : « Un sieur Cromier était en état de déconfiture complète. Il propose à ses créanciers chirographaires un arrangement que ceux-ci refusent. Deux d'entre eux prennent un jugement de reconnaissance d'écritures, qui allait leur permettre de faire inscrire une hypothèque judiciaire. Mais le surlendemain de l'obtention du jugement, le débiteur convoque ses autres créanciers et leur consent une hypothèque conventionnelle qui est inscrite avant que le jugement n'ait pu être levé et l'hypothèque judiciaire inscrite. Et la Cour de Cassation a décidé que le débiteur avait parfaitement le

(1) Raveton, *op. cit.*, p. 33.

droit de favoriser quelques uns de ses créanciers au préjudice des autres (1) ».

Et M. Raveton en conclut que la suppression de l'hypothèque judiciaire n'empêcherait pas de pareils marchés qui ceux-là, sont aussi le prix de la course. Je n'y contredis point. Mais l'introduction dans nos Codes de la faillite civile, empêcherait sûrement le retour de faits analogues.

Ce serait à mon avis, le meilleur moyen de remplacer l'hypothèque judiciaire qui a déjà fait assez de mal. Comme je l'ai dit plus haut, les frais seraient bien moindres dans l'intérêt de tous, et l'égalité proportionnelle ainsi imposée à tous les créanciers chirographaires, serait de beaucoup préférable au système actuel. Si un créancier arrive par hasard à se faire payer, les autres, comme le disait très bien M. Pougeard, « ont la perte de leurs frais pour s'indemniser de celle de leur créance (2) ».

Cette institution du reste, ne rencontrerait pas chez nous d'obstacle bien sérieux à son établissement. Elle pourrait d'abord se prévaloir d'un précédent historique. Il ressort en effet de l'ordonnance de Colbert de 1673 (3), que la faillite n'était pas à cette époque, une institution exclusivement commerciale, et qu'elle s'appliquait également aux non commerçants. Ensuite, certaines règles de la faillite commerciale pourraient lui être appliquées.

Au surplus, nous avons déjà bien chez nous un rudiment de faillite civile pour la liquidation d'une succession bénéficiaire (4), et pour l'abandon de biens (5).

---

(1) Cassation Ch. C., 3 mars 1869, S. 69. 1 149.
(2) Pougeard, *op. cit.*, p. 31.
(3) Ordonnance de 1673, T. xi, chap. 1ᵉ¹ et 3ᵉ.
(4) Articles 803 et suivants.
(5 Articles 1265 et suivants.

Ce qui prouve du reste que l'idée est pratique, c'est qu'elle a été mise à exécution par plusieurs grands Etats. Tour à tour, les Etats-Unis (1), l'Autriche (2), l'Angleterre (3), le Danemarck (4), l'Allemagne (5) et la Suède (6), ont adopté la faillite civile de 1867 à 1877, et se félicitent des excellents résultats qu'elle leur a donnés.

Il ne tient qu'à nous de marcher également dans cette voie, car le succès que cette réforme a eu à l'étranger, nous autorise à croire que la réussite serait aussi complète chez nous.

D'une part la suppression des hypothèques judiciaires, débarrasserait les registres des conservateurs d'une foule d'inscriptions, M. Besson affirme de 40 0/0 des inscriptions, et par suite les immeubles y gagneraient en netteté pour le bien de tous, des propriétaires et de leurs acquéreurs ou prêteurs.

D'autre part, la déconfiture étant réglementée légalement, on ne verrait plus un seul créancier profiter de la détresse du débiteur au détriment des autres créanciers chirographaires.

Dès lors la véritable égalité servirait d'unique règle à la liquidation de la déconfiture, je veux dire l'égalité proportionnelle.

---

(1) Loi féderale 2 mars 1867
(2) Loi 25 décembre 1868.
(3) Loi 9 août 1869.
(4) Loi 25 mars 1872
(5) Loi 10 février 1877.
(6) Loi 10 août 1877

SECTION QUATRIÈME. — **L'hypothèque légale.**

Ce sujet est peut-être encore plus délicat que le précédent. En effet, ici interviennent les incapables, toujours entourés par la loi d'une particulière protection, qu'elle a peut-être même un peu trop favorisés.

Je vais indiquer successivement quelles sont les personnes auxquelles la loi accorde l'hypothèque légale, les biens qu'elle grève, et étudier les différentes modifications qui en ont été proposées depuis le Code.

I. — Personnes auxquelles la loi accorde l'hypothèque légale. — L'article 2121 les énumère en ces termes : « les droits et créances auxquels l'hypothèque légale est attribuée, sont :

Ceux des femmes mariées sur les biens de leurs maris ;

Ceux des mineurs et interdits sur les biens de leurs tuteurs ;

Ceux de l'Etat, des communes et des établissements publics, sur les biens des receveurs et administrateurs comptables ».

En première ligne, par conséquent, ce sont les femmes mariées à qui le législateur accorde une hypothèque générale et indéterminée sur l'entier patrimoine immobilier de leurs maris.

Puis viennent les mineurs et interdits dont l'hypothèque légale grève les immeubles des tuteurs.

Il y a ensuite l'hypothèque légale de l'État. Celui-ci a toujours appliqué avec usure l'ancien adage : *Prima sibi charitas.* Aussi de tout temps et sous les différents régimes, des garanties particulières ont-elles été imposées aux comptables de deniers publics.

De nos jours, et en laissant de côté la responsabilité personnelle et hiérarchique de tous ceux, qui à différents titres manient les deniers publics, on voit que le Code a grevé les biens des comptables d'un privilège et d'une hypothèque légale. Le privilège atteint tous les immeubles acquis à titre onéreux par le comptable ou son épouse même séparée, depuis son entrée en fonctions. Tous les autres biens sont grevés de l'hypothèque légale.

Quant aux communes et aux établissements publics, la loi ne leur accorde qu'une hypothèque légale frappant tous les immeubles présents et à venir de leurs comptables.

L'énumération de l'article 2121 est incomplète. Restent, en effet, quatre autres hypothèques légales :

D'abord, les privilèges dégénérés en hypothèques aux termes de l'article 2111. Cette hypothèque légale est alors spéciale comme le privilège auquel elle succède et ne grève que les immeubles que le privilège aurait atteints. Elle se différencie néanmoins de l'hypothèque légale proprement dite, en ce que celle-ci est accordée à la personne, tandis que le privilège l'est à la créance.

Vient après l'hypothèque légale des légataires que l'on peut lire entre les lignes de l'article 1017. Bien que sa nature soit discutée, les auteurs (1) et la jurisprudence (2), admettent généralement que c'est bien une hypothèque légale. Elle est aussi spéciale, mais elle ne

(1) Demolombe T V Successions nº 217, Colmet de Santerre T IV, nº 162 bis, Baudry Lacantinerie et de Loynes *op. cit.* T II, p. 6

(2) Toulouse, 23 Décembre 1870, D. 72. 5. 271, Rennes, 21 Mai 1875 sous Cass. 22 janvier 1879, D 79. 1. 121, Bordeaux 5 Mai 1887, D. 89. 2 7.

grève que les immeubles de la succession et non pas ceux des héritiers chargés de l'acquittement du legs.

Il y a ensuite l'hypothèque légale de la masse des créanciers du failli (1) ou du commerçant qui obtient la liquidation judiciaire (2). Cette hypothèque n'est pas conventionnelle ; elle n'est pas non plus judiciaire, car le jugement déclaratif de faillite constate des faits et prononce des déchéances, mais ne contient aucune condamnation pouvant se résoudre en une somme d'argent comme l'exige l'article 2123 du Code civil. Elle est donc légale. MM. Lyon-Caen et Renaud, le disent avec raison : « la déclaration de faillite est le fait dont la loi fait résulter l'hypothèque (3) ». Cette hypothèque est spéciale: elle n'atteint que les immeubles du failli existant au moment de la faillite, car elle est établie par la loi pour garantir les intérêts collectifs des créanciers du failli et ces intérêts ne sont tels que lorsqu'ils sont centralisés en mains du syndic (4).

Enfin la loi des 6-22 août 1791, a organisé dans son article 23 une hypothèque légale grevant les immeubles des redevables de la Régie des douanes. Cette hypothèque est générale.

II. L'hypothèque légale depuis le Code. — Il faut croire que les rédacteurs du Code, avocats d'affaires et hommes expérimentés, s'étaient aperçus des mécomptes qu'avait donné la loi de Brumaire an VII, ordonnant entre autres dispositions l'inscription de l'hypothèque légale, puisque,

---

(1) C. Comm. art. 490 et 517
(2) Loi du 4 mars 1889, art. 4.
(3) Lyon-Caen et Renaud, *précis de droit commercial*, n° 2707.
(4) Baudry Lacantinerie et de Loynes, *op. cit.* T. II, p. 281, 282.

après une discussion approfondie, ils ont rétabli la clandestinité et la généralité de cette même hypothèque.

Les abus qui en dérivaient furent néanmoins critiqués de bonne heure.

Comme pour l'hypothèque judiciaire, la question des hypothèques légales fut surtout discutée lors de l'enquête hypothécaire de 1841. Quatre Cours d'Appel et trois Facultés de Droit se prononcèrent franchement pour la spécialité et la publicité de cette sûreté réelle.

La Cour de Bastia indiqua avec netteté la nécessité de soumettre à l'inscription l'hypothèque légale : « Le Crédit de la terre, disait-elle, ne peut se fonder que sur la notoriété du bilan de chaque immeuble. Vouloir l'établir et proclamer en même temps l'existence de charges occultes, c'est associer deux idées inconciliables et poursuivre une chimère. Les hypothèques légales frappent d'une sorte d'interdit la plus grande partie du sol français (1). »

La faculté de Paris de son côté, proposa de concilier les intérêts des incapables avec les exigences du Crédit, en autorisant suivant les cas les maris et tuteurs à suppléer à la garantie hypothécaire par une sûreté d'une autre nature comme une caution. Elle proposait en outre, a dit M. Challamel à la séance de la sous commission juridique du Cadastre du 16 juillet 1891, « de faire en cette matière une large part à l'appréciation des magistrats, de donner aux incapables des garanties variées comme les circonstances mêmes, et d'autant plus certaines qu'elles sont mieux appropriées à l'exigence des cas (2). »

La cour de Riom de son côté, appréciait à sa juste valeur

1) Documents hypothécaires, T II., p. 201
(2) Procès verbaux du Cadastre. F. II, p 278.

l'hypothèque légale, telle du moins que l'avait organisée le Code : « l'hypothèque légale, disait-elle, qui semble garantir si fortement, ne donne qu'une sécurité trompeuse à la femme. Ses résultats les plus réels sont la gêne du mari, l'amoindrissement considérable du crédit territorial, la mise en interdit de milliers de petites propriétés foncières qui ne pourraient pas supporter les frais d'une purge et qui sont ainsi frappées d'inaliénabilité (1). »

Dans le rapport sur le projet de loi de 1850, dont j'ai déjà eu l'occasion de parler, le savant M. de Vatimesnil demandait lui aussi, la spécialisation de l'hypothèque légale du mineur et de la femme mariée, et cela au nom même de ces incapables. Je me réserve d'en étudier plus loin les principaux passages avec les détails qu'ils comportent.

Au point de vue qui nous occupe, la loi du 23 mars 1855, opéra plusieurs réformes dont on ne saurait méconnaître les avantages. Elle obligea par son article 8, la veuve, le mineur devenu majeur, l'interdit relevé de l'interdiction, leurs héritiers ou ayant cause, à prendre inscription dans l'année suivant la dissolution du mariage ou la cessation de la tutelle. A ces conditions, l'hypothèque légale prenait rang aux différentes époques que le Code lui assignait suivant les créances qu'elle avait à garantir. Mais si l'inscription n'était prise qu'après ce délai, l'hypothèque légale ne datait à l'égard des tiers que du jour où elle était inscrite. Enfin, si l'hypothèque légale n'était pas inscrite même après ce délai, elle se trouvait définitivement purgée.

L'article 9 de la même loi posa les premières règles de

(1) Flour de St-Genis, *le Crédit territorial*, p. 84.

la cession de l'hypothèque légale de la femme mariée et
de la renonciation à cette même hypothèque dans les cas
où elle est possible. Il indiqua que les actes de cession ou
de renonciation ne pourraient être faits qu'en la forme
authentique. Il décida également qu'ils ne seraient opposables aux tiers qu'après inscription opérée au profit des
cessionnaires ou mention en marge de l'inscription, au cas
où cette dernière aurait été requise.

La loi du 13 février 1889 est venue éclaircir sur quelques points de détail, l'article 9 de la loi du 23 mars 1855
et la compléter.

Elle a distingué suivant que la renonciation à l'hypothèque légale était expresse ou tacite. Le premier cas
était seul résolu par l'article 9 de la loi de 1855. Pour le
second, elle a décidé qu'il y aurait renonciation tacite au
cas où la femme concourrait à l'acte d'aliénation, comme
co-venderesse, garante ou caution de son mari. Enfin le
concours et le consentement de la femme à l'acte de vente
contenant quittance partielle ou totale du prix ou à l'acte
de quittance postérieur, subroge l'acquéreur dans son
hypothèque à due concurrence par rapport aux créanciers
hypothécaires postérieurs en rang.

Je répète ce que j'ai déjà dit plus haut. Ces différentes
hypothèses ne visent que les cas où la femme peut céder
son hypothèque légale ou y renoncer.

Le projet de loi de M. Darlan, s'inspirant lui-même de
l'avant-projet de la sous-commission juridique du Cadastre, demande dans ses articles 18 et suivants, la publicité
et la spécialisation de l'hypothèque légale des divers
incapables, sauf celle de l'Etat. Il semble supprimer celle
accordée aux communes et aux établissements publics.

Avant de passer, au cours de mon exposé, à l'étude de

ces différents articles, je vais indiquer les inconvénients de l'hypothèque légale actuelle.

III. Inconvénients de l'hypothèque légale actuelle. — Les arguments que faisait déjà valoir en 1850 M. de Vatimesnil contre cette sûreté réelle, n'ont rien perdu de leur valeur.

Que l'on considère un mari qui possède une fortune exclusivement immobilière. Le cas est fort rare à l'époque actuelle surtout, mais enfin il peut se présenter. Dans cette hypothèse, l'hypothèque légale risque fort de grever un patrimoine très étendu. Elle garantira d'une manière par trop sévère la gestion du mari. Bien plus, cette sûreté sera trop considérable par rapport aux créances éventuelles qu'elle sera destinée à préserver, et les immeubles du mari, sur lesquels plane l'hypothèque légale, occulte et indéterminée, semblable à un oiseau de mauvais augure, seront frappés d'une sorte d'interdit, seront mis à l'index, et au grand désavantage de tous, ne circuleront plus dans le mouvement général des transactions.

Je suppose maintenant un mari dont la fortune est exclusivement mobilière ; le cas se présentera bien plus souvent. Il n'y aura pas d'hypothèque légale dans ce cas, puisque celle-ci ne porte que sur des biens immeubles. Quelle garantie aura alors la femme ? Aucune autre que celle que le contrat de mariage, s'il y en a eu un, aura pu stipuler en sa faveur, comme la dotalité. Est-ce juste ? Je ne le crois pas. La loi devrait tenir la balance égale, et si elle juge nécessaire qu'un mari qui a des immeubles, donne à sa femme une hypothèque légale sur tous ceux-ci comme garantie de sa gestion, elle devrait exiger de celui qui n'a que des meubles, un cautionnement en valeurs.

Aussi le projet de loi de M. Darlan propose-t-il, d'une part, d'obliger les intéressés en dressant un contrat de mariage à indiquer la somme à concurrence de laquelle on prendra inscription ainsi que le ou les immeubles sur lesquels cette inscription sera prise, et d'autre part d'obliger le mari qui n'a que des valeurs mobilières, à fournir un cautionnement.

M. de Vatimesnil faisait observer avec raison en 1850, que le système actuel ne protégeait pas la femme efficacement malgré la généralité et la clandestinité de l'hypothèque légale et il indiquait avec justesse les marchandages nombreux auxquels cette sûreté donnait déjà lieu. Il est certain que les cessions et renonciations se pratiquaient déjà bien avant les lois des 23 mars 1855 et 13 février 1889.

Actuellement du reste, l'hypothèque légale n'empêche pas la femme, sauf si elle est mariée sous le régime dotal, de sacrifier entièrement sa dot et ses reprises à son dévouement pour son mari.

M. Bufnoir disait avec raison, à la séance du 9 juillet 1891 de la sous-commission juridique du Cadastre : «. . Je laisse de côté le caractère occulte de l'hypothèque, je prends seulement son caractère de généralité, et je me demande quels ont été les résultats pratiques de cette hypothèque légale de la femme mariée. Eh bien ! à cet égard, je crois que les hommes pratiques qui se trouvent dans cette commission seront de mon avis. Pour toute femme qui n'est pas mariée sous le régime dotal, le résultat le plus clair de l'hypothèque légale est que la femme est ruinée, toutes les fois que le mari se ruine (1).»

En effet, la femme peut, par des cessions et des renonciations successives, se dépouiller entièrement de son hypothèque légale, de sorte que dans ce cas qui est loin

(1) Procès verbaux du Cadastre, F. II, p. 258.

d'être isolé, la femme se trouve dans la même situation que si la loi ne lui accordait aucune sûreté spéciale. La plupart du temps l'hypothèque légale n'est donc qu'un leurre.

Il faut, il est vrai, reconnaître que les contrats de mariage stipulant le régime dotal augmentent chaque jour (1). Ils figurent pour une quantité de plus en plus considérable dans le nombre des contrats de mariage dressés chaque année. De plus ils ont dépassé le ressort des anciens Parlements de droit écrit et se sont considérablement développés dans le restant de la France depuis l'essor important qu'à pris l'industrie.

Si je passe à la purge des hypothèques légales, je vois que c'est une procédure empirique qui n'aboutit souvent à aucun résultat et a de plus le grave défaut d'être très coûteuse.

Faut-il rapporter ce trait, emprunté à l'ouvrage de M. Ferron, que j'ai cité plus haut : « Lorsqu'on discutait, dit-il, la loi du 3 mai 1841 sur l'expropriation pour cause d'utilité publique, le Gouvernement demandait que pour l'Etat, la purge de l'hypothèque légale fut facultative dans tous les cas. MM. Persil et Barthe s'y opposaient; ils représentaient qu'on ne pouvait exposer l'Etat au danger de payer deux fois. Le commissaire du Roi, répondit alors que depuis 27 ans, on avait acheté pour 100 millions de biens et qu'on n'avait été exposé à payer une seconde fois que 10.000 francs, tandis que l'on aurait dépensé plus de 6 millions pour remplir les formalités de la purge (2). »

(1) Il y lieu de constater toutefois que le régime dotal pur est de plus en plus corrigé par l'adoption de la communauté d'acquets.
(2) Ferron, *op cit* , p. 194, note 1.

Cet aveu, du Gouvernement lui-même, a plus de saveur que beaucoup d'explications.

Il est de fait que pour les petites acquisitions dont le prix ne dépasse pas 500 francs, et elles sont nombreuses chez nous, puisque les statistiques nous apprennent qu'il y en a 300.000 en moyenne chaque année, la purge coûtant environ 150 francs, double presque le prix d'achat et, en tous cas, est complètement hors de proportion avec le montant de l'acquisition et le service qu'elle est censée rendre (1).

« On évalue à 60 millions de francs par an, dit M. Flour de Saint-Genis, ce qu'il en coûterait aux acquéreurs d'immeubles, si toutes les mutations étaient transcrites et consolidées par la purge judiciaire. Cette dépense est tellement forte, les lenteurs et les embarras de cette procédure sont si grands, que dans les petites affaires on cherche toujours à s'y soustraire, estimant qu'il en coûtera moins de payer deux fois peut-être, que de se conformer aux coûteuses minuties de la loi. Il est vrai que cette loi faite pour protéger les intérêts de la grande propriété, n'est plus d'accord avec ceux qu'ont créé depuis bientôt un siècle, le morcellement successif des biens de main-morte et des domaines seigneuriaux, la mise en culture de terres en friche et la construction de maisons innombrables.

Cela est si vrai que, l'État lui-même, afin d'éviter des frais hors de proportion avec la valeur des parcelles acquises, s'est dispensé de la purge en matière d'expropriation pour cause d'utilité publique (2).

(1) Voir ce que disaient à ce sujet les Cours de Poitiers et de Nancy dans l'enquête de 1811. Doc. Hyp., T. II, p, 772 et 774.
(2) Circ. Minist. Finances des 27 juillet 1821 et 25 mai 1825.

Il est cependant indispensable de garantir aux parties de bonne foi la sûreté des paiements (1). »

Si la purge n'avait que le défaut d'être chère, et si elle rendait de réels services, on n'aurait pas trop le droit de se plaindre. Mieux vaut après tout payer cher une sûreté et l'avoir. Mais malheureusement il n'en est rien. Depuis deux avis du Conseil d'Etat, en date du 1er juin 1807 et 8 mai 1812, qui ont déclaré que certaines de ses formalités étaient plutôt comminatoires, les officiers ministériels chargés d'opérer la purge, se gardent bien de rechercher les domiciles des subrogés tuteurs ou des femmes mariées pour leur faire les significations prescrites par la loi. Ils se contentent d'opérer les insertions dans un journal pouvant recevoir les annonces judiciaires et d'apposer l'affiche à l'auditoire du tribunal. Or, comme le haut de la quatrième page des journaux est généralement peu goûtée, et que l'auditoire du tribunal civil reçoit rarement la visite des femmes mariées ou des tuteurs et subrogés tuteurs, les droits des différents incapables se trouvent purgés sans retour.

La formalité de la purge provoque à peine une inscription sur 500 procédures. C'est un peu le cas de se demander pourquoi le Crédit foncier, en vertu d'un privilège des plus enviés, peut purger les hypothèques légales moyennant 15 ou 20 francs et après trois semaines, alors que le simple particulier, le petit cultivateur, doit payer pour la même formalité 150 ou 200 francs, soit dix fois plus et attendre plus de trois mois. Est-ce là de l'égalité ?

On objecte bien que d'après les articles 2140 à 2145 on peut, soit dans le contrat de mariage, soit au moment

(1) Flour de Saint-Genis, *op. cit.*, p. 160.

de la délation de la tutelle, soit durant le cours de l'un ou de l'autre faire cantonner l'hypothèque légale. Mais les formalités sont longues et coûteuses et les parties ignorent la plupart du temps, le droit que la loi leur accorde. Elles ne savent même pas parfois que l'hypothèque légale existe, les officiers ministériels n'étant pas questionnés par elles à ce sujet.

De plus, et là j'en appelle aux juges de paix et aux notaires ; il est fort rare, pour ne pas dire il n'arrive jamais, qu'ils indiquent aux parties la faculté que la loi leur accorde de faire cantonner l'hypothèque légale.

J'admets même un instant le cantonnement comme immeubles de l'hypothèque légale. Fort bien ; mais la somme, le montant de l'inscription restera indéterminé et la loi conservera toujours sur ce point un de ses vices principaux.

Du reste, comment pourrait-on indiquer une somme fixe ? La situation du grevé par rapport au créancier hypothécaire, procédant d'une série d'actes de gestion et d'administration, peut être modifiée jusqu'à l'apurement définitif du compte.

Tels sont les arguments sous l'impression desquels ont été probablement rédigés les articles 18 et suivants du projet de loi de M. Darlan. Je m'en vais les étudier successivement au point de vue de chacun des bénéficiaires de la disposition.

IV. — **Par quoi remplacer l'hypothèque légale actuelle de la femme mariée.** — L'article 18 du projet nouveau décide « qu'entre les créanciers, l'hypothèque soit légale, soit conventionnelle, n'a de rang que du jour de l'inscription prise sur les registres du conservateur dans les formes et de la manière prescrite par la loi. »

J'estime que les hypothèques légales pourront difficilement être soumises au droit commun, quand au délai de
la péremption de l'inscription. La femme courrait les plus
grands risques, si tous les dix ans les inscriptions garantissant ses droits devaient être renouvellées. De plus,
comme celle-ci aura également le droit de prendre en
cours du mariage des inscriptions, suivant la nature des
successions qu'elle recueillera ou des donations qui
pourront lui être faites, celles-ci devront à leur tour être
renouvelées en temps opportun. Forcément plusieurs
seront perdues ou périmées par suite d'oubli ou d'autres
circonstances, au grand préjudice de la femme.

Le projet, nous dit l'exposé des motifs, s'inspire de
l'exemple de la Belgique et de l'Italie où l'hypothèque
légale est spécialisée. C'est possible, mais l'on oublie que
la loi Belge de 1851 dans son article 90, dispense l'inscription ainsi prise du renouvellement chaque quinze ans
pendant la durée du mariage ou de la tutelle et l'année
qui suit la dissolution ou la cessation de l'un ou de
l'autre. La loi Italienne de son côté fixe à 30 années la
durée de l'hypothèque conventionnelle ordinaire au
point de vue de la péremption de l'inscription, et quant
à l'hypothèque légale de la femme mariée, l'article 2004
la dispense de renouvellement tant que dure le mariage
et encore durant l'année qui en suit la dissolution.

Le système préférable, tant pour la durée de l'inscription de l'hypothèque légale, que pour celle de l'hypothèque conventionnelle ordinaire, serait celui que j'ai
indiqué plus haut (1) et dont j'aurai à développer sous peu
les motifs. Cet article de l'avant projet de la sous-com-

(1) Voir plus haut p. 307.

mission juridique du Cadastre, le résume très bien : « les inscriptions de privilège et d'hypothèque ne sont pas susceptibles de péremption ; elles conservent leur effet jusqu'à la radiation (1) ».

En France après tout, nous avons bien un précédent en ce sens. L'article 47 du décret du 28 février 1852 accorde au Crédit Foncier un privilège sérieux en dispensant du renouvellement décennal les inscriptions hypothécaires qu'il prend pour la sûreté de ses prêts. Comme ceux-ci sont d'ordinaire faits pour 75 ans, on voit par là, la durée des inscriptions de cet établissement. Au moment de la rédaction de ce décret, le Conseil d'État n'était nullement décidé à accorder au Crédit Foncier le privilège en question, et il demandait avec raison ou qu'on ne l'accordât pas, ou que l'on en fît bénéficier tout le monde.

L'article 19 du projet de M. Darlan demande que : « tout contrat de mariage détermine la somme pour laquelle la femme aura hypothèque légale sur les immeubles de son mari en raison de sa dot et des conventions matrimoniales ».

Cet article érige en règle générale une disposition fort peu usitée de notre Code civil, contenue sous l'article 2140.

Le troisième paragraphe de ce même article 19 du décide « qu'il peut être sursis à l'inscription, mais il ne peut pas être convenu qu'elle ne sera jamais prise ». Je ne vois vraiment guère de différence entre les deux situations. La défense faite par la loi, tout à l'honneur des principes j'en conviens, est plutôt platonique, car des sursis répétés successivement arriveront dans la pratique au même résultat qu'une convention stipulant que l'inscription ne serait jamais prise.

L'article 20 est ainsi conçu : « Toute inscription qui pourrait devenir nécessaire pendant le mariage, sera prise par le mari ou par la femme elle-même sans aucune autorisation, sur des immeubles et pour des sommes déterminées

Les parents et alliés de la femme en ligne directe et en ligne collatérale au degré de frère, de sœur, d'oncle et de tante, pourront requérir l'inscription avec l'autorisation du président du tribunal du domicile du mari ».

Il est certain que puisque l'on voulait aboutir à l'inscription de l'hypothèque légale de la femme, le mari était tout indiqué pour accomplir cette obligation. Comme le dit très bien M. Raveton, « c'est tout d'abord au mari que ce devoir incombe et comme c'est contre lui que la mesure est prise, il est au moins naïf de compter sur son empressement à remplir cette formalité, à supposer qu'il soit bien au courant de la législation (1) ».

D'autres parents et amis sont bien invités par le projet à faire inscrire l'hypothèque légale. Mais il est à croire que cet appel restera sans écho. De deux choses l'une en effet : ou bien ces parents ignoreront la mission dont la loi les investit, et par conséquent ne la rempliront pas ; ou bien, s'ils la connaissent, ils ne voudront pas l'accomplir, retenus qu'ils seront par la crainte de mettre la brouille dans le ménage. Dans ces conditions, la situation actuelle, ne se trouvera guère changée.

L'article 21 du projet contient une excellente innovation : « l'hypothèque légale de la femme, y est-il dit, peut

(1) Raveton, *op cit.* p. 21.

être remplacée en tout ou en partie, par un cautionnement dont les conditions sont déterminées soit par le contrat de mariage, soit par le tribunal du domicile du mari statuant en chambre du Conseil sur simple requête (1). »

Cette disposition est très juste : Puisque la vieille maxime *Vilis mobilium possessio*, a fait son temps, que les valeurs mobilières supportent une partie des charges de la propriété foncière ! Le classement des titres s'étant fait dans toutes les fortunes, il est bien juste qu'eux aussi soient atteints.

Il est certain que cette partie de la réforme ne rencontrera que fort peu de contradicteurs.

L'article 22 du projet n'appelle aucune observation de principe. Il ne fait que reproduire en l'éclairant, l'article 9 de la loi du 23 mars 1855, modifié par la loi du 13 février 1889 sur la cession de l'hypothèque légale de la femme mariée et la renonciation à cette même hypothèque.

Enfin l'article 23 décide que « sous quelque régime qu'elle soit mariée, la femme est autorisée à consentir antériorité à son hypothèque, lorsqu'il s'agit de constructions ou de réparations ayant pour but de conserver ou d'améliorer les immeubles grevés. »

Cette disposition est une des plus importantes ; c'est une brèche au régime dotal, au profit des entrepreneurs dit l'exposé des motifs, et indirectement au profit des créanciers.

Il est à remarquer que le Code, qui dans certains cas autorise la vente d'un immeuble dotal (2), en défend toujours l'hypothèque.

(1) Nous avons rencontré une disposition analogue dans les lois foncières de Madagascar et du Congo Voir plus haut, p. 233 et 238.
(2) Voyez les articles 1555, 1556, 1557, 1558.

Telles sont les remarques que suggère le nouveau projet de loi. Supposons-le voté, accepté tel quel, et mis en pratique. Admettons de plus que les hypothèques légales des femmes mariées soient exactement inscrites. Qu'arrivera-t-il ?

Comme le disait M. Wolowski en 1850, « on saura ce que l'on soupçonne mais les immeubles n'en seront pas moins frappés d'une sorte d'interdit...

La position des propriétaires risque d'être encore plus mauvaise, si l'on applique avec une logique rigoureuse le principe de l'inscription obligatoire de l'hypothèque des mineurs et des femmes. Dans une loi destinée à développer le crédit, on arrivera ainsi à resserrer davantage encore les liens qui enlacent la propriété. La sécurité des femmes et des mineurs pourra y gagner jusqu'à l'excès, mais nous ne voyons pas quel avantage en retirera le crédit territorial.

Transformer en une règle absolue, l'inscription obligatoire de toutes les hypothèques légales, est chose tout aussi dangereuse que de les dispenser de l'inscription, en privant le prêteur de tout moyen de les faire apparaître. A notre sens, il faudrait user de plus de hardiesse, ou bien maintenir la dispense de l'inscription pour les hypothèques légales, en donnant simplement le moyen de les mettre en demeure de se manifester quand l'intérêt des tiers se trouverait en contact avec l'intérêt du propriétaire (1). »

A mon avis, le nouveau législateur aurait dû se montrer plus franc. Puisqu'il semble désirer que l'hypothèque légale de la femme mariée ne soit pas inscrite, il aurait mieux fait de la supprimer radicalement.

(1) *Revue de législation et de jurisprudence* 1850, T. III, p. 262 et 263.

Il n'aurait fait après tout, que suivre l'exemple législatif de la Hollande où la loi de 1838 a supprimé
l'hypothèque légale de la femme mariée sans donner
lieu à aucune plainte.

Je reconnais néanmoins bien volontiers, toute la
difficulté de la question et que surtout, en cette matière,
il est plus facile d'attaquer le texte du Code civil que de
lui substituer une rédaction préférable. Le poète avait
raison de le dire :

La critique est aisée mais l'art est difficile.

En effet, ce qui complique singulièrement le problème,
c'est la présence du régime dotal. S'il n'existait pas,
comme c'est le cas en Hollande, les amendements
successifs apportés au code par l'article 9 de la loi du
23 mars 1855 et celle du 13 février 1889, équivalant
ou peu s'en faut à la suppression de l'hypothèque légale
de la femme mariée, la mesure que je propose n'aurait
rien de trop révolutionnaire.

Seulement en France, en dépit des idées de progrès
et de réforme dont on se montre très fier, on est
essentiellement routinier et le seul mot de suppression
effraie, alors qu'après tout, il ne serait dans la plupart
des cas, que la consécration de la pratique journalière.

Rien ne montre mieux du reste, l'usage auquel est
consacrée l'hypothèque légale de la femme mariée, que
les nombreuses cessions et renonciations dont elle est
l'objet. Mais alors, quelle est, je me le demande, l'utilité
d'une sûreté dont la bénéficiaire peut se dépouiller si
facilement et si légalement ? Dans les actes où elle
pourrait être gênante, il devient je dirais presque
de style, que la femme y renonce ou la cède. Et que
l'on ne s'y trompe pas. Dans les rares hypothèses où

cette hypothèque légale est inscrite, c'est qu'elle a probablement fait l'objet d'une cession avantageuse pour un créancier, sinon, on peut être certain que les parties ne seraient pas assez zélées pour en requérir elles-mêmes l'inscription.

« Dans la pratique actuelle, dit M. Dain, cette garantie légale périt souvent par son excès même. Elle constitue une si lourde entrave pour le crédit du mari et le développement des affaires communes, qu'une renonciation la fait presque toujours disparaître au profit des créanciers du mari, précisément dans le cas où elle serait le plus utile (1). »

M. Flour de Saint-Genis a communiqué, sur ce sujet, une intéressante statistique à la sous commission juridique du Cadastre. Il résulte de ses calculs, que du 1er janvier 1888 au 30 juin 1891 soit dans 3 ans et demi, 10.500 inscriptions hypothécaires ont été prises à la conservation du Havre dont 132 seulement destinées à garantir l'hypothèque légale des femmes mariées, des mineurs et des interdits Il a ajouté que dans le nombre, 14 de ces inscriptions étaient indéterminées (2). »

La statistique démontre donc que les particuliers mettent fort peu d'empressement à faire inscrire les hypothèques légales en général.

Je disais que le régime dotal était le seul obstacle à la solution ci-dessus proposée, qui aurait à mon avis, le mérite d'être la plus simple en même temps que la plus franche.

Il est vrai, comme je l'ai fait remarquer tantôt, que le régime dotal assorti de la société d'acquets s'est sensible-

(1) Dain, *étude sur l'act Torrens*, p 29
(2) Procès verbaux du Cadastre, F II, p. 262.

ment étendu pendant la seconde partie de ce siècle, dans le nord de la France. La cause en est probablement au grand développement industriel qui s'est produit durant cette même période.

Il est certain toutefois que, si l'on interroge tant les travaux préparatoires du Code, que sa rédaction définitive, il n'est pas malaisé de s'apercevoir que le législateur ne l'a autorisé qu'à regret.

« Aucun doute ne saurait exister, dit à cet sujet M. Flour de Saint-Genis, sur l'esprit qui animait à l'origine de leur mission les rédacteurs du Code civil ; en laissant toute facilité pour le maintien des usages établis, comme aussi toute liberté de s'en écarter au moyen de combinaisons diverses, ils voulaient favoriser tout particulièrement l'extension du régime de la communauté de biens entre époux. L'article 1393 est positif : « Le régime de la communauté de biens formera le droit commun de la France. » (1).

Le projet primitif du Code ne contenait qu'une organisation tout à fait rudimentaire du régime dotal. La section de législation du Conseil d'Etat rédigea même en ce sens l'article 138 du projet : « Les immeubles constitués en dot... ne sont pas inaliénables. Toute convention contraire est nulle (2)». Quant on en eut connaissance dans les pays de droit écrit, ce fut une véritable tempête. Là, dit M. Baudry Lacantinerie, « il était l'objet d'un véritable culte, presque d'une superstition » (3). Aussi, ces réclamations déterminèrent-elles le législateur à consacrer au régime dotal un chapitre spécial.

(1) Flour de Saint-Genis Le Crédit Territorial, p. 83.
(2) Fenet, op. cit., T xiii, p 521
(3) Baudry Lacantinerie, Précis de droit civil, T. iii, p. 224.

Si maintenant l'on s'y reporte, il est facile de voir qu'en toute occasion le législateur s'est efforcé de cantonner le plus possible ce régime et de le réduire au strict minimum.

Voici d'abord l'article 1542 qui dans son second alinéa, nous indique que « la constitution en dot en termes généraux de tous les biens de la femme ne comprend pas les biens à venir ».

L'article 1543 fait remarquer que « la dot ne peut être ni constituée ni même augmentée pendant le mariage ».

L'article 1553 décide que l'immeuble acquis de deniers dotaux n'est pas dotal, si la condition de l'emploi n'a pas été stipulée par le contrat de mariage. Il en est de même de l'immeuble donné en paiement de la dot constituée en argent.

Enfin les articles 1557, 1558, 1559 énumèrent de nombreuses exceptions au principe de l'inaliénabilité de la dot.

Tout cela indique bien, il me semble, que ce régime n'a été admis qu'avec regret par le législateur comme un régime d'exception, dans le but d'apaiser les esprits, ce qui était bien dans le ton des rédacteurs du Code, mais voilà tout.

Si l'on compare du reste, le régime dotal au régime de communauté, il est aisé de voir les infériorités multiples du premier par rapport au second.

Le régime de communauté est bien mieux approprié à la nature même de l'union conjugale. Il correspond d'une manière adéquate à la belle définition qu'en donnait le jurisconsulte Modestin : « *Consortium omnis vitæ divini et humani juris communicatio.* »

La répartition égale entre les deux époux ou leurs représentants des bénéfices réalisés durant la vie com-

mune, est plus morale et plus équitable que l'attribution
égoïste au mari seul, des économies qu'il a pu faire sur les
revenus des biens dotaux.

La libre disposition de leur fortune que le régime de
communauté laisse aux époux, est bien préférable aux
barrières de toute sorte qui environnent la dot et en
entravent la circulation. Le résultat le plus clair est
d'empêcher toute amélioration sérieuse des biens dotaux.

Passerais-je sous silence les fraudes au moyen desquelles les conjoints essayent parfois d'aliéner la dot en
dehors des cas prévus par la loi? « Nous avons la conviction, disait M. Homberg en 1849, que nous ne serons
démentis par aucun homme versé dans la pratique des
affaires, quand nous dirons qu'il est peu d'exemples de
maris voulant arriver « *per fas et nefas* » à l'aliénation du
bien dotal et ne pouvant y parvenir (1). »

M. Four de Saint-Genis de son côté, ne ménage guère
le régime dotal dont il demande la suppression. « On ne
distingue plus à notre époque, dit-il, comme on le faisait
en 1804, entre les pays de coutume et les pays de droit
écrit. Le niveau révolutionnaire a effacé les barrières
intérieures, un souffle d'égalité a balayé les dernières épa-
ves du vieux temps, le droit contemporain ne se heurte
plus à des répugnances d'opinion, à des oppositions de
races, et l'on pourrait sans inconvénient supprimer le
régime dotal en associant sans réserve la femme française
aux initiatives et aux bénéfices de la communauté conjugale, la règle des vrais mariages (2). »

Après avoir montré dans cette digression les incon-

(1) Homberg, *Abus du régime dotal*, p. 212, cité par Guillouard, *Traité
du contrat de mariage*, T. I, p. 74.
(2) Flour de Saint-Genis, *op. cit.*, p. 12 et 13.

véníents du régime dotal, je reviens à l'hypothèque légale de la femme mariée. Sur quels principes les législateurs l'ont-ils basée ? J'emprunte la réponse à M. Gide, dans sa magistrale étude sur la *condition de la femme :* « Les législateurs modernes ont-ils considéré la femme comme une personne qui, pleinement capable par elle-même, apte par sa nature à toutes les fonctions de la vie civile, devait seulement respecter en son mari le chef du ménage et déférer à son autorité ? Ou plutôt n'ont-ils vu dans la femme qu'un être faible et sans expérience, qu'il était utile de mettre en tutelle dès qu'un tuteur commode et tout trouvé se présentait pour elle dans la personne du mari ? En un mot, l'état de la femme mariée, est-il un état de simple dépendance ou un état de véritable incapacité ?

... La réponse me paraît facile. Je la vois écrite dans chaque article du Code civil sur l'autorisation maritale. J'y lis que faute d'autorisation, la nullité de l'acte peut être réclamée par la femme elle-même, qu'elle n'est point couverte par le silence et la mort du mari ; que si le mari est mineur, absent, interdit, condamné à une peine afflictive, la femme ne peut plaider ni contracter sans l'autorisation du juge

Tous ces textes ne disent-ils pas hautement que la puissance maritale est établie dans l'intérêt personnel et individuel de la femme, et non pas seulement dans l'intérêt du ménage, qu'elle a sa cause dans cette légèreté et cette imprudence dont les légistes ont fait de tout temps l'apanage du sexe, et qu'enfin, elle soumet la femme, non pas à une simple dépendance, mais à une véritable incapacité ? (1) »

(1) Gide *La Condition de la femme,* p 424 et 426.

Ainsi donc, d'après cet auteur qui fait autorité dans la science du droit, l'hypothèque légale est basée surtout sur l'incapacité de la femme mariée. Mais cette incapacité est un vieux souvenir du droit romain, que l'on doit complètement rejeter car il est faux.

Le mariage, quel que soit le régime sous lequel on le contracte, que ce soit la loi seule qui le règle ou un contrat proprement dit, n'est après tout qu'une société de biens en même temps que de personnes « *consortium omnis vitæ* ». Or, par le seul fait que deux personnes établissent entre elles une société, que l'une seule aura la gérance, aura la direction des affaires, aura la signature, s'ensuit-il que l'autre soit dépourvue de toute capacité parce qu'elle n'a pas à agir pour le moment? Point du tout. Seulement elle ne pourra toucher à l'actif social qu'avec l'autorisation du chef de la société.

C'est absolument ce qui se passe pour la femme mariée. Elle ne perd point sa capacité civile en se mariant. Mais une fois mariée, elle ne peut faire aucun acte diminuant dès maintenant l'actif de la société conjugale, sans l'autorisation du mari qui en est le chef Mais sa capacité reste entière. On ne voit pas pourquoi, puisque fille, elle est pleinement capable, que veuve, elle l'est également, pourquoi, dis-je, le mariage lui ferait subir cette sorte de « *capitis deminutio* », exigeant une protection spéciale que l'hypothèque légale vient sanctionner. L'état particulier dans lequel elle se trouve ne l'empêche pas du tout de surveiller ses propres intérêts pécuniaires et par conséquent d'agir pour leur bon entretien avec l'autorisation de son mari ou de justice quand l'occasion l'exigera Mais alors de quelle utilité sera l'hypothèque légale? Ne conviendrait-il pas mieux de la supprimer radicalement ?

Au reste, si avant de se marier la femme faisait un contrat de mariage, les parties pourraient d'un commun accord, y introduire toute stipulation protectrice de ses droits qu'elles jugeraient convenable. Au besoin, une hypothèque conventionnelle pourrait être stipulée.

Après tout, l'hypothèque légale actuelle, avec son cortège de formalités et d'ennuis, est au moins singulière. D'où vient que lorsqu'un homme se marie, par le seul fait qu'il se marie, par une sorte de défiance, de présomption de mauvaise foi, je dirais presque de soupçon de banqueroute future, ses immeubles se trouvent pris et enserrés par l'hypothèque légale? D'où vient que s'il ne possède que des bien meubles, il n'a à fournir aucune sûreté. Est-ce là de l'égalité ? Est-ce logique ?

On nous répond : l'hypothèque légale est établie dans l'intérêt de la famille. C'est une dernière sauvegarde destinée à empêcher les enfants et la femme de mourir de faim. Je pourrais répondre avec le poète :

> ...*Quid leges sine moribus*
> *Vanœ, proficiunt !* (1).

Et de plus, pense-t-on par hasard, que si un mari se ruine, l'hypothèque légale permettra à sa femme de faire de brillantes affaires? Je ne le crois pas. « Eh bien! à cet égard, disait avec raison M. Bufnoir à la séance de la sous commission juridique du Cadastre du 9 juillet 1891, je crois que les hommes pratiques qui se trouvent dans cette commission seront de mon avis. Pour toute femme qui n'est pas mariée sous le régime dotal, le

(1) Horace, Od III, 24. v. 35 et 36.

résultat le plus clair de l'hypothèque légale est que la femme est ruinée toutes les fois que le mari se ruine (1). »

Du reste, à quoi reviennent en pratique, toutes ces cessions et subrogations de l'hypothèque légale de la femme mariée ? A la suppression de cette hypothèque, il me semble. Eh bien ! dans ce cas là, mieux vaut couper au plus court, empêcher tous les marchés auxquels cette sûreté peut donner naissance et la supprimer radicalement.

Ceci est fort bien pour le régime de communauté mais reste toujours la difficulté du régime dotal. J'indiquais plus haut (2), que si le législateur l'avait admis dans le Code, il n'avait agi ainsi qu'à regret et je me suis expliqué à ce sujet en citant quelques articles reflétant ses propres idées.

Le régime dotal est il est vrai, un régime *conservateur*. Mais, qui dit conservation, ne dit pas inertie, ni stagnation. Nos anciens nous l'ont dit et répété : il est plus facile d'acquérir une fortune que de la conserver. Pour la conserver, il faut toujours être en éveil, s'occuper avec attention de ses affaires, les suivre chaque jour, liquider au moment voulu, et s'il le faut, faire un sacrifice pour sauver le restant. Le régime dotal permet-il ces différents actes de bonne administration ? Point du tout. La loi, que le contrat de mariage ne fait souvent que copier, forme la charte privée des époux et se substitue à eux. Elle les enchaîne parfois tant et si bien que l'activité de tous deux s'en trouve annihilée.

Comme le dit encore M. Gide, « elle (la loi) étend son influence sur toute la fortune de la famille. Bien que

(1) Procès Verbaux du Cadastre F II , p. 258.
(2) Voir plus haut, p. 359 et seq.

limitée dans sa durée, elle condamne les deux époux à l'inaction et à l'impuissance, précisément durant l'âge de la force et de l'activité. Commençant avec le mariage, pour ne finir qu'avec lui le plus souvent, elle privera l'homme de sa liberté civile à l'âge où il commençait à savoir en user, pour ne la lui rendre qu'à l'âge avancé où il n'en n'usera plus. Il faut donc le reconnaître : l'inaliénabilité qu'établit le régime dotal est générale bien qu'elle ne soit pas universelle, et il ne peut plus être permis de soutenir l'excellence de ce régime, qu'à la condition de soutenir en même temps que l'inaliénabilité des biens patrimoniaux est en thèse générale une chose juste et utile.

.....Je ne veux point contester le droit de la famille.

.....Je dirai seulement. La famille... ne peut avoir pour la gestion et la défense de ses intérêts qu'un seul représentant actif et capable, et ce représentant c'est à chaque génération, le père de famille. C'est donc son droit, ou mieux, son devoir, de gérer ou d'exploiter le plus utilement possible, dans l'intérêt de ses descendants, la fortune dont ses aïeux lui ont laissé le dépôt. Qu'une sanction sévère l'astreigne à l'accomplissement de ce devoir, j'y consens. S'il veut dilapider son bien, frappez-le d'interdiction. S'il veut faire passer son bien dans une famille étrangère, cassez ses donations ou ses legs. Mais n'allez pas plus loin : ne le dépouillez pas du droit de vendre, d'emprunter, de commercer; car si vous allez jusque là, si vous lui défendez d'exploiter et d'améliorer son héritage, ce n'est plus la conservation de la famille patrimoniale que vous aurez assurée, c'est son dépérissement graduel (1) ».

---

(1) Gide *op. cit* , p. 491 et seq

Cette opinion n'est, hélas ! que trop vraie et confirme pleinement la thèse que je défends.

Est-ce à dire que la suppression du régime dotal soit désirable ? Ce n'est pas le lieu d'entamer ici une discussion hors de mon sujet, et à laquelle mon cadre ne me permet pas de prendre part. Ce qui est certain, je le crois du moins, c'est que l'abolition de toute hypothèque légale et son remplacement, si les parties le jugent utile, par une hypothèque conventionnelle ou tout autre sûreté établie par le contrat de mariage, rendrait je crois, les plus utiles services.

On dit bien : si vous autorisez la future épouse ou sa famille à stipuler une hypothèque conventionnelle dans le contrat de mariage, vous risquez de froisser les susceptibilités du futur époux et par tant, d'empêcher le mariage.

Montesquieu avait répondu avant nous à l'objection quand il disait : « Ce sont les garçons qu'il faut encourager au mariage ». C'est plutôt il me semble, le régime dotal tel qu'il est pratiqué, qui devrait constituer pour eux un véritable épouvantail, s'ils réfléchissaient bien à toutes les conséquences qui en résultent et aux inconvénients qu'il entraîne.

Ainsi donc, à mon avis, spécialement pour le régime qui m'occupe, rien n'empêcherait la femme dans le contrat de mariage de stipuler telle hypothèque que bon lui semblerait et dont le montant serait nettement fixé. Si le mari désirait vendre l'immeuble sur lequel l'inscription aurait été prise, deux situations pourraient alors se présenter.

Ou bien l'hypothèque n'aurait pas à produire son effet, et dans ces conditions là, ce qui arriverait le plus fréquemment, les parties pourraient d'un commun accord la reporter sur un autre immeuble ou lui substituer un cautionnement en argent ou en titres.

Ou bien l'inscription d'hypothèque aurait été prise à bon escient ; dans ce cas, la somme due à la femme lui serait comptée, et la purge de l'hypothèque s'opérerait à due concurrence. Si après ce paiement, un excédent restait encore dû, on agirait comme je l'ai indiqué dans le premier cas.

La situation du mari dotal, se rapprocherait ainsi assez de celle de la personne à qui l'on a consenti une ouverture de crédit.

D'autre part, dans un cas au moins, le Code fournit à la femme dotale une garantie spéciale et énergique si elle la désire. L'article 1552, permet par stipulation expresse, si la dot consiste en immeubles, d'en transporter la propriété au mari. Dans cette hypothèse, la femme sera venderesse et aura le privilège de vendeur d'immeuble de l'article 2103, alinéa 1ᵉʳ du Code et que vise l'article 13 alinéa 2ᵐᵉ du projet de M. Darlan. Cette sûreté n'est pas à dédaigner.

Quant à la femme qui se marie sans contrat, c'est que généralement elle ne possède rien du tout. Dans ces conditions, à quoi servirait une inscription hypothécaire puisqu'elle n'aurait rien à garantir pour le moment ? Si plus tard, par suite de donations ou de successions, elle arrivait à amasser une certaine fortune et que le besoin d'une inscription hypothécaire conventionnelle se fit sentir, le notaire serait là pour lui conseiller ce qu'elle aurait à faire.

Il est bien entendu, que dans le système que je propose, ce serait au notaire à faire inscrire ces différentes hypothèques conventionnelles, et comme je demanderai plus loin que l'inscription conserve son effet jusqu'à la radiation, il n'y aura pas plus besoin de renouvellement pour ces hypothèques que pour les autres.

V. — **Par quoi remplacer l'hypothèque légale du mineur.** — La situation du mineur ou de l'interdit est bien différente de celle de la femme mariée. Le mineur et l'interdit sont complètement incapables. Aussi suis-je pleinement d'avis que la loi conserve pour eux l'hypothèque légale, mais spécialisée et inscrite.

C'est ce que propose du reste le projet de loi de M. Darlan, dont je vais étudier les dispositions.

L'article 24 du projet s'exprime ainsi : « L'hypothèque légale des mineurs et des interdits, doit être inscrite à la diligence du tuteur ou du subrogé tuteur, dans le mois de la délibération qui aura désigné les immeubles sur lesquels l'hypothèque devra porter et fixé la somme pour laquelle l'inscription sera prise. Le subrogé tuteur est tenu sous sa responsabilité, de veiller à ce que l'inscription soit prise ou de la prendre lui-même. »

Ainsi donc, le projet de loi ne charge plus de requérir l'inscription que le tuteur et le subrogé tuteur. La même obligation n'incombe plus comme l'exigeait l'article 2138 du Code, au procureur de la République.

L'article 25 décide que « le Conseil de famille peut par délibération motivée et prise à la majorité avec avis favorable du juge de paix, dispenser de l'inscription ou déclarer qu'il y sera sursis.

Cette délibération peut être frappée d'opposition dans la huitaine par tout membre du Conseil de famille. Le tribunal statue en chambre du Conseil ».

24

L'article 26 indique que « si le tuteur ne possède pas d'immeubles, ou si ses immeubles sont insuffisants, le conseil de famille peut lui imposer un cautionnement à la réalisation duquel le subrogé tuteur est tenu de veiller.

Il en est de même si le tuteur préfère affranchir ses immeubles de l'hypothèque légale ».

Enfin les articles 27 et 28 réglementent les cas ou des augmentations ou des réductions d'hypothèque deviendraient nécessaires en cours de tutelle.

Je ne répéterai pas ce que j'ai dit plus haut en parlant de l'hypothèque légale de la femme mariée au sujet du cantonnement de cette hypothèque.

Mais je citerai cet excellent conseil, donné par la Faculté de Paris lors de l'enquête hypothécaire de 1841, dont l'on devait surtout s'inspirer en cette matière : « Faire une large part à l'appréciation des magistrats ; donner aux incapables des garanties variées comme les circonstances mêmes et d'autant plus certaines qu'elles sont mieux appropriées à l'exigence des cas (1) ».

Ce précepte si sage me guidera dans la discussion que j'ai à faire.

Je reconnais que le mineur et l'interdit étant tout à fait incapables, le cantonnement de l'hypothèque destinée à garantir la gestion de leur tuteur est encore préférable. Mais d'autre part, il ne faut pas oublier que la tutelle constitue une charge publique gratuite, souvent fort lourde et parfois très longue. Or si la loi doit autant qu'il est en son pouvoir, veiller à ce que ces fonctions soient dignement remplies, il ne faut pas qu'elle exige de ceux qui s'en chargent, un gage hors de proportion avec le capital ou

(1) Procès verbaux du Cadastre, F. II., p. 278.

plutôt avec le revenu disponible de la fortune de l'incapable qu'ils ont à gérer.

Aussi serais-je d'avis, qu'en l'espèce la plus grande latitude fût laissée au juge de paix. A lui d'indiquer au Conseil de famille en quoi consiste l'hypothèque légale et ce qu'elle est destinée à garantir. Il pourrait au besoin, lui expliquer sommairement l'économie de la loi du 27 février 1880, lui dire notamment qu'elle oblige le tuteur à faire emploi dans les trois mois des sommes provenant au mineur de successions, dons ou autres ; il conviendrait que le Conseil de famille indiquât la nature des placements à faire, ainsi qu'une maison de banque ou un tiers entre les mains de qui le numéraire libre serait déposé.

Les dispositions de la loi du 27 février 1880, tout en partant d'un excellent sentiment, sont incomplètes. Ce qui fait la ruine des incapables, c'est le mauvais emploi que font d'ordinaire les tuteurs des sommes qu'ils ont disponibles. Dans ces conditions, la loi devrait obliger les tuteurs à faire emploi de leurs excédents soit en immeubles, soit en titres. De ces derniers, ceux là seraient seuls admis, sur lesquels la Banque de France consent des avances. On serait sûr de la sorte, qu'ils constitueraient un placement sérieux.

De plus, les titres leur appartenant devraient être nominatifs, et pour arriver à un résultat rapide et satisfaisant, le greffier de la justice de paix qui a connaissance des titres des mineurs, soit par l'inventaire qui a pu être dressé, soit par la déclaration de succession dont le tuteur pourrait être obligé de lui produire un duplicata, en signifierait les numéros à l'établissement débiteur et lui ferait défense de payer aucun coupon, tant que l'immatriculation nominative de ces titres n'aurait pas été accomplie. Dans ces conditions-là, le tuteur serait absolument obligé de procéder à ces formalités : il n'aurait pas à tergiverser : il faudrait marcher quand même.

Bien entendu, comme cela se fait déjà, le libellé du certificat indiquerait la situation particulière où se trouve le propriétaire des titres. Il serait également désirable de voir se développer une excellente habitude en usage déjà chez quelques établissements financiers, notamment à la Compagnie Paris-Lyon-Méditerranée. Le service des titres appose un timbre spécial sur les certificats nominatifs appartenant à des mineurs ou interdits ou à des femmes dotales, ainsi conçu : « *arrérages inescomptables* ». Cela donnerait au besoin, à réfléchir aux tuteurs et aux maris.

La disposition de l'article 25, permettant au Conseil de famille de dispenser le tuteur de l'inscription par délibération motivée à la majorité et après avis favorable du juge de paix, peut être très bonne à condition bien entendu qu'on n'en n'abuse pas et qu'on ne la donne qu'à bon escient.

Elle est évidemment inspirée des lois du 30 juin 1838 sur les aliénés et 24 juillet 1889 sur la protection des enfants maltraités ou moralement abandonnés. La première de ces lois dispense de l'hypothèque légale les administrateurs d'établissements d'aliénés, chargés de la tutelle des interdits qui peuvent y être en traitement (1) et la seconde porte dans l'alinéa 2 de son article 10 que « les tuteurs institués en vertu de la présente loi remplissent leurs fonctions sans que leurs biens soient grevés de l'hypothèque légale du mineur ».

(1) Article 34 alinéa 2 de la loi du 30 juin 1838.

Le projet est incomplet à mon point de vue, au sujet de l'inscription de l'hypothèque légale des incapables. Mieux vaudrait je crois, le système suivant.

Dans chaque commune, l'officier de l'État civil devrait tenir un registre spécial, dit registre des tutelles. Il y inscrirait au fur et à mesure des déclarations de décès qui lui seraient faites, les noms des incapables qui, se trouvant privés d'un de leurs parents, auraient besoin d'un tuteur. Il communiquerait chaque mois au greffier de la justice de paix dont il dépend l'état de ces incapables. Le greffier devrait alors convoquer les Conseils de famille dont la réunion n'aurait pas été faite.

Dans toute réunion du Conseil de famille, convoquée soit à la diligence du tuteur, soit d'office par le greffier, les parties après avoir confirmé le choix du tuteur, discuteraient sous la présidence du juge de paix la nature et l'étendue de la sûreté à fournir. Le juge de paix indiquerait nettement en quoi consiste soit l'hypothèque légale, soit le cautionnement. Il leur dirait aussi que l'honorabilité du tuteur doit entrer en ligne de compte pour fixer la quotité de l'inscription à prendre.

Il est certain qu'après les précautions déjà prises par le Code, après celles de la loi du 27 février 1880, et enfin celles que je viens d'énumérer, la garantie à fournir par le tuteur serait bien minime. Elle ne dépasserait guère peut-être deux années de revenus du pupille et encore ! On aurait ainsi une somme indiquant le montant de la sûreté à fournir. Le tuteur serait alors interpellé pour savoir ce qu'il offre pour gager cette sûreté. Si c'est un immeuble, l'hypothèque légale inscrite prendrait rang à sa date. Si ce sont des titres, et l'on ne devrait admettre en garantie que ceux sur lesquels la Banque de France consent des avances, ils seraient immatriculés au nom du tuteur et le libellé du certificat mentionnerait la nature de la sûreté qu'ils constituent. En tous cas, le tuteur indiquerait les numéros des titres.

Mais comme il serait assez naïf de s'en rapporter exclusivement au tuteur pour l'accomplissement de ces formalités, le greffier de la justice de paix devrait dans la quinzaine de la délibération, faire inscrire l'hypothèque légale, à peine de cent francs d'amende pour la première fois et de destitution pour la seconde, sans préjudice de tous dommages-intérêts.

Il y a du reste chez nous des précédents en ce sens. Il suffira de citer l'article 4 de la loi du 23 mars 1855 obligeant les avoués à faire transcrire dans le mois à peine de 100 francs d'amende, les jugements par lesquels ils ont obtenu la résolution, la nullité ou la rescision d'un acte transcrit.

En ce qui concerne l'immatriculation des titres constituant le cautionnement, le greffier pourrait aussi prêter son concours. En tous cas, une fois que le tuteur aurait indiqué au Conseil de famille la nature et le nombre de titres constituant sa sûreté, rien n'empêcherait le greffier de signifier à l'établissement débiteur une défense de procéder à aucun paiement de coupons ou de titres amortis, tant que le tuteur n'en aurait pas fait accomplir l'immatriculation.

Ces modifications, inspirées du reste en partie des législations belge, italienne et hollandaise, rendraient je crois, de très réels services. D'une part, la purge des hypothèques légales serait radicalement supprimée, ce qui éviterait pas mal de frais à tous, et d'autre part, les tuteurs, s'ils accomplissent un acte de charitable philanthropie,

ne verraient pas leur fortune immobilière atteinte dans de
trop grandes proportions, pour la garantie de la gestion
d'un patrimoine souvent de minime importance.

Enfin le tuteur devrait être autorisé à remplacer en
cours de tutelle, moyenne délibération motivée du
Conseil de famille et approbation du juge de paix, la
sûreté primitivement fournie par une sûreté équivalente
en immeubles ou en titres. Bien entendu, suivant les
besoins, la sûreté fournie pourrait être augmentée ou
diminuée en cours de tutelle, après délibération conforme
du Conseil de famille.

L'inscription à l'exemple des articles 90 de la loi belge
de 1851, et 2004 de la loi italienne, conserverait son effet
tant que dure la tutelle et pendant l'année qui suit.
Dès lors la fin de la tutelle arrivant, et le compte de
tutelle ayant été définitivement soldé, l'acte de reddition
de compte notarié ou sous-seing privé, serait transmis
de suite au conservateur des hypothèques, qui opèrerait
en conséquence la radiation entière et définitive de
l'hypothèque légale. S'il s'agissait d'un cautionnement en
valeurs on agirait de même *mutatis mutandis* par rapport à l'établissement financier dont ces titres dépendent.

Dans la séance du 16 juillet 1891 de la sous-commission juridique du Cadastre, M. Challamel demandait
avec raison, qu'à l'exemple de la loi italienne, le mineur
assistât chez nous à partir de l'âge de 16 ans, aux différentes réunions du Conseil de famille où se débattent
ses intérêts (1).

Cette observation est, je crois, très juste. Elle formerait
le mineur aux affaires. N'y aurait-il pas lieu également

(1) Procès Verbaux du Cadastre F. II., p. 278.

de rechercher, mais c'est là une question incidente que je n'ai pas à approfondir, si l'émancipation à l'âge de 18 ans du mineur présentant une certaine maturité d'esprit, ne serait pas un bien pour lui ?

J'en ai fini avec l'hypothèque légale du mineur. J'estime qu'à ces conditions et moyennant ces garanties, le crédit de tous serait justement ménagé.

VI. — L'hypothèque légale de l'Etat et des établissements publics. — L'article 39 du projet de loi de M. Darlan qui la concerne est ainsi rédigé : « Il n'est rien changé aux privilèges et hypothèques qui garantissent les créances de l'Etat. » Et l'exposé des motifs visant cet article dit : « Nous laissons donc subsister notamment l'hypothèque légale que l'article 2121 du Code civil confère à l'Etat sur les biens des receveurs ou administrateurs comptables. Nous considérons qu'il y a là une question majeure d'intérêt public. »

Tout d'abord, il me semble que le projet est incomplet. Pourquoi passe-t-il sous silence les communes ou les établissements publics ? D'où vient qu'il ne les indique pas ? Il abroge l'article 2122 qui énumérait les différentes personnes morales auxquelles la loi accordait la garantie de l'hypothèque légale. Ce texte étant abrogé par le projet nouveau, il n'y en aurait donc plus les concernant et leur hypothèque se trouverait ainsi supprimée.

Il faut croire qu'il y a simplement oubli car si l'exposé des motifs trouve *qu'il y a une question majeure d'intérêt public* a conserver l'hypothèque légale pour l'Etat, l'intérêt public exige au moins autant que les communes et les établissements publics bénéficient de cette sûreté.

Ceci dit, et en le mettant sur le compte d'une omission

facilement réparable, je trouve que l'Etat se montre un peu trop égoïste. Comment ! le projet demande le cantonnement de l'hypothèque légale des incapables ainsi que la suppression des hypothèques judiciaires, et seul l'Etat conserverait par une injustice criante une hypothèque légale générale ! Ce serait-là, je le crois du moins un peu trop de sans gêne, et j'estime qu'au nom de l'égalité, tout le monde doit être traité de la même manière Si les mineurs, voient leur hypothèque légale cantonnée et spécialisée, si les femmes mariées voient la leur supprimée et remplacée à l'occasion par une hypothèque conventionnelle, je pense qu'au nom de la stricte justice l'hypothèque légale de l'Etat ainsi que celle des établissements publics et des communes, que sous la législation actuelle l'on est obligé d'inscrire, doivent dans la législation à venir, perdre leur caractère de généralité et être spécialisées tout comme les autres hypothèques légales.

Je me demande aussi pourquoi le projet conserve le privilège de l'Etat établi par la loi du 5 septembre 1807 et auquel fait allusion l'article 2098 du Code.

La suppression de ce privilège avait été votée par la sous commission juridique du Cadastre après une étude approfondie de la question. M. Marquès di Braga disait avec juste raison dans la séance du 2 juillet 1891 « ...... la question de l'abolition pure et simple de ce privilège est une question qui peut et qui doit se poser dans cette commission. L'intérêt du trésor me paraît très dégagé. Au contraire la propriété foncière..... a un intérêt considérable à ce qu'il ne puisse pas y avoir d'inscription remontant au delà de celles inscrites sur la future table cadas-

trale, sur le futur livre où sera solennellement inscrite
toute mutation de la propriété(1) ».

La sous commission avait, du reste, demandé son avis
sur le maintien de ce privilège à M. Lanjalley, directeur
général de la comptabilité publique. Celui-ci dans sa
réponse, favorable à la suppression du privilège du trésor,
l'avait notamment motivée par l'inégalité choquante des
garanties qu'offraient des comptables de même ordre, suivant que leur fortune était mobilière ou immobilière (2).

Il est singulier qu'après un vote aussi catégorique de la
sous commission juridique, le projet de M. Darlan conserve encore ce privilège qui pourrait être très nuisible
au Crédit foncier.

VII. — **Autres hypothèques légales.** — Restent maintenant les quatre autres hypothèques légales que j'ai mentionnées plus haut. Il est regrettable que le projet gouvernemental ne se soit expliqué sur aucune d'elles.

L'hypothèque générale de la Régie des douanes sur les
biens des redevables, a été établie par la loi des 8-22 août
1791. La même loi créait aussi une hypothèque générale
sur les biens des comptables. Sur ce point particulier, la
loi du 5 septembre 1807 l'a remplacée. Mais, pour le surplus, elle existe toujours n'ayant été abrogée par aucune
loi. Cette hypothèque est purement légale et qui plus est
générale. Il y aurait donc lieu pour le législateur de s'en
occuper soit pour la supprimer, ce qui je le reconnais,
n'est guère dans ses habitudes quand il s'agit d'une sûreté
établie au profit de l'Etat, soit pour la spécialiser et la
rendre publique comme les autres hypothèques légales.

(1) Procès Verbaux du Cadastre F. I , p. 228.
(2) Procès Verbaux du Cadastre F. I., p. 246, 247

L'hypothèque légale des légataires de l'article 1017, a été également laissée dans l'ombre. Le projet s'expliquant sur le compte de la séparation des patrimoines, aurait bien dû viser aussi cette hypothèque. Du reste, elle doit être ins-crite spécialement sur chaque immeuble de la succession.

En ce qui concerne les privilèges dégénérés en hypo-thèque légale, la situation sera réglée comme précédem-ment, puisque le projet conserve l'article 2113 qui régle-mente la matière.

Reste enfin la question de l'hypothèque de la masse de la faillite. Pourquoi le projet de M. Darlan la passe-t-il aussi sous silence? Il est admis d'ordinaire, comme je l'indiquais plus haut(1), que c'est bien une hypothèque légale. Dans ces conditions elle devrait·être mentionnée, d'autant plus que conformément au droit commun, cette hypothèque est rendue publique par une inscription spé-ciale sur chaque immeuble.

Telles sont les observations que suggère l'étude du pro-jet de loi de M. Darlan en ce qui concerne les hypothèques judiciaire et légales.

Il me semble qu'avec les modifications proposées notre régime hypothécaire serait grandement amélioré. On ne lui ferait plus grief de ses hypothèques générales et occultes. Les ordres amiables seraient facilités et les incapables eux-mêmes y trouveraient leur compte.   .

Je n'ai plus à étudier maintenant que quelques ques-tions relatives aux hypothèques conventionnelles.

_____

(1) Voir plus haut, p 342

Section cinquième. — **L'hypothèque Conventionnelle.**

J'arrive, avec les hypothèques conventionnelles, au terme de mon étude. Les observations que j'ai à présenter ici sont bien moins nombreuses et les réformes que je demanderai bien moins radicales que pour les hypothèques judiciaire et légales.

J'appellerai seulement l'attention sur quelques points qui formeront tout autant de divisions de ma section :

1° Forme de l'inscription ;
2° Effets de l'inscription ;
3° Durée de l'inscription ;
4° Prohibition de l'hypothèque des biens à venir ;
5° Nouveau registre à tenir par les Conservateurs ;
6° Etablissement d'un Casier civil.

I. — Forme de l'inscription. — J'estime que le mode actuel de confection des bordereaux hypothécaires est insuffisant. Quelques erreurs d'inattention du copiste chargé de les doubler ou de ceux qui les collationnent, peuvent occasionner au créancier des pertes parfois irréparables.

Je crois dans ces conditions, qu'il serait peut-être utile d'essayer le système suivant, inspiré des nouvelles formules de déclarations de succession, que je préconisais plus haut pour les bordereaux de transcription (1).

La loi du 6 Décembre 1897 et le décret du 10 Janvier 1898 ont créé des feuilles de déclarations de succession dont les parties, leur notaire, où même le receveur d'enregistrement, n'ont plus qu'à remplir les blancs.

_____

(1) Voir plus haut, p. 289.

La disposition matérielle de ces feuilles permet de les insérer à leur date dans une reliure *ad hoc*. Me basant sur ce précédent, je demanderais que les bordereaux hypothécaires fussent dressés de la même manière. Le squelette de la pièce serait imprimé et le notaire n'aurait plus qu'à en faire remplir les blancs. Puisque actuellement ces bordereaux sont dressés sur une feuille au timbre de 0 fr. 60, ces imprimés pourraient également être timbrés au même prix. Le Conservateur des hypothèques les délivrerait lui-même aux notaires.

De cette manière, les bordereaux hypothécaires seraient dressés bien plus vite et plus sûrement. Pas mal de manutentions inutiles seraient supprimées dans les bureaux. Le dépôt et l'inscription seraient ainsi concomitants. D'autre part, en ce qui concerne les inscriptions d'hypothèque légale des mineurs, le travail serait bien simplifié pour les greffiers de justice de paix. Le Conservateur de son côté, serait également fort déchargé.

Je ne vois à ce projet qu'un inconvénient, mais bien minime il faut l'avouer. Il est d'usage que lorsque sur l'expédition d'un acte d'obligation, il reste l'espace suffisant, le notaire porte l'un des deux bordereaux à la suite de l'expédition elle-même. Ce mode d'opérer qui économise aux parties une feuille de papier timbré de 0 fr. 60, ne laisse pas que d'être assez défectueux. En effet, les clercs de notaire, et en cela je suis loin de les blâmer, se livrent, pour faire entrer tout le contenu du bordereau sur le papier disponible, à des exercices de micrographie qui peuvent être fort instructifs, mais qui occasionnent aux Conservateurs des recherches parfois très longues. De plus, il peut se faire qu'en voulant trop *serrer* on laisse échapper quelque membre de phrase important. Enfin cette pratique rend le collationnement bien plus difficile. A mon avis la dépense est si minime, qu'il n'y a pas lieu de la faire entrer en ligne de compte, si l'on considère les bons résultats à obtenir.

Ce système aurait encore l'immense avantage, que je ne faisais qu'esquisser tantôt, d'établir, d'une manière sûre, la liste des mentions que le bordereau doit contenir à peine de nullité. La loi énumère bien dans l'article 2148 (1) les mentions que le bordereau doit contenir, mais elle n'indique pas le sort du bordereau qui ne contient pas une ou plusieurs de ces mentions. Elle se borne à dire dans l'article 2134 « que l'hypothèque n'a de rang que du jour de l'inscription prise par le créancier sur les registres du conservateur dans la forme et de la manière prescrite par la loi ». C'est assez vague. Aussi une jurisprudence prétorienne s'est-elle établie sur ce point et a-t-elle fixé les mentions que les bordereaux doivent contenir à peine de nullité.

Ce sont : la désignation précise du débiteur, la men-

(1) Article 2148 . « Pour opérer l'inscription, le créancier représente soit par lui-même, soit par un tiers au conservateur des hypothèques, l'original en brevet ou une expédition authentique du jugement ou de l'acte qui donne naissance au privilège ou à l'hypothèque. Il y joint deux bordereaux écrits sur papier timbré dont l'un peut être porté sur l'expédition du titre Ils contiennent

1º Les noms, prénoms, domicile du créancier, sa profession s'il en a une et l'élection d'un domicile par lui élu dans un lieu quelconque de l'arrondissement du bureau ,

2º Les noms, prénoms, domicile du débiteur, sa profession s il en a une connue, ou une désignation individuelle et spéciale telle que le conservateur puisse reconnaître et distinguer dans tous les cas l'individu grévé d'hypothèque ,

3º La date et la nature du titre ;

4º Le montant du capital des créances exprimées dans le titre ou évaluées par l'inscrivant pour les rentes et prestations, ou pour les droits éventuels, conditionnels ou indéterminés, dans le cas où cette évaluation

tion de la date et de la nature du titre (1), l'indication
du montant de la créance, l'indication de l'époque de
l'exigibilité (2), la désignation de la situation et de la
nature des biens hypothéqués (3).

Pour le surplus, soit la désignation du créancier (4) et
l'indication d'un domicile élu par lui (5), l'accord est loin
d'être fait et la jurisprudence est flottante.

Il semble que l'énumération de la loi étant limitative et
règlementaire, toute inscription qui ne contient pas une
des indications qu'elle prescrit, devrait être déclarée nulle
purement et simplement.

Il n'y a pas besoin de faire intervenir ici une question
de publicité requise dans l'intérêt des tiers. La loi exigeant
ces mentions, doit avoir de bonnes raisons pour cela Il
n'y a donc qu'à s'incliner et à considérer comme
nulle, l'inscription qui ne satisfait pas à une de ces
prescriptions.

D'autant plus qu'avec le système adverse, on arrive
en définitive en ce qui concerne les deux points sur lesquels l'accord n'est pas fait, à un résultat identique à
celui que nous obtenons. En effet, si le créancier n'est
pas indiqué ou s'il n'a pas fait élection de domicile, en
cas de purge des hypothèques inscrites conformément à

est ordonnée comme aussi le montant des accessoires de ces capitaux et
l'époque de l'exigibilité

4° L'indication de l'espèce et de la situation des biens sur lesquels il
entend conserver son privilège ou son hypothèque Cette dernière disposition n'est pas nécessaire dans le cas des hypothèques légales ou judiciaires. A défaut de convention, une seule inscription pour ces hypothèques frappe tous les immeubles compris dans l arrondissement du bureau. »

(1) Cass 9 janvier 1888, D. 88 1 176
(2) Bordeaux, 12 janvier 1887, D 87. 2. 191.
(3) Cass. 12 novembre 1890, D 91 5 306.
(4) Cass. 9 février 1891, D. 92 1. 11.
(5) Cass 14 janvier 1863, D 63. 1. 101 et Nancy, 9 avril 1889, S. 89. 2 231.

l'article 2183, comme en cas de saisie immobilière conformément à l'article 2156, les sommations ne lui parviendront point puisque l'on ignore. légalement soit son nom, soit son domicile élu. Ainsi donc dans ce cas là, l'immeuble pourra être réalisé et le prix distribué sans que le créancier soit averti, ni des poursuites, ni de l'ouverture de l'ordre. Il sera forclos et perdra le bénéfice de l'hypothèque qui lui appartenait.

Je me demande véritablement en quoi sa situation sera préférable à celle qu'il aurait eue, si son inscription avait été déclarée nulle *ab initio*. Au contraire, cela vaudrait beaucoup mieux car le créancier saurait tout de suite à quoi s'en tenir. Il prendrait une nouvelle inscription régulière et tout serait dit. Il n'aurait pas l'illusion d'avoir une inscription valable, qui lors de la réalisation du gage ne lui servira absolument à rien du tout.

On dit bien (1) que s'il se présentait à l'ordre en temps utile, il pourrait être colloqué au rang de son hypothèque. Mais il peut aussi se faire qu'il ait son domicile réel ailleurs que dans la ville où se trouve son domicile élu, et dans ces conditions il arrivera souvent que son droit hypothécaire sera perdu sans retour.

Ceci dit, et pour revenir à mon sujet, j'estime que l'innovation que je propose serait utile. Elle établirait d'abord à l'aide du bordereau imprimé, une formule uniforme qui faciliterait beaucoup les recherches. Ensuite, l'imprimé du bordereau contenant toutes les mentions légales, il ne pourrait plus y avoir de procès à leur sujet.

(1) Aubry et Rau, *op cit.*, T. III p. 350, n° 276

II. — **Effets de l'inscription.** — Je n'insiste ici, bien entendu, que sur ceux des effets de l'inscription pour lesquels je demande quelque réforme.

L'inscription hypothécaire, aux termes de l'art. 2151 modifié par la loi du 17 juin 1893, conserve non seulement le capital prêté mais encore trois années d'intérêt.

L'article 31 du projet de M. Darlan, lui substitue la rédaction suivante : « Le créancier inscrit pour un capital produisant intérêts ou arrérages, a droit d'être colloqué pour un dixième au plus au même rang que pour son capital, sans préjudice des inscriptions particulières à prendre emportant hypothèque à partir de leur date, pour les intérêts ou arrérages non conservés par la première inscription. »

Avant d'apprécier les raisons qui peuvent légitimer ce changement, j'ai à faire une observation préliminaire. Je serais heureux que l'on fît débuter l'article nouveau de la même manière que celui que l'on supprime, à savoir: « le créancier privilégié dont le titre a été inscrit ou transcrit, ou le créancier hypothécaire inscrit, etc. » suit la rédaction de l'article 31 du projet.

Cette rédaction était plus avantageuse en ce sens qu'elle indiquait nettement les bénéficiaires de la disposition.

Ceci dit, je crois que le projet a raison d'effectuer ce changement. L'exposé des motifs juge équitable cette collocation du dixième du capital pour intérêts, si l'on prend en considération le taux de capitalisation actuel de tous les biens mobiliers et immobiliers.

Je lui trouve en outre deux autres avantages. D'abord

tout le monde pourra savoir exactement à combien se montent les intérêts garantis par l'inscription. Le calcul sera très facile et très rapide. Quelqu'un qui veut prêter sur hypothèque à un propriétaire dont l'immeuble est déjà grevé d'une ou plusieurs inscriptions, pourra, une fois qu'il connaîtra le chiffre des prêts, calculer exactement les intérêts qu'ils garantissent, et savoir par suite d'une manière certaine, la somme totale qui en cas d'expropriation, sera distribuée avant celle qu'il va avancer. D'autre part, dans un ordre, la plus grande célérité pourra être apportée dans le calcul des intérêts garantis par l'inscription. Enfin, quand un débiteur sera en déconfiture, l'égalité deviendra complète entre les différents créanciers au point de vue du taux de l'intérêt de leurs créances, puisque chacun d'eux touchera au maximum en intérêts, le dixième du capital qu'il aura prêté. De plus, l'observation de l'exposé des motifs est fort juste : le loyer actuel de l'argent baissant de toutes parts, l'intérêt de trois années se rapproche sensiblement du dixième du capital.

Cette innovation qu'avait déjà proposée M. de Vatimesnil en 1850, n'existe pas à l'étranger.

Un autre effet de l'inscription que j'ai à étudier actuellement, consiste dans la subrogation dans l'assurance. L'article 33 du projet de loi de M. Darlan le concernant, s'exprime ainsi : « Lorsqu'un immeuble aura été assuré, soit contre l'incendie, soit contre tout autre fléau, la somme qui sera due par l'assureur, si elle n'est pas appliquée par celui-ci à la réparation de l'immeuble, sera affectée au paiement des créances privilégiées ou hypothécaires selon le rang de chacune d'elles. Il en sera de même de toute indemnité qui serait due par des tiers en raison de la perte ou détérioration de l'immeuble grevé. Tous paiements faits de bonne foi avant opposition seront valables. Les articles 2, 3, 4, de la loi du 19 février 1889, sont abrogés ».

Le rapport de M. de Vatimesnil demandait déjà l'introduction dans la loi d'une disposition donnant aux créanciers privilégiés et hypothécaires, le même droit sur l'indemnité due par l'assureur que celui qu'ils auraient eu sur le prix de l'objet assuré.

Avant lui, dans l'enquête hypothécaire de 1841, les Cours d'Amiens, d'Angers, de Grenoble, de Nîmes, d'Orléans, de Pau, de Rouen, ainsi que la faculté de Grenoble, avaient demandé cette utile réforme.

Bien que très équitable, elle n'a pas encore pénétré directement dans le Code civil. Elle a été admise dans la loi du 19 février 1889, qui forme une partie du Code rural, « de ce fameux Code rural qui sera une merveille, si l'on juge de sa valeur par le temps qu'il a fallu pour le faire », comme a dit un jurisconsulte.

Mais la pratique heureusement, avait depuis longtemps tourné la difficulté. On stipulait dans l'acte d'obligation que l'immeuble donné en garantie « serait assuré, s'il ne l'était déjà, par une compagnie légalement établie en France et jouissant d'un bon crédit », et « que toutes délégations étaient d'ores et déjà faites par l'assuré emprunteur au prêteur pour que, en cas de sinistre, il fût remboursé par priorité et préférence à l'assuré ».

Même depuis la loi du 19 février 1889, cette clause que l'on peut considérer comme de style dans les actes d'obligation hypothécaire, s'y rencontre toujours. Le projet gouvernemental a raison de lui donner asile dans le Code civil. Une disposition de cette importance doit en effet, être contenue dans la première de nos lois, le Code civil, et non pas rester simplement cantonnée dans une loi spéciale.

Je reconnais très volontiers que la somme payée en cas de sinistre n'est pas le prix de l'immeuble assuré, mais bien le résultat d'un contrat aléatoire, la contre valeur des primes payées par l'assuré. Pourtant il est juste que l'indemnité qui représente dans le patrimoine du débiteur la chose périe, soit employée d'abord à désintéresser les créanciers qui avaient un droit de préférence sur cette chose.

Il y a lieu toutefois, de faire une remarque sur la rédaction proposée ; il y est dit : « .. la somme qui sera due par l'assureur, si elle n'est pas appliquée par celui-ci à la réparation de l'immeuble...». Cela semble établir au profit de l'assureur un droit exclusif de réparer l'immeuble donné en garantie. Il me semble que l'assuré doit pouvoir en faire autant. Après un sinistre, on se trouve dans le cas prévu par l'article 2131. Les sûretés fournies ont diminué sans la faute de l'emprunteur. Puisque suivant l'interprétation généralement admise de ce texte, le prêteur peut, soit poursuivre dès à présent son remboursement, soit demander un supplément d'hypothèque, et que l'emprunteur a le choix, conformément aux articles 1190 et 1247 entre ces deux partis, je crois que la loi devrait également l'autoriser à choisir s'il le préfère, un troisième parti qui serait le suivant. Il pourrait consacrer la somme que lui versera la compagnie d'assurance à la réfection de l'immeuble détruit. Tout le monde y gagnerait : le créancier tout d'abord qui n'aurait pas à courir l'aléa d'un remboursement ou d'une substitution de gage, le débiteur qui peut-être ensuite se trouvera très gêné pour réparer la maison détruite, et enfin la société en général qui est intéressée à ce que les immeubles soient entretenus en bon état et non pas abandonnés, « *ne ruinis aspectus urbis deformetur* ».

Je crois donc que l'on pourrait ainsi rédiger le membre de phrase cité plus haut : « . la somme qui sera due par l'assureur, si elle n'est pas appliquée par celui-ci ou par l'assuré qui l'aura touchée, à la réparation de l'immeuble ».

III. — **Durée de l'inscription.** — Quand on indique à quelqu'un qui n'est pas au courant de la législation, que l'inscription hypothécaire par lui prise pour garantir la somme qu'il a prêtée, doit être renouvelée au bout de 10 ans, sinon elle se trouve périmée, il est tout étonné. En effet, l'esprit conçoit naturellement que la garantie donnée à la créance persiste, tant que la créance n'est pas éteinte. Si donc, soit par son terme originaire, soit par suite de renouvellement, la créance garantie ne se trouve remboursée qu'au bout de 10, 15 ou 20 ans, j'estime que l'inscription devrait avoir une durée équivalente.

« Un des corollaires de la publicité absolue, dit M. Flour de Saint-Genis, est la suppression du renouvellement décennal, source de déchéances et de procès, cause de l'encombrement des registres. La péremption est un procédé empirique qu'il faut écarter. Toute inscription devenue inutile parce qu'elle a atteint son but, c'est-à-dire assuré le paiement de la créance doit disparaître au moyen de la radiation. Il est imprudent de laisser au temps seul le soin de rendre plus net l'état des fortunes pour améliorer le crédit et faciliter les ventes. En enlevant aux inscriptions, le bénéfice discutable de la courte échéance, on force les intéressés à radier. Tous les notaires sont de cet avis.

En prenant au hasard 10 comptes sur un des réperloires du bureau du Havre, nous trouvons pour 120 inscriptions 63 péremptions contre 34 radiations. De là, outre l'encombrement des registres des situations apparentes qui faussent l'état hypothécaire réel des propriétaires.

La date plus ou moins ancienne de l'inscription ne gêne pas les recherches. Il n'est pas de bureau d'hypothèque où l'on ne puisse retrouver, sans le moindre embarras, toutes les inscriptions qui ont frappé tel fonds depuis l'établissement du régime hypothécaire (1)».

Je demanderai en conséquence que les inscriptions ne soient pas susceptibles de péremption et qu'elles conservent leur effet jusqu'à la radiation. C'est en ce sens du reste qu'est rédigé un des textes contenus dans l'avant projet de la sous commission juridique du Cadastre (2).

Il serait à souhaiter que cette disposition s'étendit à tous les prêteurs, alors que l'article 47 du décret du 28 Février 1852, relatif à la Société de Crédit Foncier, l'accorde à ce seul établissement. Cet article est ainsi conçu : «Les inscriptions hypothécaires prises au profit du Crédit Foncier sont dispensées pendant toute la durée du prêt du renouvellement décennal prescrit par l'article 2154».

Cette réforme serait utile à tous. Les prêteurs n'auraient plus à se soucier de l'arrivée de l'échéance décennale. Les notaires éviteraient ainsi pas mal d'ennuis et bien des procès en responsabilité dont le coût dépasse et au-delà

(1) Flour de Saint-Genis, *op. cit.*, p. 162. 163.
(2) Procès-verbaux du Cadastre, F. V, p. 582.

les bénéfices que les renouvellements décennaux peuvent leur donner.

Déjà en 1850, les conservateurs des hypothèques, fort intéressés dans la question, demandaient cette réforme. Ils faisaient remarquer les écritures multiples auxquelles donnait lieu le système actuel, ainsi que le mode défectueux du renouvellement, car souvent par suite d'une inattention du copiste chargé de doubler sur l'ancien les deux nouveaux bordereaux à remettre au conservateur, la perte totale ou partielle de la créance pouvait en résulter.

De nos jours du reste, la sous-commission juridique du Cadastre a voté comme je l'ai dit tantôt, sur la proposition de M. J. Challamel, l'article suivant dans son avant-projet de réforme hypothécaire : « Les inscriptions de privilège et d'hypothèque ne sont point susceptibles de péremption ; elles conservent leur effet jusqu'à la radiation » (1).

Au surplus en théorie, l'inscription doit conserver son effet autant que dure l'action. Or l'action dure autant que la créance. Donc l'inscription d'hypothèque doit durer autant que la créance qu'elle est destinée à garantir. Cette idée est du reste parfaitement conforme à la nature de l'hypothèque et aux principes généraux du droit (2).

Dans presque toutes les législations, le délai de la péremption de l'inscription est supérieur au nôtre. Si je laisse de côté l'Autriche, la Grèce, la Hollande, la Prusse, les cantons suisses de Lucerne, du Tessin, de Soleure et de Vaud, où l'inscription hypothécaire conserve son effet

(1) Procès verbaux du Cadastre, F. V, p. 582.
(2) Aubry et Rau, *op. cit*, T. III, p. 280, note 2.

jusqu'à l'entière libération du débiteur, je constate que la péremption de l'inscription n'a lieu qu'au bout de 15 ans en Belgique et de 30 en Italie. C'est également ce délai qu'avait proposé M. de Vatimesnil dans son rapport de 1850.

Mais je vois s'élever deux objections contre cette modification. Avec ce que vous proposez, nous dit-on, vous occasionnerez aux conservateurs des recherches fort longues. Oubliez-vous qu'une instruction de la Régie en date du 3 février 1862, leur a recommandé d'annoter d'un signe particulier les inscriptions au profit du Crédit Foncier ? (1) Ils seront obligés de consulter plusieurs registres et même parfois plusieurs répertoires ? S'en accommoderont-ils ? En second lieu, avec le système actuel, quand une créance est payée aux approches de la péremption décennale, les parties ne font pas d'acte de mainlevée, ni procéder à la radiation. La péremption décennale tient lieu de l'une et de l'autre. Votre système occasionnerait donc des frais supplémentaires.

A cela, je réponds. Puisque les conservateurs font déjà ces recherches pour le Crédit Foncier, pourquoi ne les feraient-ils pas également pour les simples particuliers (?). Cela pourrait donner à penser qu'il y a deux poids et deux mesures. D'autre part, il est couramment reconnu, que les prêts à long terme sont l'apanage presque exclusif du Crédit Foncier, qui est mieux outillé que personne pour les consentir dans de bonnes conditions. Les particuliers prêtent d'ordinaire pour des périodes beaucoup plus courtes et les recherches qu'ils occasionneront aux conservateurs seront par conséquent bien peu nombreuses.

(1) Dalloz, 62. 3. 40,

Enfin avec les modifications que j'ai proposées, les inscriptions hypothécaires seront plus rares, par conséquent les registres moins nombreux et les recherches plus faciles.

En ce qui concerne les radiations, j'estime que pour la sûreté de tous et la clarté des états à délivrer, mieux vaut payer quelque chose de plus et être sûr du résultat que l'on obtient. De cette manière, les inscriptions ayant garanti des créances soldées seront directement radiées sur le registre. Elle ne les encombreront plus et ils y gagneront en clarté. Les conservateurs, eux-aussi, ne seront pas fâchés de voir diminuer les responsabilités qu'ils encourraient. Je n'en veux pour preuve que ce que disait à la séance du 16 juillet 1891 de la sous-commission juridique du Cadastre, un conservateur dont les travaux sur la matière font autorité, M. Flour de Saint-Genis : « Les inscriptions périmées, dit-il, ne figurent pas dans les états. Quant à l'encombrement supposé des registres, il n'est nullement un embarras pour la manutention hypothécaire et le principe du non renouvellement s'il était voté, serait au contraire une simplification. D'ailleurs, si l'on adopte les livre fonciers, il faudra bien se résoudre à rendre obligatoire la radiation d'une inscription dont la cause serait éteinte. Il n'est pas de quittance qui ne soit suivie de mainlevée. Si la radiation n'est pas requise, la faute en est aux notaires qui devraient être rendus responsables de leur négligence à terminer le règlement d'une affaire pour économiser des frais dont la plupart du temps, il leur a été tenu compte. Des débiteurs libérés n'ont-ils pas tout intérêt à ce que leur situation soit nette (1) ? »

(1) Procès verbaux du Cadastre, F. I, p. 298.

Enfin, le léger inconvénient qu'amènera l'obligation d'opérer la radiation, compensera et au-delà celui bien autrement grave, que présentait la péremption décennale, dont une expérience presque séculaire a démontré les dangers mieux que tous les raisonnements. Qu'on ouvre le moindre recueil de jurisprudence et l'on verra tous les procés qu'elle a suscités.

Car, en fin de compte, quelle est l'utilité du renouvellement. Comme l'ont dit de savants auteurs, « théoriquement on ne comprend pas la nécessité de la réitération de cette formalité. Le renouvellement d'une inscription n'ajoute rien à la publicité primitivement opérée : il n'y a pas lieu de le prescrire (1) ».

Je conclus donc que cette modification sera très utile à tous.

Il en serait de même de la seconde, toujours relative à la duréé de l'inscription et qui consisterait dans la suppression de la prescription de l'hypothèque indépendamment de celle de la créance qu'elle garantit.

On sait que lorsqu'un particulier, après avoir hypothéqué son immeuble, le vend, le tiers détenteur entre les mains duquel il passe, peut avoir à accomplir deux prescriptions complètement indépendantes l'une de l'autre, la prescription de la créance et celle de l'hypothèque qui lui sert de garantie.

L'article 2180 après avoir indiqué que si l'immeuble est en mains du débiteur, la prescription de l'hypothèque ainsi que celle de la créance sont liées l'une à l'autre, les sépare pour le cas où le bien passe aux mains d'un tiers détenteur. Les deux prescriptions sont alors indépen-

(1) Baudry Lacantinerie et de Loynes, *op. cit*, T. III, n° 1748, p 69.

dantes l'une de l'autre, et tandis que celle de la créance ne peut s'accomplir que par trente ans, celle de l'hypothèque qui est acquisitive, c'est là du moins l'opinion générale (1), peut s'opérer par 10,20 ans ou par 30, suivant qu'il y a ou non bonne foi.

Que le système du Code civil soit le plus juridique, je le reconnais très volontiers ; qu'il soit même établi dans le but de consolider la propriété foncière, puisque en l'espèce, il tend à lui restituer un de ses démembrements, l'hypothèque, je l admets encore. Mais, si l'on considère avec attention la situation du créancier, on voit que c'est bien ici le cas d'appliquer un peu l'adage antique : « *Summum jus, summa injuria !* »

Parfois, en effet, il peut lui être impossible de découvrir la fraude qui doit amener la prescription de son hypothèque. Il suffit de supposer que le débiteur originaire a vendu l'immeuble. Pour donner le change au créancier, ce débiteur vient lui-même acquitter les intérêts semestriels avec une régularité exemplaire. Qu'est-ce qui pourra faire supposer au créancier qu'on le trompe et que celui qui vient le régler si exactement, n'est plus le véritable propriétaire de l'immeuble hypothéqué ?

J'ai maintenant à indiquer les conditions auxquelles cette prescription doit satisfaire pour pouvoir être accomplie par 10 ou 20 ans. Tout d'abord, aux termes de l'article 2180, 4e alinéa *in fine*, l'acte doit être transcrit. De plus cette prescription doit réunir les conditions générales de l'article 2265 et suivants. Le tiers détenteur doit avoir la

(1) En ce sens Leroux de Bretagne, *prescription* T. II, n° 949 , Glasson *Revue pratique*, 1873, T XXXVI, p. 201, n° 125 , Colmet de Santerre, T. IX, n° 174 bis , Pont, T. II, n° 1248 , Laurent, T., XXXI, nᶜˢ 389 et 395 , Baudry Lacantinerie et de Loynes, T. III, p 481, n° 2273 et seq.

possession de l'immeuble, juste titre, c'est-à-dire posséder en vertu d'un titre translatif de propriété, comme une vente, une donation, etc. Enfin il doit être de bonne foi, soit avoir la légitime croyance que son titre l'a rendu propriétaire. Quoi qu'il en semble cette condition est assez facilement remplie, car d'après l'article 2268, la bonne foi est toujours présumée. De plus la bonne foi du tiers détenteur peut encore exister même au cas où, ayant eu connaissance des inscriptions qui grevaient son immeuble, il a cru réellement que ces inscriptions ne portaient pas. C'est ce qu'ont décidé plusieurs arrêts (1).

On peut dire pourtant que le tiers détenteur est passablement négligent de ne pas avoir fait lever d'état au moment de son acquisition. La prudence le lui commande et l'honnêteté aussi, car qui sait s'il n'a pas omis de le faire pour ne point avoir connaissance d'inscriptions qu'il soupçonne ?

Telles sont les conditions légales requises. Je reprends donc mon hypothèse. Voici un débiteur qui vend son immeuble, sur lequel était gagé le prêt à lui consenti. Bien entendu, il se garde de rien dire au créancier de ce qu'il vient de faire. Au contraire, pour lui donner le change, il continue d'acquitter ses intérêts avec une ponctualité parfaite. Comment le créancier pourrait-il alors, non pas se rendre compte, mais même soupçonner ce qui s'est passé? Il n'aurait il est vrai, qu'à demander l'état des transcriptions sur l'immeuble en question. Mais qui aurait jamais une pareille idée et qui pourrait le faire douter un instant que celui qui paie si régulièrement ses intérêts n'est plus

(1) Caen, 26 août 1825, S. 28. 2. 251, Bourges, 31 décembre 1830, S. 31. 2. 265, Bordeaux, 15 janvier 1835, S. 35. 2. 248,

propriétaire ? Son erreur est invincible. Que dix ans se
passent dans ces conditions-là, et s'il n'y a pas d'interruption ni de suspension de prescription, l'hypothèque en
tant que droit réel sera prescrite. Il est vrai que des cas de
ce genre sont fort rares, mais ils peuvent se présenter.
N'a-t-on pas alors raison de dire qu'ici le *summum jus
summa injuria* n'est pas déplacé ? La patronne du genre
humain, dans des cas analogues est plutôt celle des escrocs
que des honnêtes gens.

Aussi comprend-on sans peine que M. de Valimesnil,
dans son rapport de 1850, ait demandé la suppression de
la prescription de l'hypothèque indépendamment de la
créance. Je la demande également.

J'estime en effet, qu'il suffit amplement au bien général
de la propriété, que les situations du débiteur qui conserve son immeuble et de celui qui le cède à un tiers
détenteur, soient équivalentes au point de vue de la prescription de l'hypothèque. L'un et l'autre ne pourront plus
prescrire que l'action personnelle.

Je ne me baserai pas pour la demander, sur le caractère
accessoire de l'hypothèque par rapport à la créance
garantie, mais plutôt sur le préjudice que le prêteur peut
éprouver par le jeu de combinaisons qu'il lui est presque
tout à fait impossible de déjouer, comme je l'ai exposé
plus haut.

Lors de la Réforme hypothécaire belge de 1851, la
prescription de l'hypothèque indépendamment de la
créance a été conservée, mais seulement par trente ans.
M. Laurent estime avec raison (1) que c'est là une demi-
mesure, et que le mieux est encore la proposition de

(1) Laurent, *op cit*, T XXXI, p 374.

M. de Vatimesnil, soit la suppression pure et simple de cette prescription, et le maintien de la seule prescription de l'action personnelle par le délai de trente ans, autant pour le débiteur originaire que pour le tiers détenteur.

Une autre modification qui aurait aussi son importance, concerne le maintien des termes dans les collocations.

D'après l'article 2184 du Code civil, « l'acquéreur ou le donataire déclarera par le même acte, qu'il est prêt à acquitter sur le champ les dettes et charges hypothécaires jusqu'à concurrence seulement du prix sans distinction des dettes exigibles ou non exigibles ».

Que ce système soit le plus simple, je l'admets, mais qu'il soit le plus logique, c'est une autre affaire. Je ne comprends pas pour mon compte, l'économie de la loi à ce sujet. Je suppose que le terme ait été stipulé en faveur du créancier. Pourquoi l'acquéreur qui est l'ayant cause à titre particulier du débiteur, qui par conséquent succède à toutes les obligations de celui-ci, a-t-il le droit de modifier à son gré la loi du contrat et d'imposer au créancier un remboursement anticipé ?

Ce qui prouve bien que tous les créanciers ne sont pas enchantés de ce remboursement avant l'heure, c'est que le Crédit Foncier, si j'ai bonne mémoire, insère dans ses contrats de prêts une clause par laquelle tout remboursement anticipé de tout ou partie de ce qui lui reste dû, doit lui être signifié au moins trois mois à l'avance et lui donne droit à une bonification de $1/2\ 0/0$ sur la somme ainsi versée.

On pourra me répondre que le Crédit Foncier d'après ses statuts doit employer intégralement son argent en prêts, que s'il a des excédents de numéraires, il doit

effectuer des amortissements anticipés d'obligations.
Dans ces conditions, pourquoi comparer de simples particuliers à un établissement financier de cette importance ?

Je répondrais à mon tour, que tout comme le Crédit
Foncier, un simple particulier soigneux a un budget. Que
la comparaison soit forcée, je le reconnais. Mais j'estime
que si le Crédit Foncier est gêné par des remboursements
avant l'heure, il en est de même pour le simple rentier.
Il pouvait en effet, avoir sous la main une bonne créance
hypothécaire, sur laquelle il était en droit de compter
puisque le terme était stipulé en sa faveur, et dont il va
recevoir le paiement au moment où il s'y attend le
moins.

La loi du 11 Brumaire an VII était plus logique Son
article 30 n'obligeait l'acquéreur qui notifiait son contrat,
qu'au paiement des dettes échues. Quant aux dettes à
échoir, il n'était tenu de les acquitter que dans les termes
et de la manière établie par les contrats constitutifs.

C'était le retour à la loi de Brumaire que demandait
M. de Vatimesnil dans son rapport de 1850 et qu'a effectué
la Belgique lors de la réforme hypothécaire de 1851.
L'article 113 de cette loi dit, en effet : « ... le nouveau
propriétaire, jouira des termes et délais accordés au
débiteur originaire, et il observera ceux stipulés contre ce
dernier, sauf disposition contraire dans les titres de
créance. »

Ce principe est le plus équitable. Il maintient la perma-
nence des conventions. Il encourage les prêteurs qui ne se
trouveront pas exposés à un remboursement anticipé,
comme je l'ai montré plus haut. Il aide aussi l'acquéreur,
qui bénéficiant des termes accordés à son auteur, pourra
peut-être donner de l'immeuble un prix supérieur à celui

qu'il en aurait offert s'il lui avait fallu l'acquitter intégralement aussitôt après la purge.

Que l'on ne dise pas que l'exigibilité de toutes les créances est nécessaire pour qu'il soit procédé à un ordre.

L'éminent rapporteur de 1850 avait déjà réfuté cette objection : « Tous les jours, disait-il, on colloque des créances conditionnelles, comme des capitaux nécessaires pour le service des rentes viagères. Dans l'un et l'autre cas, le montant de la collocation reste entre les mains de l'acquéreur. Pourquoi donc ne colloquerait-on pas une créance non échue ? L'acquéreur paiera lorsque l'époque de l'exigibilité sera arrivée, souvent l'acquéreur trouvera des avantages à ne pas être forcé de payer actuellement son prix et les ventes en deviendront plus faciles. Les prêts se feront aussi à de meilleures conditions parce que les prêteurs n'auront plus à courir les chances d'être remboursés inopinément (1). »

J'estime que cette réforme serait des plus utiles, et j'espère qu'à l'exemple de la loi de Brumaire an VII et de la loi belge de 1851, la prochaine réforme hypothécaire la comprendra également.

IV. — Prohibition de l'hypothèque des biens à venir. — L'article 17 du projet de loi de M. Darlan, abroge par son quatrième alinéa l'article 2130 du Code civil ainsi conçu : « Néanmoins si les biens présents et libres du débiteur sont insuffisants pour la sûreté de la créance, il peut, en exprimant cette insuffisance, consentir que chacun des biens qu'il acquerra par la suite y demeure affecté à mesure des acquisitions. »

Déjà lors de l'enquête hypothécaire de 1841, les Cours

(1) Revue de législation et de jurisprudence, 1850 T. III., p. 141.

d'Angers, de Grenoble, de Pau et de Montpellier, en avaient demandé l'abrogation (1).

M. de Vatimesnil en 1850 en sollicitait également la suppression et présentait à ce sujet les observations suivantes : « Cette faculté accordée par l'article 2130 du Code, est d'une utilité presque nulle dans la pratique des affaires, et si l'on en usait, elle serait peu morale. Quel est en effet l'individu qui peut se faire un moyen de crédit de ses biens à venir ? En général c'est le fils de famille qui escompte ainsi d'avance la succession de ses parents. Et quels sont les hommes qui peuvent consentir à lui prêter sur un gage aussi éventuel ? Trop souvent des usuriers qui trouvent dans l'énormité de l'intérêt ou dans des stipulations frauduleuses, l'équivalent du risque auquel ils s'exposent. La tendance de la loi doit être d'interdire autant que possible les pactes aléatoires et de n'admettre que les garanties susceptibles d'une appréciation positive et invariable. C'est le moyen le plus sûr d'abaisser le taux de l'intérêt (2). »

Ces observations n'ont rien perdu de leur exactitude. Il faut reconnaître d'autre part que cette disposition légale est fort peu usitée.

Mais ce n'est pas le seul grief que l'on peut faire à ce texte. Il permet en effet de tourner la loi d'une manière un peu trop commode. Il suffit à quelqu'un de posséder un mauvais lopin de terre qui ne vaut pas cent francs, pour qu'il puisse emprunter sur ses biens à venir. Il exprimera dans l'acte l'insuffisance de ses biens présents et la stipulation sera valable. C'est vraiment un peu trop facile de tourner la loi dans ces conditions-là.

(1) Documents hypothécaires, T. III, p. 332 et 338.
(2) *Revue de législation et de jurisprudence*, 1850, T. III, p. 111.

A mon avis, le projet gouvernemental aurait dû faire un pas de plus et modifier également le dernier alinéa de l'article 2131 dont voici le libellé. « Pareillement en cas que l'immeuble ou les immeubles présents assujettis à l'hypothèque, eussent péri ou éprouvé des dégradations de manière qu'ils fussent devenus insuffisants pour la sûreté du créancier, celui-ci pourra ou poursuivre dès à présent son remboursement ou obtenir un supplément d'hypothèque. »

Il me semble que pour éviter toute équivoque on devrait ajouter à ce dernier alinéa, les mots : « sur les seuls biens présents. »

Il serait par conséquent bien admis qu'il n'y a plus d'exception à la règle si morale et si logique du dernier alinéa de l'article 2129 : « Les biens à venir ne peuvent pas être hypothéqués. »

V. — Nouveau registre à tenir par les conservateurs. — Quand j'ai étudié la mise en œuvre de la publicité Française (1), j'ai indiqué les registres qu'avaient à tenir nos conservateurs des hypothèques, ainsi que les divers répertoires et tables qui étaient à leur disposition pour faciliter ces recherches.

J'ai parlé du répertoire des comptes individuels, où les transcriptions et les inscriptions sont successivement indiquées sous le nom du propriétaire foncier qu'elles concernent. Le compte de chacun, ai-je dit, est établi à feuille ouverte, la page gauche mentionnant les titres de transfert, les antichrèses et les saisies immobilières, la page droite, les inscriptions hypothécaires.

(1) Voir plus haut, p 114.

J'ai parlé ensuite de l'aide indispensable de ces recherches, de ce que l'on pourrait appeler la clef de notre système hypothécaire, la table alphabétique des noms et le
régistre indicateur des noms patronymiques.

Tout ceci est bien long et bien compliqué. Cela donne
la mesure de ce que l'on est en droit d'attendre d'un système de publicité essentiellement personnel et, qui plus
est, dépourvu de toute référence au cadastre. Nous nous
en séparerons volontiers, lorsque dans quelques années
nous jouirons enfin du système de publicité réelle des
livres fonciers.

En attendant ce jour heureux, il nous faut vivre sur nos
ressources actuelles et nous contenter de ce que nous
possédons.

Serait-il avantageux d'ajouter encore un registre à ceux
déjà si nombreux qui permettent de dresser les états
hypothécaires ? C'est ce qu'a pensé le projet de loi de
M. Darlan dont l'article 38 s'exprime ainsi : « l'article 18
de la loi du 21 ventose an VII sur les hypothèques est
complété comme suit :

Un répertoire dans la même forme sera tenu par immeuble porté sur les registres de la conservation ».

L'intention du législateur est louable, je le reconnais
très volontiers, mais j'estime humblement que ce nouveau
répertoire destiné à éclaircir la manutention hypothécaire
déjà si obscure, ne fera que l'embrouiller encore
davantage.

Un rouage supplémentaire installé après coup dans une
machine déjà fort usée, n'est pas fait pour régulariser ou
activer son mouvement, bien au contraire.

Il y a lieu en effet, dans cette question là, de se préoccu-
per d'une chose, l'état du Cadastre, ce pauvre cadastre

que l'on a créé à grands frais, à grand renfort de millions, et que l'on a oublié de faire vivre !

Comment peut-on espérer individualiser à l'aide d'un registre par immeuble, des parcelles, souvent identiques les unes aux autres et qu'aucun index graphique ne représente à l'heure actuelle d'une façon acceptable ? M. Bonjean, disait plaisamment, mais sa pensée n'en est pas moins rigoureusement exacte, « qu'il n'est pas plus facile de distinguer une parcelle de ses voisines, que dans une corbeille d'oranges de distinguer un de ces fruits des autres ».

Il est évident que c'est un travail impossible.

Les références cadastrales, j'ai déjà eu l'occasion de le dire, ne figurent généralement pas dans les désignations de propriété. Si on les indique elles sont souvent erronées. Le Cadastre lui-même, contient dans certains départements 30 0/0 d'erreurs. C'est ce qu'a déclaré M. Boutin, directeur général des Contributions Directes à la séance du 19 juin 1891 de la sous commission juridique (1). Quel cas peut-on donc en faire ? Peut-on dresser avec de pareils éléments un registre foncier sérieux ? Je ne le crois réellement pas. Car il ne faut pas s'y tromper : ce répertoire par immeuble, ce serait comme dit très bien M. de Loynes « l'amorce du feuillet réel qui inséré dans le registre foncier, substitue la publicité par immeuble à la publicité par nom de personne (2) ».

Or pour l'établir avec fruit et d'une manière solide, il faut au préalable un bon cadastre. Celui-ci, malgré les vœux réellement exprimés par la généralité des citoyens, puisque sur 86 Conseils généraux 62 en ont demandé le

(1) Procès-Verbaux du Cadastre, F. I , p 34.
(2) De Loynes notice sur le projet de réforme hypothécaire dans Revue critique de législation et de jurisprudence, T XXXI. p 229.

renouvellement(1), fait complètement défaut : il n'y a donc rien à faire.

En supposant que l'on voulût passer outre et exiger dans tous les actes, ventes, donations, jugements, obligations hypothécaires, bordereaux, etc., la mention des sections et des numéros des parcelles cadastrales, la difficulté resterait toujours la même.

Que le système fonctionne à l'étranger, même en pays de transcription comme la Hollande, je le reconnais. Mais les Hollandais ont été plus prudents que nous. Ils ont toujours tenu leur cadastre à jour et en corrélation exacte avec les registres hypothécaires. La chose est donc aisée chez eux, mais il n'en est malheureusement plus de même chez nous.

Je ne reviendrai pas sur les renseignements suggestifs recueillis par les comités d'expérience de la sous commission technique du Cadastre. En maints endroits, dans les recherches sur le terrain avant les levers topographiques, il leur a été complètement impossible de retrouver un certain nombre de parcelles. Qu'étaient-elles devenues ? On l'ignore.

Avec le cadastre que nous avons, mieux vaut conserver nos registres tels quels, et renoncer à l'établissement d'un nouveau répertoire de ce genre, qui ne constituerait qu'une gêne nouvelle, sans aucun profit pour les recherches.

A mon avis, étant donné la situation actuelle, je ne concevrai qu'une seule amélioration, la suivante :

La réforme hypothécaire, telle du moins que je la comprends, amènerait la transcription par extrait de tous les actes intéressant la propriété foncière. Les origines de

(1) Procès verbaux du Cadastre, F. I., p. 36.

propriété seraient donc plus faciles à établir, puisque
grâce à la transcription des mutations à cause de mort et
des actes déclaratifs, on posséderait les noms des différents propriétaires des immeubles. Les indications à fournir pour dresser les états sur transcription seraient singulièrement facilitées, et ces mêmes états bien plus faciles à établir, en même que d'un prix modique, puisqu'ils
seraient plus réduits, la transcription s'opérant par extraits.

J'estime qu'il y aurait avantage, à mesure que l'on
dresserait un de ces états, d'en garder copie au bureau des
hypothèques, sur un registre *ad hoc*. On aurait ainsi sous
la main une analyse juridique complète de l'immeuble
visé.

Je suis le premier à reconnaître les inconvénients de
ce système. D'abord, on n'arriverait à la connaissance de
l'immeuble que par celle du propriétaire apparent. Et
puis ce registre ne serait rempli qu'au fur et à mesure des
états sur transcription délivrés. Il serait donc très lent à
se constituer et n'aurait pas un caractère de généralité. Il
serait un peu, dans un autre genre bien entendu, comme
le *register book* australien (1) ou le Livre Foncier tunisien (2) : les immatriculations n'y sont portées nous l'avons
vu, qu'à mesure qu'elles se produisent. Enfin il serait
dépourvu de force probante.

J'estime cependant que, malgré ces petits défauts, ce
registre pourrait rendre de réels services, du moins pendant ce temps de transition qui précèdera la venue des
Livres Fonciers (3).

(1) Voir plus haut p. 190.
(2) Voir plus haut p. 212 et seq.
(3) Ce registre que je propose différerait du répertoire des comptes individuels, en ce que les renseignements qu'ils contiendrait seraient plus
complets Il mentionnerait en plus les actes déclaratifs et les mutations.
mortis causa.

Les difficultés sans nombre que suscite notre régime de publicité personnelle, montrent mieux que tous les raisonnements, l'urgente nécessité d'adopter les livres fonciers dont maintes fois, j'ai indiqué les avantages.

En ce qui concerne maintenant les recherches, je serais d'avis que la publicité des registres des conservateurs fût entendue autrement qu'elle ne l'est à l'heure actuelle. Sans admettre complètement sur ce point de détail le système australien qui autorise le premier venu à compulser les registres avec l'assistance d'un employé du « registrar » et moyennant un droit de recherche de 2 à 5 schillings, je crois que l'on pourrait autoriser les personnes justifiant de l'intérêt qu'elles ont à connaître telle inscription ou transcription, à consulter avec l'aide d'un employé, et moyennant une rétribution équitable, exclusivement l'acte qui les intéresse.

N'est-ce pas du reste ce que l'on fait déjà dans les greffes des Tribunaux de commerce pour les recherches sur les registres des faillites? Le Trésor n'y perdrait point, puisque les droits de timbre qu'il perçoit sur les réquisitions d'états ainsi que sur les états proprement dits, seraient remplacés par le montant partiel du droit de recherche, dont le surplus représenterait le salaire du conservateur.

Les particuliers eux aussi seraient satisfaits puisqu'ils auraient connaissance sur le champ de l'acte qui les intéresse, au lieu que suivant les conservations, on ne satisfait aux réquisitions qu'après huit, quinze jours et souvent même plus.

Je crois donc que tout le monde profiterait de cette utile modification (1).

(1) Cette communication des registres aux intéressés, ne serait après tout, qu'un retour aux anciens errements L'article 3 de la déclaration du 17 février 1731 s'exprimait en ces termes : « Les commis aux bureaux des

VI. — Etablissement d'un casier civil. — Enfin comme couronnement de toutes les réformes et modifications que j'ai proposées, je demanderai l'établissement d'un casier civil.

De même que depuis de longues années déjà, fonctionne le casier judiciaire, et depuis peu de temps, les livrets de famille, on pourrait facilement dans chaque greffe délivrer des extraits de casier civil.

Les greffes disposent en effet, de tous les éléments voulus pour dresser aisément cette pièce. Elle serait d'une grande utilité pour les transactions et son prix, s'il était le même que celui du casier judiciaire, soit fr. 1.25, permettrait à qui voudrait se renseigner sur les qualités de la personne avec qui il désire traiter, de le faire à peu de frais.

Au surplus dans cet ordre d'idées, il y a plusieurs précédents. D'abord la loi du 10 juillet 1850 ne permet plus aux époux de dissimuler à ceux avec qui ils contractent, les modifications que leur contrat de mariage peut avoir apporté à leur capacité légale. J'ai montré néanmoins l'insuffisance de cette loi (1).

Ensuite et surtout la loi du 16 Mars 1893, réalisant un premier essai de casier de l'état civil, a pourvu d'une manière satisfaisante à la publicité des interdictions et des nominations de conseils judiciaires. Elle ordonne de transmettre au greffe du lieu de naissance de celui qui en est l'objet, dans le mois où il a acquis force de chose jugée, tout jugement prononçant l'interdiction d'un indi-

insinuations seront tenus de communiquer leurs registres sans déplacer à tous ceux qui le demanderont et de fournir des extraits ou expéditions en papier, suivant qu'ils en seront requis.»

(1) Voir plus haut, p. 95.

vidu ou le dotant d'un conseil judiciaire. Le greffier doit tenir à cet effet un registre spécial. Dans la quinzaine, il accuse réception du jugement et annonce qu'il a fait la mention.

Si les personnes faisant l'objet de ces divers jugements sont nées à l'étranger, c'est au greffe du tribunal civil de la Seine que sera tenu le registre qui les concerne. Dans l'un et l'autre cas, le greffier pourra soit communiquer le registre, soit en délivrer des extraits.

Une loi nouvelle du 17 Août 1897, dans le but de renseigner les tiers sur les modifications apportées à l'état civil des particuliers, est venu modifier les articles 49, 70, 75 du Code civil.

Le dernier alinéa de l'article 75 ordonne la mention de la célébration du mariage en marge de l'acte de naissance des époux.

L'article 49 nouveau oblige l'officier de l'état civil à opérer cette mention dans les trois jours du mariage, et à en donner avis dans le même délai au procureur de la République de son arrondissement pour que celui-ci la fasse accomplir de son côté sur les registres correspondants déposés au greffe de son ressort.

La sous-commission juridique du Cadastre a, du reste, très bien compris tout le parti qu'on pouvait tirer du casier civil. Aussi sur la proposition de M. Degouy a-t-elle émis le vœu « que la création du casier civil soit étudiée, comme complément du livre foncier (1) ».

Si la sous-commission juge le casier civil utile sous le régime du livre foncier à force probante, il sera, je dirais nécessaire, au régime purement documentaire qui doit

(1) Procès verbaux du Cadastre, F. II , p. 513.

préparer la venue des livres fonciers et dont je viens de m'occuper ici. Il fournira, en effet, les renseignements indispensables qui permettront de connaître avec netteté la situation juridique de la personne avec qui l'on contracte. On saura par exemple, le régime sous lequel elle est mariée, les effets de ce régime matrimonial sur les biens de celle-ci ou de son conjoint, que l'on connaîtra de la sorte. On apprendra si telle autre est ou non mineure, si celle-ci est tutrice, si celle-là est interdite ou dotée d'un conseil judiciaire. En un mot, on n'aura plus à se contenter d'une simple déclaration verbale de la personne avec qui l'on contractera. Un titre certain remplacera ces déclarations souvent évasives et parfois volontairement erronées.

Cette institution constituera donc une réforme vraiment sérieuse et d'une incontestable utilité pour notre nouveau régime hypothécaire.

CHAPITRE CINQUIÈME

CONCLUSION

Me voici arrivé au terme de mon étude. J'ai indiqué en toute impartialité, les réformes que je croyais nécessaires pour redresser notre système hypothécaire nouveau que j'ai qualifié : système d'attente, de préparation.

J'estime, j'ai déjà eu l'occasion de le dire et je le répète encore, que le système des livres fonciers bien que d'importation étrangère, est encore celui, quoi qu'on en dise, qui peut donner chez nous les meilleurs résultats

Il ne faut pas le rejeter par un sentiment de chauvinisme mal placé.

Fas est et ab hoste doceri,

disait le poète (1), et il avait bien raison. Au surplus, si l'on va tant chercher, n'avons-nous pas emprunté à l'étranger, l'institution des chèques, des Magasins Généraux et des Docks, des warrants, des virements en banque ?

Il ne faut pas mépriser une amélioration utile et que l'évolution des temps nécessite, sous le prétexte qu'elle est d'origine étrangère. Bien au contraire : il est de notre devoir de nous l'assimiler de notre mieux, pour la perfectionner si cela se peut faire.

(1) Ovide, *Métamorphoses*, L. IV, v. 428.

Le régime des livres fonciers, est le seul qui permettra cette sécurité absolue dans les transactions immobilières, cette rapidité en même temps que cette sûreté des mutations dont nous sommes malheureusement privés.

Il atténuera sans les détruire, ce qui du reste est impossible, les différences qui existent entre la fortune immobilière et la fortune mobilière. Jamais celle-ci n'aurait conquis le développement prodigieux qu'elle atteint à l'aurore du vingtième siècle, si elle avait été enserrée dans des lois aussi rigides que la propriété foncière.

« C'est cette inégalité qui existe entre la propriété mobilière et la propriété immobilière que nous voulons diminuer, disait M. Neymarck à la sous commission juridique du Cadastre. En la diminuant, nous arriverons à augmenter le Crédit à la propriété foncière, parce que les lois qui gênent cette propriété l'empêchent d'arriver aux mains les plus aptes à lui faire produire abondamment et mettent obstacle aux transformations que devraient subir les modes de cultures pour répondre à des besoins qui suivant l'expression d'Hippolyte Passy, changent et se multiplient au fur et à mesure que les populations croissent en nombre et en aisance.

Enfin, nous faciliterons l'accession des capitaux vers la terre, revenant ainsi à la doctrine de Turgot et nous aurons rendu un véritable service au pays, car la possession de la terre est, je crois, le but certain de l'épargne (1)».

On ne pouvait mieux résumer au point de vue économique, les avantages qui procèderont chez nous de l'adoption des livres fonciers.

---

(1) Procès verbaux du Cadastre, F. II, p. 202.

On a vu plus haut ce qu'il fallait penser des diverses objections qui leur étaient adressées. J'y ai répondu en leur temps. J'ai montré que pas mal d'entre elles étaient plus ou moins intéressées, ce qui permettait tout d'abord d'en suspecter la valeur.

Je les ai ensuite successivement repoussées.

J'ai fait remarquer que seule la question du prix de la réfection du cadastre jointe à l'animosité actuelle des esprits contre l'institution des livres fonciers, pouvait empêcher la mise en train immédiate du régime si avantageux de la publicité réelle.

Mais ce régime d'attente, celui auquel s'appliquent les réformes que j'ai ensuite sollicitées, portera je l'espère, ses fruits. Il habituera les particuliers à une publicité plus complète et plus serrée. Les principes de force probante et de légalité qui viennent consolider les systèmes de livres fonciers étrangers seront mieux appréciés quand on en saisira tous les avantages.

On comprendra que le livre foncier réel n'est après tout que la juxtaposition de renseignements épars, disséminés dans différents de nos bureaux administratifs, et qui se trouveront ainsi réunis sous la main des conservateurs des hypothèques tout désignés pour les centraliser et en faciliter la communication à ceux qui auront besoin de s'en servir.

Comme le disait très bien M. Degouy à la sous-commission juridique du Cadastre, « si j'ai bien compris tout ce que j'ai lu et entendu à ce sujet, il me semble qu'on peut comparer notre livre foncier à une sorte de jeu de patience dont les petits morceaux de bois, seraient actuellement enfouis, épars, dispersés dans les tiroirs de quatre ou cinq bureaux d'enregistrement ou d'hypothèque ; c'est ce travail de rassemblement et de reconstitution que je voudrais voir opérer (1) ».

Le livre foncier réel ne sera, après tout, que le développement de l'*état de section* de notre cadastre actuel. Dans chaque commune les parcelles n'y sont-elles pas inscrites par ordre numérique avec, en regard, le nom du propriétaire? Ce ne sera donc, que la transformation, le perfectionnement de ce que nous possédons déjà à l'état rudimentaire.

Le cadastre ainsi restauré, qui lui servira de base, remplira donc le double rôle qui lui est dévolu : il sera un instrument fiscal comme à l'heure actuelle et en plus un instrument juridique.

Depuis longtemps les vœux des populations demandaient qu'il en soit ainsi.

Déjà, dans les requêtes présentées aux Etats Généraux de 1789, nous retrouvons la phrase suivante dans le cahier de la paroisse de Puiseaux : « Nous demandons, y était-il dit, qu'il n'y ait qu'un seul terrier au nom du Roi, déposé à la municipalité, ou chacun sans exception établira par représentation, le titre de sa propriété, double du terrier et du plan, rapporté au dépôt royal *ad hoc* et dans la bibliothèque de Paris (2) ».

Les doléances de la banlieue de Paris étaient identiques. Elle demandait avec raison que ce registre terrier fasse foi entière (3).

Enfin, il faut du moins l'espérer, le régime des livres fonciers, aura un dernier avantage. Il mettra un terme à la crise agricole et sociale que nous traversons.

(1) Procès-verbaux du Cadastre, F. II, p. 102.
(2 et 3) Procès verbaux du Cadastre, F I, p. 39

En consolidant la propriété foncière, dans les mains de
ceux qui la possèdent, bien mieux que ne pouvait le faire
le système hypothécaire actuel, en en facilitant l'accès
aux acquéreurs qui se présenteront, les livres fonciers
fixeront ou ramèneront vers les campagnes bon nombre
de ceux qui les avaient désertées.

La sécurité qu'offriront désormais les titres de propriété
nouveaux, la suppression des procès en bornage ou de
limites, seront pour les petits propriétaires si nombreux
en France (1), des stimulants précieux, et les capitaux
arriveront en foule.

Ce sera donc faire œuvre patriotique que d'accomplir
cette réforme si ardemment désirée de tous et si
nécessaire.

Je ne saurais mieux terminer mon travail que sur ces
sages recommandations que faisait un des membres les
plus éminents de la sous commission juridique du Cadastre, des travaux de laquelle on ne saurait trop s'inspirer
en pareille matière, et que j'ai si souvent mis à contribution : « Il faut, disait-il, multiplier les attaches de
l'homme au sol et maintenir le droit de propriété
comme la raison d'être de la famille. La possession
de la terre, est le but certain de l'épargne. Favorisons

(1) Il résulte des renseignements communiqués à la sous commission
juridique du Cadastre F II, p 179 que sur 14 000 000 de côtes :

1 500 000 concernent la moyenne propriété (6-50 hectares) et la
grande (50 hectares et au-dessus) ,
12.500.000 la petite propriété dont

61 0/0 pour des immeubles de moins d'un hectare ,
47 0/0 » » de 47 ares ,
29 0/0 » » de 20 ares.

En définitive sur 8 000 000 de propriétaires il y a 6 000 000 de petits
propriétaires

cet entraînement. Tout petit propriétaire foncier est libéral parce que la conscience de son droit lui donne celle de son indépendance. Il est patriote parce qu'il détient une parcelle de la Patrie.

Mais, il faut échapper à un double péril. Il faut éviter que le Syndicat des capitaux ne centralise la dette des paysans pour les ramener au servage et au colonage d'autrefois par la menace de l'éviction. Il faut empêcher que le titre de propriété trop facilement mobilisable, ne soit accaparé à vil prix par des spéculateurs associés, comme on l'a vu récemment en Russie après le rachat des serfs et le partage des terres (1). »

(1) Procès verbaux du Cadastre, F. II., p. 181.

TABLE DES MATIÈRES

www.ingramcontent.com/pod-product-compliance
Lightning Source LLC
Chambersburg PA
CBHW052100230326
41599CB00054B/3454